吕世辰 等 著

30 YEARS
TRIAL FOR THE SECOND CHILD POLICY IN THE RURAL AREA

农村二孩
生育试点 三十年

以全国持续放开
农村二孩生育试点的
翼 城 县 为 例

社会科学文献出版社
SOCIAL SCIENCES ACADEMIC PRESS (CHINA)

序

我国于 20 世纪 70 年代初提出计划生育，80 年代初开始在城镇实施严格的一对夫妇只生一个孩子的政策，即所谓的"独生子女"政策。这一政策对于控制人口过快增长、缓解人口压力发挥了重要作用，人口快速增长的势头得到有效遏制，人口生育的数量减少、人口的素质普遍提高。现在近半个世纪过去了，我国人口结构和劳动年龄人口状况发生了巨大变化，特别是劳动年龄人口的比例和总量都开始下降，劳动力开始出现结构性短缺，劳动力成本持续上升。与此同时，老龄化速度比原来预测的要快许多，老龄化问题从一个中长期问题演变成需要立即着手解决的新问题，目前 60 岁及以上老年人数量已超过 2 亿，占总人口的近 15%，而且现在每天有 2.5 万人步入老年，人口老龄化对中国的养老保障提出严峻挑战。

面对人口变化的这些新趋势、新问题、新挑战，国家适时渐进式调整人口生育政策，先是允许农村"女儿户"生育二孩，随后是允许城镇"双独"夫妻生育二孩，然后又放开了城镇"单独"夫妻生育二孩。2015 年，党的十八届五中全会的决定提出，全面实施一对夫妇可以生育两个孩子的政策。这是我国生育政策的重大变动，将对未来我国人口变化产生深远影响。

我国渐进式改革的一条成功经验，就是先行试点、以点带面、逐步推开。早在 20 世纪 80 年代中期，我国就选择了一些地区开展农村二孩生育试点工作，山西省翼城县是持续坚持放开农村二孩生育的试点县。近 40 年来，翼城县坚持在农村实行"晚婚晚育加间隔"的生育政策，在放开农村二孩生育的情况下，翼城县人口自然增长率、人口性别比等主要人口指标均低于全国，证明了翼城县放开农村二孩生育的试点工作是成功的。翼城的试点经验，为我国生育政策重大变动的选择做了很好的实践注解，认真总结翼城的经验，对我们下一步继续完善人口生育政策很有裨益。

为写作本书，笔者组织了以数十名研究生为主要成员的调研团队，深入翼城县农村对"全面二孩"政策下的生育情况进行深入的实地调查，坚持定性研究和定量研究相结合，并与发达国家和地区人口生育转型的情况进行对比，对翼城县计划生育工作和当前的生育情况进行评估，对我国计划生育政策的调整提出可行性建议。全书由总报告、分报告和专题报告三部分组成，其中总报告全面介绍翼城县农村"放开二孩生育"政策的具体内容，计划生育工作的执行情况、主要工作成果和基本经验，提出依法有序放开农村二孩生育的建议；分报告着重介绍翼城县四个村庄放开农村二孩生育的执行情况和二孩生育对农村经济社会发展的推动作用，以便对翼城县的计划生育工作形成更为直观的了解；专题报告重点在翼城县放开农村二孩生育的情况下，对残疾人、农村妇女、农村教育、农村家庭变迁和经济社会发展的基本情况等展开研究，对翼城县放开农村二孩生育做了多角度的探析。本书的内容客观真实，既有全县的统计资料，又有基层的调研资料，两方面材料的结果基本吻合，说明翼城县农村二孩生育试点工作经得起考验，本研究处于本学科研究的前沿。

在全国放开二孩生育之后，计划生育工作应从控制人口数量的增长转向提高人口的素质，做到优生优育。要优化人口结构，特别是人口的性别结构和年龄结构，要杜绝人为的人口生育性别选择，调整好抚养人口与劳动人口的比例。要做好前期独生子女政策遗留问题的善后工作：做好失独家庭养老保障工作，给予失独家庭各方面的社会关爱；做好因人口结构失衡出现的单身男性的社会保障和社会稳定工作；处理好其他相关遗留问题，使我国人口、经济和社会协调发展。

在全面放开二孩生育的情况下，农村仍然是我国计划生育工作的重点和难点所在，翼城县放开农村二孩生育的经验对全面放开农村二孩生育有重要的参考价值和借鉴意义。

李培林

2015年11月于北京

目 录

第一编 总报告

第一章 翼城县农村二孩生育试点工作的实施 …………………… 3
 一 翼城县基本情况概述 ………………………………………… 3
 二 翼城县计划生育工作 ………………………………………… 4
 三 梁中堂与翼城县农村二孩生育试点工作 …………………… 4
 四 翼城县二孩化生育政策的历史变迁 ………………………… 6
 五 翼城县委县政府对计划生育执行严格的考核制度 ………… 16
 六 翼城县委县政府给予计划生育工作有力的支持 …………… 18
 七 翼城县委县政府计划生育管理工作创新经验 ……………… 19
 八 翼城县农村二孩生育试点的效果 …………………………… 21
 九 翼城县农村二孩生育试点的经验和启示 …………………… 26

第二章 翼城县农村二孩生育基本情况调查研究 …………………… 29
 一 研究背景和意义 ……………………………………………… 29
 二 相关文献综述 ………………………………………………… 31
 三 翼城县农村二孩生育试点的基本情况 ……………………… 42

第三章 依法有序放开农村二孩生育 ………………………………… 78
 一 依法有序放开农村二孩生育的必要性 ……………………… 78
 二 本文的研究方法 ……………………………………………… 81
 三 山西省翼城县二孩试点成功的实践依据 …………………… 82

1

	四 八百万人实践的佐证 …………………………………	85
	五 发达国家人口下降趋势难以逆转的警示 ……………	88
	六 中国未来人口发展的取向 ………………………………	92
	七 放开农村二孩生育中国人口不会反弹 ………………	94
	八 指导农村依法有序放开二孩生育 ………………………	97

第二编 分报告

第四章 翼城县A村二孩生育政策实施情况研究 ……………	103
一 绪论 …………………………………………………………	103
二 翼城县A村计划生育实施情况 ………………………	107
三 翼城"农村二孩"生育政策的成效、问题及启示 …	117
四 全面放开农村二孩生育的建议 ………………………	132

第五章 翼城县B村二孩生育政策实施情况研究 ……………	137
一 绪论 …………………………………………………………	137
二 样本村的基本人口情况 …………………………………	144
三 样本村总体生育行为描述与分析 ……………………	147
四 样本村总体生育意愿描述与分析 ……………………	152
五 研究结论与反思 …………………………………………	176

第六章 翼城县L村二孩生育意愿和行为研究 ………………	179
一 绪论 …………………………………………………………	179
二 L村生育的现实状况 ……………………………………	189
三 生育意愿和生育行为背离的影响因素 ………………	202

第七章 翼城县C村计划生育模式与生育意愿转变研究 ……	208
一 我国农村现行计划生育政策及其存在的问题 ……	208
二 研究思路和方法 …………………………………………	210
三 C村二孩生育情况研究 …………………………………	211

四　关于农村二孩生育的思考和结论……………………………… 223

第三编　专题报告

第八章　预防前置
　　——减少残疾发生的最佳措施………………………………… 233
　　一　减少残疾发生的重要意义…………………………………… 233
　　二　翼城县残疾人口的基本情况………………………………… 235
　　三　翼城县减少残疾儿出生所采取的措施和相关经验………… 235
　　四　关于家庭社会联动　预防前置　减少残疾发生的思考…… 239

第九章　翼城县农村二孩化背景下的农村教育发展………………… 241
　　一　研究背景……………………………………………………… 241
　　二　翼城县农村二孩生育政策下的教育现状…………………… 241
　　三　关于农村教育的思考………………………………………… 245

第十章　翼城县计划生育与农村家庭嬗变…………………………… 248
　　一　计划生育与农村家庭嬗变的研究意义……………………… 248
　　二　翼城县农村家庭嬗变的现实状况…………………………… 248
　　三　计划生育与农村家庭嬗变的研究结论……………………… 251

第十一章　翼城县农村二孩生育与妇女发展………………………… 255
　　一　翼城县农村二孩生育与妇女发展的研究意义……………… 255
　　二　翼城县妇女发展的现实状况………………………………… 256
　　三　翼城县农村妇女发展的影响因素和发展取向……………… 258

第十二章　翼城县二孩生育试点经验探析…………………………… 261
　　一　翼城县农村二孩生育试点是成功的………………………… 261
　　二　翼城县农村二孩生育试点成功的经验……………………… 262
　　三　放开农村二孩生育可能出现的问题………………………… 265
　　四　依法有序放开农村二孩生育………………………………… 267

第十三章　计划生育由"治民"向"民治"发展的生育模式 ………… 270
　　一　H村人口生育现状 ………………………………………… 271
　　二　H村生育模式成因分析 …………………………………… 276
　　三　H村计生模式的启示 ……………………………………… 278

参考文献 ……………………………………………………………… 280

后记 …………………………………………………………………… 290

第一编　总报告

　　第一编由三章组成，第一章主要运用文献研究的方法，对翼城县放开农村二孩生育的实践过程和效果做了阐述，认为翼城县放开农村二孩生育的试点是成功的。第二章主要运用调查研究的方法，对翼城县4个农村实行放开农村二孩生育的情况及其社会影响做了探析，调查材料获得的数据和翼城县相关统计报表相吻合。计划生育成了翼城县农民的共识。第三章运用文献研究和调查研究相结合的方法，在同国内外的相关人口生育情况进行比较的基础上，提出了依法有序放开农村二孩生育的建议，认为放开农村二孩生育后我国人口不会出现大的反弹。

第一章　翼城县农村二孩生育试点工作的实施

一　翼城县基本情况概述

翼城是唐尧故地、晋国都城，承载过尧舜的足迹，延续着华夏早期文明的神韵，历史源远流长，文化底蕴丰厚。翼城县位于山西省南部，黄河流域汾河和浍河之间，地处临汾市、运城市、晋城市"小三角"和晋、陕、豫"大三角"中心地带。县境东临沁水，西接曲沃，北与浮山、襄汾毗邻，南同绛县、垣曲相连。东西宽约44公里，南北长约53公里，总面积1160平方公里。

翼城县隶属山西省临汾市，辖6镇4乡211个村委会、985个自然村，居民绝大多数为汉族，2014年总人口324814人。属温带大陆性气候，日照丰富，季风强盛，四季分明。东北部由群山环抱，东北高西南低，中部为丘陵地区，西南部为辽阔平原。县城山林茂密，森林资源丰富。县境内矿产资源丰富，矿藏种类较多。县域交通便利，四通八达。

翼城县是传统农业县，新中国成立到20世纪80年代的30多年间，全县农业总产值一直占国内生产总值的60%。90年代以后，通过经济体制改革，发挥资源优势，调整产业结构，工业生产有了长足发展，同时拉动了第三产业的发展。进入21世纪，全县工业总产值达到国内生产总值的60%以上，第三产业总产值达到国内生产总值的30%左右。近年来，人均GDP处于临汾市中等水平。经济发展势头良好，人民生活得到普遍改善。

翼城县早在7000多年前的新石器时代，就有人类繁衍生息。一直到20世纪60年代，人口处于自然增长状态。70年代起实行计划生育政策，人口增长得到控制，90年代初成为全国计划生育先进县。在户籍人口中，非农业人口占总人口的比例不到1/4。新中国成立后，人口的性别比基本在正常范围内。人们的文化水平有了很大提高，残疾人口占总人口的比例低于全国和临汾市的水平。实行农村二孩生育试点之后，人口的自然增长率和性别比仍低于全国水平。

二 翼城县计划生育工作

20世纪70年代初，国家提倡计划生育。翼城县当时的计划生育工作由县卫生部门负责。1971年，中央提出"一个不少，两个正好"的生育号召，翼城县全县积极响应，开始实行节育措施。1973年，中央宣传"晚、稀、少"政策。1976年，对多胎生育开始采取限制措施，如超计划生育不分口粮、不分自留地等。1978年，翼城县计划生育办公室成立。1979年，中共中央发出《关于控制我国人口增长问题致全体共产党员、共青团员的公开信》，山西省政府下发《山西省计划生育工作的若干规定》，翼城县认真贯彻落实，开始以强有力的行政措施大力推行计划生育工作。[1]

1980年2月，翼城县在干部职工、城镇居民中提倡"一对夫妻只生育一个孩子"的建议，取得了较好成效。1981年，县、乡、村各级组织层层实行计划生育责任制。从1982年起，每年元旦、春节期间都在全县范围内开展"计划生育宣传月"活动，同时开展节育技术服务。同年2月，山西省政府在翼城县召开推行计划生育责任制座谈会，推广翼城经验。1983年，大力宣传"一对夫妇生育一个孩子"的政策，被临汾地区授予"计划生育宣传月"活动特等模范县。1984年，县计划生育办公室改为计划生育委员会。同年，根据中共中央7号文件精神，允许有实际困难的群众生育二孩，翼城县在北撖乡开展"堵大口，开小口，分类指导"的试点工作。8月，临汾行署在翼城县召开由各县县（市）长参加的计划生育经验交流会，总结推广试点经验。全县人口出生率为10.93‰，比1970年下降7.53个千分点。1985年，国家计生委和山西省政府批准翼城县为农村开展晚婚晚育加间隔生育试点县，允许农民夫妻在晚婚晚育加间隔的情况下生育两个孩子，于是翼城县展开了农村二孩生育试点工作。

三 梁中堂与翼城县农村二孩生育试点工作

翼城县农村二孩化生育试验是由梁中堂发起的，也是在梁中堂指导下

---

[1] 赵宝金主编《翼城县志》，山西人民出版社，2007，第113页。

实施的。梁中堂现任上海市社会科学院经济研究所人口学专业博士生导师，提出二孩化生育想法时是山西省委党校的一名教师，后调至山西省社会科学院人口研究所工作。1984年春节前后，写出了题为《把计划生育工作建立在人口发展规律的基础上》的报告，呈递时任中共中央总书记的胡耀邦。报告提出采取晚婚晚育和延长二孩间隔时间的办法，把人口控制在12亿左右的思路，建议放弃一胎化生育政策。报告被批转到国家计划生育委员会。

当时在国家计划生育委员会工作的张晓彤见到报告后即生同感。他遂将复印件送至中国人口情报中心的马瀛通，让他按照梁中堂提出的办法重新计算。马瀛通的人口统计学造诣很深，经过科学测算后，张晓彤和马瀛通肯定了梁中堂的看法，于是以他们二人的名义，又给国务院写了题为《人口控制与人口政策中的若干问题》的研究报告，进一步建议说：我们认为梁中堂同志在给胡耀邦同志的信中提出的晚婚晚育加间隔的办法是可行的。认为采用这个办法，到20世纪末全国人口可以控制在12.3亿左右。

这份报告受到中央的重视。7月30日，时任国务院总理赵紫阳对该文批示说："送耀邦、万里、乔木、依林、启立同志阅。我认为此文有道理，值得重视。所提措施，可让有关方面测算一下。如确有可能，建议采用。本世纪人口控制指标，可以增加一点弹性，没什么了不起。"[1] 随后，胡耀邦又批示："同意紫阳同志意见。这是一份认真动了脑筋、很有见地的报告。"[2] 并明确主张有关部门测算后，代中央起草一个新的文件，经书记处、政治局讨论后发出。

得知相关情况后，1985年1月14日，梁中堂又上书中央书记处书记胡启立、郝建秀，提出三条建议：一是组织人口学专家及从事社会科学的人参与组织人口测算工作；二是准许人口研究人员下农村调查计划生育实际情况；三是希望能够选一两个县作"晚婚晚育加间隔"的试验。2月12日，梁中堂的报告批转到国家计划生育委员会。国家计生委相关领导批示山西省计划生育委员会同意由梁中堂在山西选择一两个县试行"晚婚晚育加间隔"的生育办法。梁中堂在1985年3月21日接到国家计划生育委员会同意进行试点的通知。

翼城县在20世纪80年代初是山西省计划生育先进县。1985年4月，

---

[1] 祁潞：《梁中堂与控制人口的"二孩"化试验》，《百年潮》2011年第1期。
[2] 祁潞：《梁中堂与控制人口的"二孩"化试验》，《百年潮》2011年第1期。

梁中堂和山西省社会科学院人口研究所的同志到翼城县考察，时任翼城县县委书记武伯琴对这一试点工作很支持，基层干部和群众对二孩化生育政策也很支持。1985年7月，经国家计划生育委员会、山西省政府批准，翼城县农村正式由原来"只准生一个"的政策转为实行"晚婚晚育加间隔"的二孩化生育试验。晚婚晚育加间隔就是在实行晚婚晚育，提倡和鼓励一对夫妇生育一个孩子的基础上，允许农村每对夫妇经过一定间隔时间可以生育第二个孩子。当时的具体规定是：比法定婚龄推迟3年，即男25周岁，女23周岁以上结婚为晚婚；女方满24周岁生育第一胎为晚育；间隔生育要求第一胎出生至少4年以上，或女方满30周岁，经批准可以生育第二个孩子。

四 翼城县二孩化生育政策的历史变迁

（一）1985年《翼城县计划生育试行规定实施细则》

翼城县农村二孩化生育试点工作始终在地方性政策的指导下展开，随着情况的变化对相应的政策及时作出调整。1985年7月23日，翼城县委常委扩大会议通过《翼城县计划生育试行规定》。不久，翼城县人大出台了《翼城县计划生育试行规定》的原则性文件，其内容主要有：继续提倡晚婚晚育、少生、优生。继续提倡一对夫妇只生一个孩子。农民要求生二孩经批准后，一对夫妇可以生两个孩子；对农民夫妇自愿只生一个孩子的给予奖励，奖励的内容有：①继续实行过去奖励独生子女户的办法，②定期给独生子女体检并享受公费医疗，③优先入重点学校学习；农民家庭要求生育二孩者，需提前提交申请，经批准后按时发给准生证；生育要有计划，凡生两个孩子的家庭，建议第一胎在妇女24岁左右生育；党政机关、群众团体和各行各业，都要做好工作，保证本规定在农村的贯彻执行；执行本规定的乡村，可进一步制定确保本规定实行的具体办法。《翼城县计划生育试行规定》只有12条，500字左右，这一规定的内容很原则。此后不久，由县委和县政府名义转发了县计划生育委员会《翼城县计划生育试行规定实施细则》，这一细则对相关要求作了具体的规定。

《翼城县计划生育试行规定实施细则》对试点政策作了详细的解释和阐述，主要内容如下。

第一章，提倡晚婚。提倡比法定年龄推迟3年以上结婚，除特殊情况经批准外，凡要求生二孩的农民都应实行晚婚。不满晚婚年龄结婚者，需填写民政局统一设计的申请结婚登记表。由本人提出需在晚婚年龄之前结婚的理由，本单位和乡镇分管领导签署意见。凡符合以下情况之一者，经过办理计划生育合同手续，可在法定年龄之后晚婚年龄之前结婚。这些条件是：申请结婚的男性或女性为孤儿或孤女；申请结婚的家庭无男性或女性劳力；自愿终生只生一个孩子。凡男女未领结婚证书而长期同居者，为非婚合居，对当事人除给予法律或行政处罚外，处一次性罚款300元。凡未达到晚婚年龄而非婚合居者，要追究所在单位党政主要领导的责任，并根据情况予以处分。

第二章，提倡晚育。男女双方于晚婚年龄之后生育者为晚育。妇女的初次生育指标和结婚证书同步发放。凡因特殊情况准予在晚婚年龄以前结婚者，一般将生育指标规划在妇女24周岁的年度内。未经批准的计划外头胎，需缴纳一定数量的罚款。非婚合居未达到晚婚年龄而生育者，要追究所在单位党政主要领导的责任，并对当事人处一次性罚款500元。凡符合以下条件的农民家庭，可以经批准生两个孩子：①自愿实行晚婚或晚育者；②生第一胎后实行长期节育者；③保证在生第二孩后实行永久性避孕措施者。凡被批准生育二孩的妇女，应在30岁左右生育，凡在妇女30岁之前未经批准生育二孩者，为计划外二孩，要根据不同情况处以一次性罚款。

第三章，提倡少生。每对夫妇终生最多生两个孩子。严禁三胎及以上生育。凡出现三胎及以上生育的单位，必须追究该单位党政主要领导、分管领导和计划生育助理员的责任，并要给予必要的行政处分和经济处罚。凡生一个三胎，该家庭需缴纳一次性罚款1400元，四胎及以上2000元。

第四章，奖励一对夫妇只生一个孩子。每年由乡镇卫生院为农民家庭的独生子女进行两次免费体检。由县计划生育服务中心建立独生子女健康档案制度。每月由县财政给农民家庭的独生子女补助5元，用于医疗保健。农民家庭的独生子女，报考乡一级的重点小学和县重点中学时，可降低一个分数段录取。

第五章，提倡优生。逐步开展婚前检查和继续完善育龄妇女的身体普查工作，确保妇女的身体健康。劝阻患有严重遗传疾病的人不婚或不育。争取每年由乡镇卫生院对学龄前儿童、幼儿进行一次健康普查，体检费用可由接受体检儿童的家庭负担。

第六章，政策延续性。除《翼城县计划生育试行规定》中有明文规定者外，其他仍按有关政策执行。在《翼城县计划生育试行规定》正式试行前抢生多胎的农民家庭，仍按原规定作一次性的罚款处理；对抢生二孩的农民家庭，仍按过去规定处罚。计算年限可截止到母亲30周岁时为止。罚款额也作一次性处理。对过去只生一个孩子的农民家庭，要求生第二孩者，经按规定批准后可按计划生育第二个孩子，但原享受独生子女的费用需一次性退回。

第七章，其他。各级计划生育专干队伍，要模范地执行有关规定，并尽职尽责做好思想教育、药具发放、节育措施落实、统计信息等工作。对孕情掌握不准，特别是计划外怀孕要追究责任，情节严重者要给予必要的纪律、行政和罚款处分。对于破坏计划生育工作、偷取节育环的人，要发动群众及时揭露，依法严惩。在本县范围内规定的执行原则不变，凡有多胎生育的自然村暂时不试行此规定。

在当时全国一胎化的大背景下，放开农民二孩生育试点的设计者和执行者都承担着风险，承受着很大的压力，因此《翼城县计划生育试行规定实施细则》中的规定相对比较严格。

(二) 1991年《中共翼城县委员会翼城县人民政府关于农村计划生育的若干规定》

进入90年代，翼城县农村二孩化生育试点的实验工作正处在关键时刻，经过6年的艰苦工作，计划生育的思想已深入人心，但二孩生育的高峰期来临，无论是出生的人口数还是出生人口的性别比都处于上升的状态。经过6年的检验，《翼城县计划生育试行规定》和《翼城县计划生育试行规定实施细则》的部分内容需要调整。而且，随着社会情况的变化，特别是市场机制的深入、流动人口的增加，使农村二孩化试点的实施难度增加。1990年，《山西省计划生育条例》颁布实施，提出了以宣传教育为主、避孕节育为主、经常性工作为主的"三为主"方针。为此，翼城县委县政府对政策及时作了调整。新的政策规定重申了1985年有关规定的内容，增加了一系列新内容，主要的新增内容如下。

第一章，总则。总则中突出"三为主"方针。推行计划生育应坚持以宣传教育为主、避孕节育为主、经常性工作为主的方针。加强人口理论和计划生育法规、方针、政策的宣传，普及优生、优育、优教的科学知识。加强计划生育科学研究，培训技术人员，积极推广科研成果，提高避孕节育的科学技术水平。计划生育工作的好坏，应作为考核各级党委、人民政府和部门领导干部政绩的重要内容之一。计划生育工作是一项社会系统工程，各部门应各负其责，相互配合，做好计划生育工作。县、乡（镇）、村、机关、团体均应组织计划生育协会，积极发展会员，实行群众自治。

第二章，计划生育。继续提倡一胎，严格控制二胎，坚决杜绝多胎。晚婚晚育，延长生育二孩间隔时间。妇女初育之后，从30周岁起生育二孩为间隔时间。再婚夫妇有下列情况之一的可申请再生育一个孩子：①一方丧偶生育过两个孩子，另一方未生育的；②再婚夫妇双方再婚前各生育过一个孩子，均依法判随前婚配偶，新组合家庭无子女的。

第三章，优生、优育、节育。推行优生、优育，禁止近亲结婚。逐步开展婚前检查和产前检查，对有遗传病的应终止妊娠。县计划生育服务站、各级医疗卫生部门开设优生咨询门诊，加强围产期保健工作。已有两个孩子的夫妇，一方应做绝育手术。实行绝育手术后，独生子女死亡或符合本规定允许再生育一个孩子的，由本人申请，经村委会、乡（镇）政府同意，县计划生育管理部门批准，可免费施行复通手术。夫妇一方施行绝育手术，确需另一方护理的，经计划生育服务站和手术医疗单位证明，农民可免去部分当年的集体义务劳动。手术中出现医疗事故的，由手术单位按国务院颁布的《医疗事故处理办法》进行处理。经县级以上计划生育技术指导小组鉴定，确因计划生育手术引起的并发症、后遗症，应给予治疗。生活确实困难的，由当地人民政府予以经济补助。

第四章，优待与奖励。独生子女从领取《独生子女光荣证》之月起，到14周岁止，由县财政每月发给保健费5元。有条件的乡（镇）、村委会每月发给独生子女父母奖励费3～5元，条件差的可采取减少集体提留，多给口粮田和承包田，或通过帮助优先致富的办法加以解决。独生子女在同等条件下，可优先入托（园）、入学。对独生子女的学杂费、医疗费，有条件的地方可给予减免或补贴。独生子女户在同等条件下，村委会应优先划分住房地基，或优先、优惠卖给独生子女户商品房。在计划生育中取得显著成绩的单位和个人，各级政府应给予表彰、奖励。

第五章，计划生育管理。县计划生育委员会是计划生育工作的管理部门，在县人民政府的领导下开展工作，各部门和事业单位，各乡（镇）、人民政府应设置计划生育管理机构，配备专兼职工作人员。各村民委员会应推行计划生育承包责任制，要确保计划生育承包组责、权、利的落实。村委会要为承包组开展工作创造有利条件。各乡（镇）、村委会要建立计划生育信息、服务网络，加强计划生育管理，做好孕前服务工作。用"四表一笺"的形式按年度将人口计划落实到人，并与婚龄、育龄对象分别签订晚婚、晚育、间隔生育二孩合同。每年要进行一次人口计划执行情况大检查。计划生育所需经费列入财政，予以保证。县、乡（镇）民政部门要严格执行婚姻登记手续。

第六章，流动人口的计划生育管理。流动人口计划生育工作，由户籍所在地和居住地共同负责，计生、工商、公安、城建等有关部门应密切配合，加强流动人口计划生育管理。已婚育龄夫妇双方或一方离开户籍所在地到异地从业、居住的，外地到翼城县从业的，须持户籍所在地乡（镇）人民政府的计划生育证明书和计划生育合同书，到现居住地的计划生育管理部门办理登记手续，公安、工商、城建等有关单位和部门审查其计划生育证明书和计划生育合同书后，方可准予登记暂住户口、租用房屋或摊点、承包工程、签订劳务合同、领取营业执照。未落实节育措施和计划外怀孕的流动已婚育龄人口，户籍所在地和现居住地有关部门应令其就地落实节育措施或补救措施。外地从业、暂住人口要求生育的，须持户籍所在地的生育证明书和准生证，经现居住地乡（镇）计划生育部门审查核准后，方可生育。外地从业、暂住人口超计划生育的按本规定处罚，并可注销暂住户口，吊销营业执照或辞退。

第七章，限制和处罚。对不足晚育、间隔年限怀孕计划外一胎、二胎及多胎，经说服教育仍不采取补救措施的，可分别一次性征收怀孕费500元、1000元、2000元，采取补救措施后，所征收款额全部退回本人。违反规定，生育计划外一胎、二胎、多胎的按生育年龄年限，每提前一年分别一次性征收超生子女社会抚养费300元、500元。违反规定生育三胎的，一次性征收超生子女社会抚养费2000元，超生三胎以上者，每多一个胎次加征1000元。未经计生部门批准，私自收养孩子的按照超计划生育处理。对超生夫妇双方除征收超生费外，一胎3年，二胎7年，三胎14年，不得评模和享受救济，不得由农村户口转为城市户口，不得由农民招为干部、工人，被招用的应予以辞退。超生子女户不得增加口粮田，不批给宅基地，农村干部超生三胎的应予以撤职，是党员的开出党籍。对领取《独生子女父母光荣证》后又超生的除追回过去享受的一切待遇外，并按有关规定处罚。不到法定结婚年龄结婚生育和非婚生育的，除一次性处罚1000元外，再按违反生育规定处罚怀孕费和超生费。除有禁忌症者外，

10

凡一胎妇女不上节育环者每检查一次罚款200元，凡已有两个孩子，女方年龄在40周岁以下的夫妇要有一方做绝育手术，否则每检查一次罚款500元。

相关处罚。有下列阻碍和破坏计划生育行为之一的，可根据情节轻重，给予经济处罚，构成犯罪的，依法追究刑事责任：玩忽职守，造成计划生育手术严重责任事故的；采取窝藏、躲生或其他弄虚作假等手段不执行计划生育规定的；围攻、阻碍计划生育工作人员执行公务或辱骂、诽谤、报复、伤害计划生育工作人员及故意毁坏其财产的；做假手术、开假证明或偷取节育环等影响和破坏落实节育措施的；干涉他人实行计划生育，虐待生女婴的妇女或弃女婴的；教唆、包庇计划外怀孕或超生的；计划生育部门和计划生育专干违反规定，徇私舞弊、弄虚作假的加重处罚。出现超生三胎的，村委会不得评为先进单位和文明单位，并根据情节轻重，对单位负责人或直接负责计划生育工作的领导人，给予必要的处分和罚款。对超生不报，统计数据不实的，经查证落实后应对其主要负责人和直接负责人予以处罚。

对按本规定作出的处罚决定不服的，可在接到处罚决定通知之日起，15日内，向作出处罚决定的单位的上级机关申请复议，对复议决定不服的，可在接到复议决定通知之日起15日内，向人民法院起诉，逾期不申请复议的，处罚决定生效。当事人对处罚决定不执行的，作出处罚的单位可申请人民法院强制执行。

总之，《中共翼城县委员会翼城县人民政府关于农村计划生育的若干规定》比1985年制定执行的《翼城县计划生育试行规定》的制度更加完善。首先，表现为1991年的规定更加系统全面。如增加了流动人口计划生育管理一章，再如在限制和处罚一章中对处罚的事又作了详细的列示。其次，实行计划生育的方法更科学。如在计划生育工作中坚持"三为主"的原则和群众自治，即以说服教育为主，使节制生育、计划内生育成为农民的自觉行为。再次，使计划生育工作更加富有人文情怀，如对再婚生育的规定中有这样的内容，一方丧偶生育过两个孩子，另一方未生育的，再婚夫妇还可生育一个孩子。最后，更加规范化。将计划生育经费列入财政，予以保证；对按规定作出处罚决定不服的，可以复议，对复议决定不服的可以向人民法院起诉，为其提供正当的法律途径。综观翼城县有关农村二孩生育试点的规定，1991年的规定最为严厉，因为1985年放开农村二孩生育后，二孩生育的间隔期已到，1990年出现了一个二孩生育的高峰期，且由于"胎次效应"，这时人口性别比也出现了失衡，所以在1991年修改相关规定时强化了一些管理措施。

（三）2003年《关于农村晚婚晚育加间隔生育的试行规定》

在全国一胎化背景下，翼城县农民只要按规定，到30岁时一对夫妇可以生育两个孩子，而且是优生，这基本满足了翼城县农民的生育愿望。所以"优生、优育、少生快富"成了翼城县农民的共识，二孩生育试点管理进入了常态。为了贯彻落实中共中央、国务院《关于加强人口与计划生育工作稳定低生育水平的决定》，中共翼城县委、县人民政府制定了《关于农村晚婚晚育加间隔生育的试行规定》，在新规定施行之日起废止了1991年6月制定的《关于农村计划生育的若干规定》。新规定是对1991年规定的更新，主要内容如下。

第一章，总则。明确指出本规定适用于户籍在本县行政区域内的农业人口，夫妻双方有一方为非农业人口和本县行政区域内的外来流动人口不适用本规定。强调农村晚婚晚育加间隔生育试点工作实行目标管理责任制。坚持党政一把手亲自抓、负总责，把目标管理责任制的实施情况作为对乡（镇）、行政村主要负责人政绩考核的重要内容，实行一票否决制。

第二章，生育调节。要求村民生育必须符合晚婚晚育加间隔的生育政策。提倡一对夫妻生育一个子女，严格控制生育第二个子女的间隔年限，坚决杜绝生育计划外第三个子女。明确指出年满30周岁生育第二个子女为间隔生育。指出凡要求生育第二个子女的，必须年满30周岁，并持证生育。

第三章，组织管理。进一步明确县、乡（镇）、村各级党政一把手是实施晚婚晚育加间隔生育试点政策的第一责任人，负责本单位试点工作的落实。县计划生育局负责本规定的实施、检查、监督工作，村党支部、村民委员会负责本村的计划生育工作。要建立健全管理机构，制订工作计划，配备工作人员，落实人员待遇，搞好优质服务。村民委员会应当定期公布生育服务证发放、人口出生、社会抚养费征收、计划外生育处理等情况，接受群众监督。已有一个子女的，一方应当采取长效节育措施；已有两个子女的，一方应当采取绝育措施；计划外怀孕的，应及时采取补救措施。

第四章，优待和奖励。增加了独生子女父母奖励费，规定从领取《独生子女父母光荣证》起，到独生子女16周岁止，夫妻双方各自应享受每月不低于10元的独生子女父母奖励费。其费用由所在行政村予以解决。增加了独生子女妇女办理养老保险的条款，规定有条件的乡（镇）、村可以为年满40周岁的妇女办理养老保险。规定村级计划生育服务员，由县人们政府每月发给20元补贴。

第五章，限制和处罚。规定生育计划外一孩的，以不到晚育年龄为年限，每提前一年，按夫妻双方上年总收入的10%征收社会抚养费；生育计划外二孩的，以间隔到30周岁为限，每提前一年，按夫妻双方上年总收入的20%征收社会抚养费；生育计划外三孩的，按夫妻双方上年总收入的40%，合计征收14年的社会抚养费，其总额不得低于20000元；生育三个以上子女的加重处理。对不到法定结婚年龄生育或非婚生育的，除一次性处罚1000元外，并按规定征收社会抚养费。对违反规定生育的，所享受的权利受限制：不得评先、评模、入党、提名为村级干部候选人；不得招聘为国家干部、工人；不得批给宅基地；不得享受困难救济。并对限制的年限作了规定，生育计划外第一个子女的限制3年；生育计划外第二个子女的限制7年；生育计划外第三个子女及以上子女的限制14年。党员生育计划外三孩的，给予开除党籍处分；干部生育计划外三孩的，应依法予以罢免或撤换。2003年规定未作规定的其他事项，按照国家和省有关法律、法规执行。

与1991年规定相比，2003年规定内容少了，由原来的8章减少为6章，优生、优育、节育一章取消了，部分内容合并到生育调节一章中。有关流动人口计划生育的专章被取消，外出流动的农民很少出现超生现象，流入翼城县的农民的计划生育工作主要由户籍所在地负责，仅在总则中提到本县行政区域内的外来流动人口不适用翼城县农民二孩生育试点的规定。文件文字表述精炼，内容从原来的10页减少到6页；有关再婚夫妇家庭生育的规定取消了；要求村委会定期公布计划生育试点的相关情况，组织管理中的透明度提高了；优待和奖励的力度加大了，行政村每月向独生子女夫妇发放不低于10元的独生子女奖励费，直至独生子女年满16周岁。要求有条件的乡（镇）、村为年满40周岁的妇女办理养老保险。要求县人民政府每月给村级计划生育服务员发20元补贴；取消了1991年规定中对阻碍和破坏计划生育行为依法追究刑事责任的内容。总之，到2003年翼城县农村二孩生育试点已经开展18年了，主要通过教育、宣传、引导和奖励改变了农民的生育观念，每个农民家庭生育两个孩子基本满足了农民的生育愿望，最多生育两个孩子成为农民的自觉行动，2003年规定为农村二孩生育试点工作创造了宽松和谐的环境。

（四）2007年《关于农村晚婚晚育加间隔生育的试点规定》

为了贯彻落实《中共中央国务院关于全面加强人口和计划生育工作统筹解决人口问题的决定》，按照《中华人民共和国人口与计划生育法》和《山西省人口与计划生育条例》等法律法规的要求，中共翼城县委县人民政府制定和实施了《关于农村晚婚晚育加间隔生育的试点规定》。这一规定的总纲内容同2003年等规定基本相同。

第二章，生育调节一章的内容更为精简，主要是缩短了间隔年限，将原来的妇女30周岁可申请生育第二孩，改为妇女年满28周岁可申请生育第二孩，表明翼城县放开农村二孩生育之后，人口自然增长率比预期的要好，也是翼城县农村二孩生育试点成功的重要标志之一。

第三章，组织管理这一章的内容有所增加。这一章的前半部分保留了2003年规定的主要内容，着重从县、乡（镇）、村三级纵向生育管理方面作了要求。这一章的后半部分是过去几个规定所没有涉及的内容，主要是从横向方面，即对县委县政府下属各部、委和局有关计划生育工作作了规定，协调各部、委、局与计划生育相关的工作。要求计划生育技术服务和从事计划生育技术服务的医疗保健机构及其技术人员，应当指导村民自觉落实避孕节育措施。财政部门要将人口和计划生育事业费、奖励扶助费、计划生育转移支付资金、流动人口管理费列入财政预算，及时拨付到位。民政部门要严格按《婚姻法》办理农村人口婚姻登记手续，并配合人口计生部门查处早婚早育和非婚生育问题。卫生部门要加强医疗单位接生工作的管理，对接生婴儿如实出具出生医学证明，如实登记夫妇双方身份证、出生胎次、工作单位和详细地址，并建档备案，每季度向人口计生部门反馈一次；配合人口计生部门搞好技术服务、避孕药具市场管理和整顿工作，对无证施术、偷取节育环、非法进行胎儿性别鉴定和无证销售人口计生用品的单位和个人依法进行查处。劳动保障部门要在办理劳动用工有关手续时，查验人口计生婚育证明，配合做好流动人口的计划生育管理工作。宣传部门要组织各级党委认真学习人口理论，并纳入学习规划；组织协调有关部门和大众媒体开展形式多样的计划生育公益宣传。县法院要对人口计生部门申请移交的案件积极处理，确保社会抚养费足额征收到位。公安部门要按照片警治安责任辖区，配合人口计生部门搞好本辖区内的常住人口和流动人口计划生育登记管理工作；新生婴儿报户口时要查验计划生育证明，方可办理。工商部门要协助人口计生部门做好个体工商户、私营企业经营者的计划生育管理工作；对申办个体营业执照的已婚育龄流动人员，要查验其计划生育证件，并建档备案；协助计生部门做好避孕药具市场的管理和监督。中小企业局要配合人口计生部门做好全县中小企业流动人口计划生育的清查摸底、《婚育证》查验等管理与服务工作。

第四章，优待和奖励幅度加大。凡符合晚婚规定，依法办理婚姻登记手续的，按育龄妇女年龄计算，每人奖励50元。凡符合晚育规定的，按育龄妇女年龄计算，每人奖励100元。夫妻只生育或收养一个子女，并领取《独生子女父母光荣证》的，从领取《独生子女父母光荣证》之月起，到独生子女16周岁止，按月各发给夫妻双方不低于10元的独生子女父母奖励费。符合《条例》规定的退二孩指标的独生子女父母，每户一次性奖励1000~3000元。独生子女伤残丧失劳动能力或死亡，其父母不再生育的，每户一次性奖励不低于5000元。

第五章，限制和处罚一章中限制和处罚的程度有所减轻。取消了2003年规定中所要求的生育计划外第一个子女的限制享有4项权利的内容；降低生育两孩之间的间隔年限，由原来的妇女30周岁可申请生育二孩改为28周岁。强化了对违反新的间隔年限的处罚力度，规定生育计划外二孩的，以间隔到28周岁为年限，每提前一年，按夫妻双方上年总收入的20%征收社会抚养费，对不能自觉缴纳或拒绝缴纳社会抚养费的，按照2007年《条例》规定强制执行，其征收总额不能低于5000元。

2007年《规定》的公布和实施标志着翼城县放开农村二孩生育试点制度的成熟，翼城县农村二孩生育管理步入了常态化管理。翼城县不仅坚持县、乡（镇）、村三级纵向计划生育管理责任制，而且实行县委县政府所属各部、委、局横向协调管理联动制。对计划生育管理坚持以宣传、指导和引导为主，加大优待和奖励的力度，如对符合二孩生育条件，但退回二孩生育指标的农民给予一次性奖励1000~3000元，对独生子女伤残丧失劳动能力或死亡，其父母不再生育的，每户一次性奖励不低于5000元，表明制度设计更加人性化。

五 翼城县委县政府对计划生育执行严格的考核制度

翼城县委县政府对计划生育实行严格的考核制度，考核的指标体系全面、系统、科学，以 2013 年的考核评分标准为例（详见表 1-1），从中可以了解到翼城县委县政府对计划生育工作的重视和支持程度。

表 1-1　2013 年责任制指标设置要求及评分标准

序号	考核内容	指标要求	分值	评分标准
1	继续稳定低生育水平	1. 农村符合政策生育率，如实上报； 2. 二孩符合政策生育率达 75% 以上； 3. 一孩领取《独生子女父母光荣证》率达 35% 以上； 4. 当年持证出生率达 100%； 5. 出生统计准确率 100%； 6. 政策外多孩生育控制，如实上报； 7. 近两年出生长效节育措施落实率达 95% 以上； 8. 近两年政策外出生社会抚养费依法征收	300	一、第 1~4 项指标共 100 分，每项 25 分 1. 第 1 项指标政策内外属性错报一例扣 3 分； 2. 第 2、3、4 项指标每低 1 个百分点扣 3 分 二、第 5~8 项指标共 200 分，每项 50 分 1. 第 5 项出生有错报漏报情况不计分； 2. 第 6 项出生一个多胎不计分； 3. 第 7、8 项指标每低一个百分点扣 3 分
2	经费投入	1. 落实目标责任书，确定事业经费投入； 2. 社会抚养费纳入财政预算管理，全部用于计生工作，计生家庭奖励兑现率 100%； 3. 计生转移支付资金足额到位，用于村级计生专干报酬和乡村计生工作	100	1. 三项指标分值分别为 40、40、20 分； 2. 社会抚养费按计划生育部门实际使用率计分
3	政策推动和综合协调	1. 签订并指导相关部门履行人口和计划生育工作目标责任； 2. 有关部门制定有利于计划生育工作的具体政策规定； 3. 建立流动人口管理服务工作机制	100	三项指标分值分别为 30、30、40 分

第一章 翼城县农村二孩生育试点工作的实施

续表

序号	考核内容	指标要求	分值	评分标准
4	全面开展优质服务，提高人口素质	1. 孕前免费优生咨询指导率达90%； 2. 流入（流出）已婚育龄妇女持证、查证（登记）建档率达90%； 3. 农村已婚育龄妇女健康检查率达90%； 4. 乡村专干对重点对象的入户访视率达85%以上，每季度一次访视； 5. 出生缺陷一级预防覆盖率达85%以上； 6. 创建村民自治示范村达80%以上； 7. 推动"安裕家庭"工程，要求大乡镇创建3～5个试点，小乡镇创建1～2个试点； 8. 依法行政示范乡镇创建必须达到市级标准； 9. "4+2"家庭奖励兑现率达100%	200	九项分值分别为20、20、10、10、20、30、40、30、20分，各项指标每低1个百分点扣2分
5	提高人口信息系统应用水平和质量	1. 各类统计报表及时率达100%； 2. 全员人口个案信息入库率达95%以上； 3. 全员人口数据审核差错率≤1%； 4. 身份证录入率、准确率均达99%以上； 5. 手机直报系统数据上报率达100%； 6. 乡镇对村级及时反馈指导率达100%； 7. 村级按乡镇信息指导完成工作，服务率达85%以上； 8. 引导服务信息回录率达95%以上； 9. 流入（流出）育龄妇女信息反馈提交率达95%； 10. 持证生育率达90%以上； 11. 协作信息督办率达100%	200	1. 统计报表及时率、信息入库率10分，每低1个百分点扣2分； 2. 信息统计准确率20分，出生漏报一例扣2分，政策内外或性别错报一例扣2分，避孕措施虚、错报一例扣2分； 3. 审核差错率50分，每高1个百分点扣2分； 4. 身份证录入率、准确率50分，每低1个百分点扣2分； 5. 手机直报上报率30分，每差1个百分点扣5分； 6. 信息反馈指导率、村级服务率、信息回录率、流动人口信息反馈提交率各5分，每低1个百分点扣1分； 7. 持证生育率、协作信息督办率各10分，每低1个百分点扣3分
6	加强干部队伍能力和作风建设	1. 各类人员规范化培训按计划参训率达90%； 2. 坚持依法行政，文明执法； 3. 行风评议及群众满意率达95%以上；	100	七项分值分别为20、20、20、10、10、10、10分

续表

序号	考核内容	指标要求	分值	评分标准
		4. 信访报表及时率达100%； 5. 信访案件查结率达100%； 6. 党员干部违法生育查处率达100%； 7. 明察暗访，民意测评率达98%		

六 翼城县委县政府给予计划生育工作有力的支持

翼城县委县政府积极支持计划生育工作，以2011年和2012年为例来说，为计划生育工作配备了强有力的干部，给予经费支持。翼城县人口和计划生育局是县政府管理人口和计划生育工作的职能部门，负责指导、协调和管理全县人口和计划生育工作。其主要职责是：拟定全县人口和计划生育发展规划和年度计划并组织实施；检测人口和计划生育发展动态，负责与人口和计划生育相关的统计管理和信息网络建设工作；组织开展全民性人口和计划生育宣传教育工作；推动实施生殖健康，做好优生优育工作，提高人口素质；依法实施人口计划生育服务管理；法律、法规规定的其他职责。人口和计划生育局现有干部职工68人，内设办公室、综合股、宣教科技股三个股室，直属流动人口计划生育服务管理办公室、县人口和计划生育服务中心、县计划生育药具服务管理站3个全额事业单位。在县委县政府的高度重视和坚强领导下，全县围绕稳定低生育水平、统筹解决人口问题的总目标，强化服务理念、创新工作机制，提升人口计生整体工作水平，为全县经济社会转型跨越发展，创造了良好的人口环境，做出了重要的贡献。全县人均人口计生事业经费投入由2010年的17.52元，增加到2012年的20.52元，有力地保障了人口计生工作健康发展。

积极开展宣传教育，建设社会主义新型生育文化，坚持用科学、文明、进步的婚育观念引导人、塑造人，开展丰富多彩的宣传教育活动。全县建起了51个人口文化大院，400余个人口文化小院，147个人口文化活动室，63个人口文艺宣传队，利用春节、元宵节、"三八"妇女节、"5·29"协会活动日、"7·11"世界人口日等重大节日，开展文艺表演活动，深受广大群众欢迎。在县电视台黄金时段常年插播以免费孕前优生健康检查和打击"两非"为主要内容的公益性广告。利用县电视台"经纬剧场"栏目，精心制作了以"免费孕前优生健康检查"为主要内容的《美满家庭宝宝好》电视宣传教育片，受到群众广泛好评。积极推进"三晋康家"工程，培育家庭人口文化，提供致富信息，增强了计生家庭发展能力。同时，全县的"两晚一间隔"试点工作也受到国内外媒体的广泛关注，先后有美、英、法、德、加拿大以及国内的新华社、中新社、《中国日报》、中央电视台、凤凰卫视、《山西日报》等主流媒体予以宣传报道。

给予奖励扶助。积极落实计生家庭奖励优惠政策，为计生家庭发放奖励扶助金1936万元；为计生家庭发放大病救助金156户、43.8万元；落实独生子女"中考"加分对象604人；享受林权制度改革的计生家庭达1498户。坚持4+2奖励扶助政策。4+2中的"4"代表的是4种奖励：奖励领取独生子女证父母；奖励领证独生子女退出二孩指标户；奖励双女绝育户；奖励领证独生子女伤残和死亡户。"2"代表的是两项扶助：部分农村计划生育国家奖励扶助；部分农村计划生育独生子女伤残和死亡特别扶助。

开展技术服务。充分发挥计划生育技术服务网络作用，开展优生优育知识教育，努力提高婚检率；普遍实行B超筛查和出生缺陷干预，最大限度降低缺陷儿出生。积极开展"三查两补一治疗"活动，共查环查孕10万余人次，做绝育手术261例，上环5660例，落实补救措施6例，普查普治生殖性疾病45231例。认真做好农村独生子女、双女母亲第二春免费生殖健康检查工作，2012年，对3314人进行了免费孕前风险评估和优生指导，计划怀孕夫妇优生科学知识知晓率达到90%以上。

加强对流动人口的服务管理。加强流动人口综合治理，形成了以综治委牵头，公安、计生、人社、民政、卫生等有关部门协调配合的工作新机制。全面推进流动人口计划生育"一盘棋"工作，与河南、安徽、山东、陕西以及周边县市签订跨区域流动人口管理服务协议书，促进了对流动人口的跟踪管理服务。两年共登记上网流动人口6362人，其中流出2332人，流入4030人，办理婚育证明293人。积极开展流动人口服务月活动，流动人口综合服务覆盖率达到87%。

七 翼城县委县政府计划生育管理工作创新经验

翼城县计划生育工作在不同时期，不断创新管理，逐步形成了一套行之有效的管理机制，为促进计划生育工作稳步发展起到了重要作用。主要创新内容如下。

一是实行招标承包制。1988年，为探索在新形势下计划生育管理的新路子，总结推广南唐乡北史村"三个农民管生娃，如有超生甘受罚"的做法，把招标承包机制引进计生管理。县计生委制定了人口生育总体规划，并分解到每个年度，然后把年度人口生育指标层层分解到乡到村到户到人头，同时与育龄妇女签订计划生育合同。县有规划，乡有计划，村有榜示，户有合同，并通过"四表"上墙，做到让广大群众生儿育女早知道。"四表"即计生情况登记表、未婚青年实行晚婚统计表、人口出生规划表、生育综合动态登记表。1990年，全县计生招标承包制经过不断完善，形成三种模式：一是村级招标承包，二是乡级招标承包，三是乡、村双层承包。计划生育招标承包制是翼城县的创新，又把行政管理与群众自我管理有机地结合起来，产生了积极效果。

二是坚持"一三三三"工作法。"一三三三"工作法是20世纪90年代初为贯彻落实计划生育"三为主"方针，在不断探索、实践的基础上，总结实行的基层计生管理和服务办法。具体含义是：加强"一个管理"——在科学编制和下达人口计划后，突出抓好信息管理；严把"三关"——把好晚婚晚育关，控制二孩关，杜绝多胎关；掌握"三情"——及时掌握已婚妇女的经情、环情和孕情，以便做好孕前管理与服务；服务"三前"——对婚育人群，按照分类指导的原则，提供婚前、孕前和产前服务。

三是实行中心户长制。1993年初，借鉴外地经验，实施计划生育"中心户长责任制"。先在桥上镇进行试点，然后向全县推广。具体做法是：由村委会和承包组在每个村民小组确定一名"中心户长"，实行责、权、利挂钩，对计划生育进行管理。责，就是以村级承包组为中心户长制定工作职责和工作目标，签订合同；权，就是赋予中心户长发放婚育规划书、开具结婚证明以及审批宅基地、土地承包等事项的把关签字权；利，就是给予中心户长一定报酬，年底兑现。到1993年底，全县有计生中心户900余个。

四是实施少生快富工程。1993年，国家计生委提出，计划生育工作要同发展农村经济相结合，同带领群众致富奔小康相结合，同引导群众建设文明幸福家庭相结合。1994年，为推行"三结合"工作，翼城县实施"511"少生快富示范工程，即在5个乡（镇）100个村树立样板，让1000个计划生育户率先致富达小康。1995年，又推出"82641"少生快富文明工程，即以8个乡（镇）、200个村、600个中心户和40000个农民家庭为重点，人均收入达到1200~1500元。1996年，整体推进"抓载体，架金桥"

少生快富奔小康"金桥工程"。通过连续3年实施少生快富工程,到1996年底,全县创办经济载体3100余个,涌现出少生快富光荣户3000多个。

五是开展"双进万"活动。2001年起,翼城县从人口与经济、社会协调发展的战略出发,开展以"婚育新风进万家,优质服务进万村"为主要内容的"双进万"活动。通过完善人口与计划生育宣传教育和技术服务网络,努力树立科学、文明、进步的婚育观念,大力弘扬婚育新风;在计划生育服务技术上,形成以县计生服务站为主体,以村计生服务室为基础,以流动服务车为纽带的技术服务格局。县计生服务站组建了4支技术服务队,常年下乡巡回服务,除上环、结扎外,广泛开展"三查两补一治疗"活动,即为节育妇女查环、查孕、查病,为育龄妇女补环、为意外怀孕落实补救措施,为患病妇女进行治疗。2005年,配合省人口计生委乳腺普查项目办对全县4万余名育龄妇女进行了普查普治。"双进万"活动寓管理于服务之中,体现了以人为本的管理理念。

八 翼城县农村二孩生育试点的效果

翼城县人口的构成情况。翼城县是个以农业人口为主的县,1985年农业人口占全县人口的80.1%,2014年占全县人口的79.7%。该统计均以户籍性质为标准,有关计划生育的统计均为全县人口的统一报表,很少分农业和非农业户口的属性,这是我们分析翼城县农业人口计划生育情况不得不考虑的一个问题。虽然翼城县非农业人口计划生育执行一胎化政策,但农业人口占全县人口大多数,且翼城县的非农业人口婚配中有许多是农业人口(详见表1-2)。

表1-2 翼城县人口的户籍构成

单位:人,%

年份	1985	1990	1995	2000	2005	2010	2014
全县人口	235379	267965	294672	316218	326922	310905	324814
农业人口	188576	216232	237992	254941	262505	253571	258936
农业人口所占比例	80.1	80.7	80.8	80.6	80.3	81.6	79.7

资料来源:1984年10月至2014年9月翼城县人口自然变动情况表。这里以人口户籍性质为依据。

（一）出生性别比情况

翼城县人口出生性别比。[①] 1985 年，翼城县二孩生育试点刚开始，出生人口性别比高达 112.36，之后五年出生人口性别比持续走高，直到 1987 年的 117.7。但是，随着政策的不断调整，加之工作逐渐落到实处，1991 年翼城县出生人口性别比逐渐回落到正常值的范围之内。此后，出生人口性别比持续回落，2010 年仅有 99.54，这在一定程度上说明翼城县农民的生育观发生了变化，认识到生男生女都一样。

翼城县人口出生胎次性别比。翼城县农村放开二孩生育试点以来，一孩的性别比一般比较正常，仅 1987 年和 2002 年两年超常，分别达 111.96 和 119.14。一胎时农民一般遵从自然性别，因为二孩时还有机会生男孩。试点开始前期，翼城县二孩出生性别比超常规，1986 年二孩出生性别比甚至高达 123.03。后期二孩出生性别比虽有所回落，但仍有一半年份超常规，2003 年达到 117.94。多孩出生性别比也呈现相同趋势，且比值更高，1997 年达到 250 的顶峰。[②] 随着生育孩子数量的增加，对于具有生育性别取向的人群来说，其可能会通过多种途径甚至非法手段获取孩子的性别信息，进而进行人为选择，因此，二孩和多孩出生性别比难免较高。但近年二孩性别比也已回落到正常范围（详见图 1-1）。

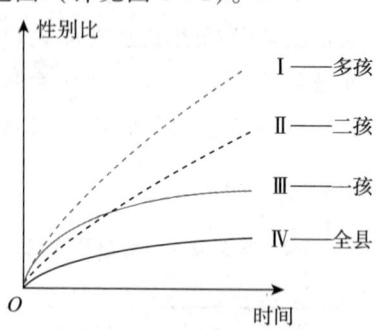

图 1-1 翼城县人口性别比

[①] 资料来源：翼城县 1984 年 10 月至 2012 年 9 月出生人口性别比。内容的说明：所用资料为翼城县全县出生人口的性别比，应该说基本反映了翼城县农村人口的性别比情况。假设翼城县市民人口性别比和全国一样，其性别比远高于翼城县人口性别比。再者，翼城县市民人口占全县约 1/4，无论其人口性别比如何，不会根本改变翼城县人口性别比。特此说明。

[②] 资料来源：翼城县 1984 年 10 月至 2011 年 9 月出生性别比分析表。

翼城县出生人口性别比同全国、临汾市相比较。全国出生人口性别比基本超出了正常的范围，而且在1981年之后一直居高不下，最高时达到了120.56。临汾市0~4岁年龄组①性别比1982年为106.2，1990年为107.11，2000年为111.37，一直处于上升趋势，并且越来越严重。②翼城县是临汾市所辖县，是一个农业县，是在放开农村二孩情况下实现出生性别比正常化的。这说明翼城县计划生育宣传管理到位，农民的生育观念发生了根本变化，没有性别偏好，生男生女都一样，这就为男女平等奠定了坚实的基础。而翼城县出生人口性别比除刚开始实行农村二孩生育试点时略高外，五年后只有2002年达116.52，其余年份均在正常范围内（详见图1-2）。

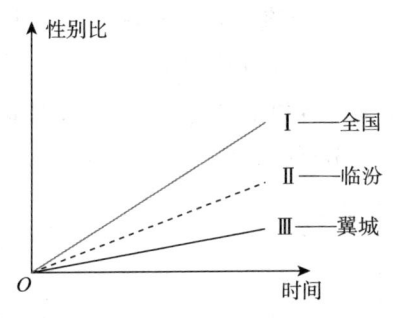

图1-2 翼城县人口出生性别比同全国、临汾市相比较

资料来源：①全国见《人口和计划生育常用数据手册》，中国人口出版社，2012，第144页。②临汾市见《临汾市志》第一册，中华书局，2013，第377页。③翼城县见1984年10月至2012年9月翼城县人口自然变动情况表。

（二）人口增长情况

翼城县人口自然变动情况。翼城县人口在农村放开二孩生育的初期，农民有扎堆生育的现象，1990年人口自然增长率达到21.5‰的最高值，是全国和临汾市人口自然增长率的两倍。在农村二孩试点放开15年后，人口自然增长率迅速回落，到2005年已降到6.5‰，低于临汾市的水平，也低于全国人口自然增长率的水平。到2010年时，翼城县人口自然增长率已降至3.1‰，许多农民申请到二孩生育指标，考虑多方面的情况后又退了回去。可见，放开农村二孩生育的情况下"计划生育"成了翼城县农民的自觉行为（详见表1-3）。

---

① 0~4岁年龄组性别比基本可以反映出生性别比的情况，由于缺乏临汾市出生性别比的数据，特以此进行对比。

② 《临汾市志》第一册，中华书局，2013，第377页。

表1-3 翼城县人口自然增长率

单位:‰

年份	1985	1990	1995	2000	2005	2010	2012
人口自然增长率	13	21.5	19.7	11.8	6.5	3.1	4

特别说明：所用数据为翼城全县人口自然增长率。翼城县人口自然增长率近15年均低于全国平均水平。

资料来源：1984年10月至2012年9月翼城县人口自然变动情况表。

翼城县人口自然增长率与临汾市、山西省和全国的比较。翼城县人口1985年以13‰的比例自然增长，到1990年左右达到顶峰，为21.5‰，此后10年逐渐回落，2000年为11.8‰，仍高于临汾市、山西省和全国人口自然增长水平。2000年之后，人口自然增长率迅速下降，2010年为3.1‰，2012年为4‰，远低于临汾市和全国的水平。翼城县农村虽进行二孩生育试点，但仍保证了降低人口增速的效果（详见图1-3）。

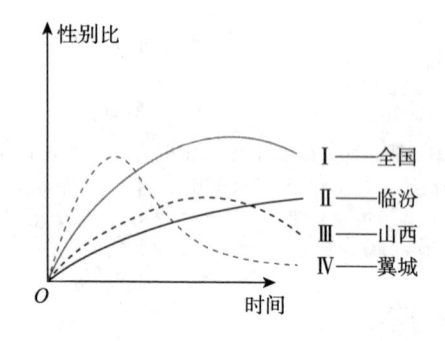

图1-3 翼城县、临汾市、山西省和全国人口自然增长率比较

资料来源：①1984年10月至2012年9月翼城县人口自然变动情况表。②《临汾市志》第一册，中华书局，2013，第372页。③《山西统计年鉴》，中国统计出版社，2008，第39页。④《人口和计划生育常用数据手册》，中国人口出版社，2012，第104页。

（三）计划生育工作情况

翼城县农业户籍家庭的独生子女领证情况。1985年有43户农民领取了独生子女证，2014年有8335户农民领取了独生子女证。翼城县在执行放开农村二孩生育政策时，制定并执行了一项鼓励性的政策，即对符合二孩生育条件，但退回二孩生育指标的农民给予一定的奖励，奖励的数额随时作一些调整。这一政策的实施对农民"只生一个孩子"也有一定的积极推动作用（详见表1-4）。

表1-4 翼城县领取独生子女证的情况

单位：户，%

年份	1985	1990	1995	2000	2005	2010	2014
全县领证数	43	57	71	105	3486	6542	9238
农民领证数	43	56	67	88	3242	6111	8335
农民领证所占比例	0.13	0.17	0.22	0.32	10.57	21.83	21.8

资料来源：1985年10月至2014年9月翼城县计划生育综合情况表。

已婚育龄妇女的计划生育情况。育龄妇女人口数量的下降是人口回落的重要标志，翼城县已婚育龄妇女人数在2000年达到最高值之后逐年下降。翼城县在执行农村放开二孩生育试点政策的过程中，生育一胎的育龄妇女上环的多于做绝育手术的，生育二孩的育龄妇女做绝育手术的多于上环的，双女户育龄妇女做绝育手术的多于上环的。为了防止失独，给生育一胎的育龄妇女生育二孩留有一定的余地，体现了对农村家庭的人文关怀。翼城县现有一孩的育龄妇女人数占育龄妇女总人数的比例较高，表明人口生育的空间仍然较大，还要进一步做好计划生育工作（详见表1-5）。

表1-5 翼城县已婚育龄妇女计划生育情况

单位：人

年份	合计	已婚未育人数	现有一孩 人数	现有一孩 上环	现有一孩 绝育	现有二孩 人数	现有二孩 上环	现有二孩 绝育	现有三孩及以上 人数	现有三孩及以上 上环	现有三孩及以上 绝育
1985	56458	14367	7314	578	251	31405	208	2904	3399	29	511
1990	68195	12494	13002	1825	515	39219	1078	10812	3480	62	1498
1995	75830	10166	19267	4569	634	43044	2618	18845	3413	135	2229
2000	81372	7551	26391	9543	725	44268	4689	26558	3162	202	2568
2005	80159	5347	29474	16250	683	42664	6667	29133	2674	233	2297
2010	69394	3762	28094	24715	488	35880	9586	25613	1630	234	1378
2014	62725	3439	28086	25270	324	30359	11366	18124	841	211	609

资料来源：1985年10月至2014年9月翼城县计划生育综合情况表。

翼城县超计划生育和社会抚养费的征收情况。在翼城县非农家庭仍坚持一胎化的生育政策，对市民家庭来说生了二孩即为超计划生育，对夫妻双方一方为非农人口，另一方为农业人口的亦然。因为没有详细的市民和农民超计划生育的统计数，所以根据逻辑推理生育三个及以上孩子的大多数应为农民家庭，而且多为农民家庭中的"双女户"，生育两个女儿的一些农民家庭由于受传统养儿防老观念的影响，有的要生育三个及以上的孩子，以便生育一个男孩。表1-6资料显示，随着计划生育工作的深入和农村二孩生育的放开，翼城县生育三孩及以上的家庭逐年减少，生育三孩及以上的妇女占全县育龄妇女的比例由1985年的6%下降到2014年的1.3%。超计划生育的育龄妇女采取了节育的措施，而且大多数妇女做了绝育手术。统计资料还显示，翼城县对超计划生育孩子的家庭征收社会抚养费，而且应收的全部收缴到位。

表1-6 翼城县超计划生育情况

单位：人

年份	1985	1990	1995	2000	2005	2010	2014
三孩及以上	3399	3480	3413	3162	2674	1630	841
上环	29	62	135	202	233	234	211
绝育	511	1498	2229	2568	2297	1378	609

资料来源：1985年10月至2014年9月翼城县计划生育综合情况表。

九　翼城县农村二孩生育试点的经验和启示

自农村进行二孩生育试点以来，翼城县人口增速依然逐渐放缓，出生性别比日趋平衡，在达到计划生育目标的同时实现了人口性别结构的平衡。在实行试点的过程中，翼城县积累了一系列的经验，这些经验对做好全国计划生育工作有一定的借鉴意义。主要的经验和启示有以下几点。

第一，强化党和政府对计划生育工作的组织领导。农村放开二孩生育是一件利国利民的好事，好事要办好。翼城县放开农村二孩生育试点开始时的县委书记吴伯琴对这项工作给予了大力支持。翼城县委、县政府、县人大十分重视试点工作，制定了严格的政策制度，并不断根据变化的形势作及时调整；配备强有力的干部，对计划生育实行承包责任制；大力开展计划生育的宣传教育活动，普及计划生育的科学知识；给计划生育足够的经费支持，开展计划生育的技术服务；把计划生育试点工作作为干部考核的重要指标，实行一票否决制。从而保证了农村二孩生育试点工作的顺利开展。

第二，制度设计科学合理。制度设计符合人口发展的规律，人口生育由多胎到一胎化太突然，农民很难立即接受。这里有两个现实的问题，一是社会老龄化问题，而且是重度老龄化，因为一胎化使人口生育难以实现世代的自然更替。二是农民的社会保障问题，家庭保障仍是中国农村保障的主要形式，在社会保障没有长足发展之前仍要坚持以家庭保障为主。一个年轻农民家庭要保障父母和岳父母两个家庭的生活，压力难以承受。一对农民夫妇生育两个孩子，基本满足了农民的生育愿望，二孩生育试点有了社会和群众基础。实行"晚婚晚育加间隔"推迟了生育年龄，拉开了生育间距离，不至于出现扎堆生育的高峰。而且，制度设计随人口生育状况的变化不断调整，如在2007年规定修订时，翼城县就把生育间隔由30周岁，改为28周岁，充分满足了农民连续生育的要求。

第三，以人为本，相信和依靠群众。加强宣传和教育群众，让群众了解我国的人口国情，明白优生优育，积极配合计划生育工作。同时创造实行计划生育的条件，技术上帮助农民优生优育，提高人口素质；经济上帮助农民脱贫致富，丰衣足食、安居乐业；逐步实现社会保障，消除养儿防老的社会基础，使农民自觉地执行计划生育的政策。翼城县农民的生育观发生了根本的变化，计划生育成了农民的自觉行为。在放开二孩生育的情况下，大批农民生育独生子女；在符合二孩生育，并领取了二孩生育指标之后，一批农民退回了二孩生育的指标。移风易俗，男到女家蔚然成风。优生优育、计划生育已经深入翼城县农民之心，成了农民的自觉行为。

第四，管理方法科学。综合运用思想政治教育、经济奖励和处罚、行政管理和法律手段等多种举措，全县五大班子齐抓共管，形成了强大的合力。坚持利益引导，对"遵守晚婚晚育加间隔"的农民给予优惠待遇，对独生子女及父母给予各种奖励，对符合二孩生育条件，而退回二孩生育指标的给予重奖，使坚持计划生育的农民得到实惠。为优生优育提供优质服务，提高人口生育素质，减少残疾人口出生。创新计划生育管理，实行管理承包责任制，坚持"一三三三"工作法，推行中心户长制，推进少生快富工程，开展"双进万"活动，使计划生育工作成为农民的自觉行为，干群关系融洽，邻里关系和睦，农村欣欣向荣。

第五，社会环境支持。翼城县农村二孩生育试点是在全国一胎化的大背景下开展的，在这种大背景下翼城县农民按照试点政策的要求可以生育二孩，翼城县的干部和农民十分拥护这一试点政策，大家心往一处想、劲往一处使，齐心协力执行试点要求。市场机制的推动作用得到充分发挥，市场机制不仅推动经济发展，而且推动农民实行计划生育。农民都清楚，孩子多了生活、就业、房子、升学都有压力，多数农民觉得生一个有点少，生两个正好。孩子的培养成本提高也促使农民实行计划生育，农民也认识到好好培养一到两个孩子，他们能出人头地，完全能抵得上过去生育许多孩子的作用，于是自觉实行优生优育。农民社会保障的建立，解除了许多农民的后顾之忧，多数农民参加了合作医疗、养老保险和生育保险等，生育太多的孩子失去了意义。

第二章　翼城县农村二孩生育基本情况调查研究

一　研究背景和意义

（一）研究背景

中国实行计划生育以来，少生了4亿多人口，遏制了人口快速增长的势头。随着经济社会的发展，一些由计划生育政策实施产生的弊端逐渐显露出来。人口的老龄化加剧，人口抚养比增大，中青年在业者将不堪重负。由于计划生育的实施，传统的养儿防老观念影响，现代性别鉴别技术的普及，人为性别选择可能增大，人口的性别比严重失衡。随着人口生育率的回落，劳动人口减少，经济发展受到一定的影响。在计划生育政策实施过程中，一些地方干群关系紧张，影响了社会的稳定与和谐。为此，中央根据发展变化了的人口形势，不断及时地调整和完善计划生育政策。

早在1982年2月，中共中央国务院以8号文件的形式颁发的《关于进一步做好计划生育工作指示》就提出，农村普遍提倡一对夫妇只生育一个孩子，某些群众确有困难要求生二孩的，经过审批可以有计划地安排，隐含了以"女儿户"为核心内容的农民计划生育政策的调整。1988年3月31日中共中央政治局第18次常委会予以正式确认[1]。1982年中央27号文件中就有农村中"独子独女结婚"允许生育二孩的规定。在1984年7号文件中，国家计划生育委员会进一步提出，夫妇双方都是独生子女的，可以允许生两个孩子[2]，这即是"双独二孩政策"。2013年11月，《中共中央关于全面深化改革若干重大问题的决定》指出："坚持计划生育的基本国策，启

---

[1]　梁中堂：《艰难的历程：从"一胎化"到"女儿户"》，《开放时代》2014年第3期。
[2]　梁中堂、梅岭：《我国人口政策的历史和发展》，《社会科学论坛》2010年第9期。

动实施一方是独生子女的夫妇可生育两个孩子的政策，逐步调整完善生育政策，促进人口长期均衡发展。"① 随后各地"单独二孩"具体规定逐步出台。可见国家的计划生育政策能够与时俱进，根据变化了的人口生育形势及时地做出调整，使其不断完善。当前，部分学者提出，根据当前国民较低的生育意愿和较低的人口更替水平，是时候放开"全面二孩"。但是，对于当前的人口形势和接下来的人口变动情况尚未有一致的认识，学界和社会争论不断。而翼城县作为二孩生育试点，其人口的基本情况成为社会各界关注的焦点。

翼城县农村放开二孩生育试点已经 30 年了，在这 30 年中有许多报导和研究论文，如梁中堂教授就是翼城县农村二孩生育试点的主张人和指导者，他同时发表了许多有关翼城县农村二孩生育的论文。顾宝昌以《八百万人的实践》为书名研究了包括翼城县在内的几个农村放开二孩生育试点的情况。我们从 2009 年至 2014 年用近五年的时间对翼城县农村二孩生育试点做了全方位、多角度的深入研究，进而对其生育、人口的基本情况进行了全面而深入的探讨。在当前计划生育政策如何调整，调整程度面临巨大争议的情况下，这一研究无疑具有重要的现实意义。

（二）研究意义

研究翼城县农村放开二孩生育的社会现实意义：第一，揭示翼城县农村放开二孩生育的真实情况。我们根据文献资料、调查资料和访谈资料客观地论述了翼城县放开农村二孩生育的做法、人口自然增长率、人口性别比、人口素质、经济社会发展状况、干群关系等，20 多位硕士研究生近十次深入翼城县农村进行问卷调查和访谈，获得了大量第一手资料。第二，了解农民对放开二孩生育的真实态度。翼城县农民绝大多数拥护放开二孩生育的政策，而且生育两个孩子成了绝大多数农民的自觉行为，翼城县农民的生育观念发生了根本的变化，结婚男到女家的婚姻形式得到普遍认可，优生优育成了村民的共识。第三，翼城县人口自然增长率、人口性别比等指标均优于全国，人口素质大幅提高，残疾人口的出生率低于全国，全县经济发展、社会稳定。第四，翼城县在农村放开二孩生育试点中积累的经验值得全国借鉴。试点工作中的制度设计科学合理，发挥干部党团员的带头

---

① 《党的十八届三中全会〈决定〉学习指导百问》，党建读物出版社，2013，第 31 页。

作用，坚持耐心细致的思想宣传工作，坚持以正面的利益引导为主经济处罚为辅。这些都值得全国在计划生育工作中学习。最后，翼城县农村二孩试点可以在全国推广，可以复制。

研究翼城县放开农村二孩生育的理论意义：首先，这一研究可以作为国家制定和调整人口政策的理论依据。翼城县是全国唯一持续放开农村二孩生育的试点，中间基本没有中断过，试点循序渐进的深入，情况真实可靠，对全国具有典型示范性。其次，翼城县的试点是在我国社会转型、人口生育模式转变过程中进行的，也许翼城县试点的经验就标志着我国人口生育模式转型的拐点，世界发达国家在现代化发展过程中都经历了这一转型拐点，翼城县试点的成功预示着我国人口生育转型拐点的来临，需要认真的研究和把握。最后，翼城县放开农村二孩生育试点的经验是对中国特色人口生育理论的必要探索。市场机制下人口生育如何监管？传统农业县农民的生育观念怎样转变？中国的生育政策下一步如何规划？这些问题或许可以在翼城县试点中获得一定的解答。

二　相关文献综述

（一）国外相关文献综述

1. "人口转变"理论

"人口转变"理论的重要性在于，这一理论为过去几个世纪中人口的变化提供了理论支撑。Thompson Warren Simpson 在 *Population*（1945）中，根据当时社会经济发展和人口变化的关系把世界上的国家分为三类：第一类包括西北欧和美国，这些国家的人口增长速度在 19 世纪晚期到 20 世纪由快到慢，而且预计在不久就实现人口零增长，甚至负增长；第二类包括意大利、西班牙和中欧的斯拉夫国家，这些国家的情况和第一类国家 30~50 年前的情况类似，生育率和死亡率都在下降，但死亡率的下降速度比生育率的下降速度要快；第三类国家，还处于马尔萨斯所描述的生存资源和人口数量的自然平衡状态，生存资源充裕时人口就增长，反之就减少，社会对生育率和死亡率都没有有效的控制手段。Warren Simpson 的观察是对人口死亡率和生育率变化及其相互关系的一个系统描述。

Frank Notestein（1944）和 Kingsley Davis（1945）差不多同时引入了"人口转变"理论的概念来解释出生率和死亡率的关系。"人口转变"理论背后的假设是，从长期来看，人类社会必须维持生育和死亡的相对平衡；

死亡率长期大于出生率会导致人类社会的混乱，死亡率长期低于出生率会导致资源的供需失衡。生育和死亡的平衡可以在不同的水平上实现。人口转变是一个从高出生率和高死亡率向低出生率和低死亡率趋向平衡的状态。死亡率的下降首先要打破高出生率和高死亡率的平衡；因为生育率的下降往往滞后于死亡率的下降，人口就会出现一个爆炸增长的阶段；但最终人口会在一个低位的死亡率和出生率中实现新的平衡。

"人口转变"最初只对17世纪以来世界范围人口变化趋势做了一个宏观描述，但因为 Kingsley Davis The World Demographic Transition（1945）将"人口转变"理论与工业革命以来社会经济文化转型联系起来，使得"人口转变"理论成为一个可以解释历史、预测未来的理论模型。从人口学的角度来说，随着医疗技术的进步和人们生活水平的提高，死亡率尤其是婴儿死亡率的快速下降，使得人们不再需要靠多生孩子来保证家庭的延续。从社会学的角度来说，因为工业化、城市化、市场化等社会因素的变化而引起人类社会生育制度的革命，养育孩子的成本增加，人们的生育意愿逐渐降低，从而导致生育率的下降。随着现代化在全世界范围内的扩散，世界人口将会达到一个低生育率和低死亡率的平衡。在实现这一新平衡的过程中，人口的快速增长成为在一定意义上的必经阶段。

"人口转变"理论自提出以来，在理论和实证的挑战中不断得到修正和补充，成为人口学最为重要的人口增长理论模型之一。Coale Ansley（1973）认为，生育率下降有三个先决条件：①人们对生育有一个自觉理性认识；②人们了解而且可以得到必要的节育手段；③少生孩子被认为是有利的。社会经济发展和生育率呈负相关，其相关系数高达 - 0.8，且在 1975~2005 年保持稳定。可见，这样的相关关系会在未来一段时间内继续起作用，即随着世界社会经济的进一步发展，预期生育率可能会进一步下降。

2. "经济人"与"社会人"理论

因为"现代化—人口转变"理论的着眼点在社会经济和人口变化的宏观关系上，其对生育率的解释也是一个宏观的说明：生育率的下降是家庭对宏观社会制度环境的直接反应，在社会经济发展的前提下，生育率水平降低是水到渠成的事，因此"发展是最好的避孕药"。但是"现代化—人口转变"理论并没有说明从社会经济和文化转型到生育率的转变的具体机制，而生育归根结底还是个体（家庭）行为。因此一个重要的问题就是，死亡率的降低和社会经济的变化是怎样导致人们少生孩子的？

对于个人和家庭生育行为的解释,一般可分为"经济人"和"社会人"两大派系。"经济人"解释建立在人的经济理性的基础上,人是理性的(Rational),孩子可以从一定意义上被看做一种特殊的商品(Goods)。人们的生育行为是根据个人和家庭的具体情况进行成本和收益计算后作出的理性决定。"社会人"解释更为强调文化和观念的作用,认为人们的生育行为是一种"从众行为"(Herd Behavior)。比方说,最好25岁左右结婚、30岁以前生孩子,但并不是每个人都有直接和合理的经济解释。再比方说,对避孕方法的选择和对人工流产的态度,也很难用简单的经济逻辑解释清楚。

从"经济人"的角度,死亡率下降直接导致家庭内部成本和收益的变化。第一,死亡率下降使得家庭规模扩大,更多的孩子会长大成人,因此直接导致家庭供养压力。与此同时,由于生产资源的限制和生产方式的改变,大家庭带来的边际收益也会变小。因此,死亡率的下降导致了家庭对生育需求(Demand)的减少,从而增加对生育控制的需求。第二,社会化大分工的制度体系下,一方面家庭成员对自己的工作时间和节奏失去了控制,另一方面,社会竞争的加剧使得家庭成员更加关注自身职业发展。当人们不得不在家庭和职业发展之间做出选择的时候,对生育的控制是一个顺理成章的妥协。第三,社会制度的变化使得养儿育女的直接受益减少,这样的减少来自两个方面:一是因为教育的推广延迟了子女参加生产而对家庭经济做出贡献的时间;二是社会保障体系的建立使得子女参加生产不再是对父母养老的主要经济来源。在 *Routes to Low Mortality in Poor Countries* (1986)中 John Caldwell 提到,家庭内部财富流向的改变——在传统社会情况下,对于父母来说,生育子女是能够获益的,即是一种从下一代流向上一代的财富流向趋势;而在现代社会中,家庭内部的财富流是父母一代流向子女一代,由"反哺"变成了"接力"(Relay)。第四,在 *Human Capital, Fertility, and Economic Growth* 中 Becker 提到,由于生产技术的转型,人力资本的高低与孩子的数量之间的替代关系使得父母优先关注孩子的质量,选择较少的孩子和较高的人力资本,也就是因为多生孩子的相对收益减少,从而导致生育率的下降。

但从"社会人"的观点来看,人类的生殖行为和决策是不符合经济理性的行为的。"社会人"对生育行为的解释的着眼点是在生育的社会文化习俗上。Susan Watkins 在 *The Decline of Fertility in Europe: The Revised Proceed-*

ings of a Conference on the Princeton European Fertility Project（1986）中描述到，生育实际是一种"损人利己"的行为，认为人们的生育行为是对特定社会环境和文化习俗的反应，而不是经济得失的计算结果。与此同时，她认为社会经济的变化并不能很好地解释欧洲生育率下降的进程。一方面，欧洲生育率的下降发生在非常不同的社会经济条件之下，许多地区的生育率下降是在城市化、工业化相对较低，婴儿死亡率还很多的情况下发生的。另一方面，欧洲的生育率下降过程往往和社会文化因素相结合，比方说法语地区的生育率下降比别的地区要早。因此，经济发展在欧洲生育率下降过程中是一个充分而非必要的条件，而社会文化对生育率有其在工业化和经济发展之外独立的作用。新的生育文化观念可以通过人们的互动和大众传媒的力量进行传播，从而改变人们的生育行为。Bonggarts 和 Watkins（1996）也进一步阐述了社会文化的力量，即社会互动对生育率的改变。"社会人"的解释很好地回应了对"现代化—人口转变"理论的一个重大挑战。按照"现代化—人口转变"理论的解释，生育率下降是现代化进程中人们对社会经济变化的反应。

Arsene Dumont（1967）认为，"经济人"和"社会人"的解释应该被看成是相辅相成、互相补充的，而不是相互矛盾的。社会环境和文化习俗为个人生育偏好提供了制度背景，其影响甚至决定了人们在生育选择上的不同偏好。"经济人"和"社会人"的差异也可以在一定的家庭制度下得到统一。Caldwell（2000）认为家庭财富流向的变化可以解释成社会生育制度的变化，也可以理解为不同社会环境里经济理性的一致性。Dumont（1987）认为法国 17 世纪和 18 世纪生育率下降的一个重要原因就是子女在家庭中地位的变化。家庭作为社会分层和社会流动的基本单元，为了实现向上流动，父母需要对家庭的规模做出必要的安排，从而保证子女的社会经济状况比父母要好。这里以家庭为单位的社会分层体系是"经济人"作出生育决定的社会制度环境。与此同时，新的生育文化的传播和发展也必须以社会经济发展为依托，社会经济的发展不仅为新的生育文化的传播提供了渠道，也为其提供了文化创新的基础。虽然经济发展对生育率下降只是一个充分而非必要条件，因为受到周围文化的影响，生育率下降可以发生在经济欠发达的、城市化和工业化落后的地区，但这种文化创新和制度创新的根本原因还是建立在某个地区死亡率下降的前提上的，人们意识到生育的控制不仅仅是可行的，而且是有益的。

3. "生育革命"理论

John MacInnes 和 Julio Perez Diaz 在 *The Reproductive Revolution*（2009）中认为，人口变化有着极为重要的社会影响，因此认为现代社会兴起进程中，生育率的下降是与经济革命和政治革命并行的"生育革命"，其意义不仅仅在于生育率下降本身，更重要的是它对社会经济生活其他方面的影响。

MacInnes 和 Diaz 认为，可以把生育率看做经济中和农业、工业、服务业相并行的第四个产业，在高死亡率的社会条件下，妇女是"人口再生产"的"生产资料"，因为其大部分时间被孕、育、哺、养所占据，很少有时间从事"人口再生产"以外的工作。而且因为死亡率很高，相当比例的孩子会夭折，因此"人口再生产"的效率也很低。"生育革命"的意义在于，在死亡率下降的基础上，妇女不再需要把大部分的时间和精力集中在"人口再生产"上，人类社会的"人口再生产"效率会大大提高。

"生育革命"对生育模式的变化有着多方面的重要作用。第一，子女存活率的提高，使得人们可以把生育集中在相对较短的一段时间内，使结婚和生育的推迟成为可能。如果生育的目标是人口和家庭的更替，也就是平均每个妇女只需要生两个左右的孩子，即使把结婚推迟到 30 岁，大部分人还是有足够的时间来完成自己的生育目标。第二，妇女地位的提高，人力资本回报的提高，生育的机会成本增加，使婚姻推迟和生育减少。第三，同居的增多，婚姻制度的弱化，也使得"私生子女"的比例增多。第四，婚姻和生育率的推迟，促进了无子女家庭比例的增加。第五，"生育革命"的结果是性和婚姻、生育之间的关系渐渐疏离。在传统社会中，性总是和生育紧密联系在一起的，国家和社会通过法律和习俗的方式对性关系在社会上和家庭中加以规范，其中最为明显的例子就是对婚姻的种种规定。社会整体对于婚前性行为与婚外性行为以及对于离婚的态度的彻底改变，要归功于"生育革命"。

"生育革命"是死亡率下降之后人类社会对生育制度的调整。传统社会的生育制度以家庭为核心，以性别分工为基础，通过婚姻把性和生育相结合，在家庭内部同时实现了物质再生产和人口再生产。作为现代社会兴起的一部分的"生育革命"颠覆了性、婚姻、家庭和生育的传统纽带。社会化大生产和社会分工打破了家庭成员之间的经济联系，使各个家庭成员有更强的独立性和自主性。家庭内部个体性的增强，也同时加强了妇女在生育中的独立核心地位。家庭功能和地位的弱化与虚化对生育模式有着重大的影响。妇女的身体不再是家庭"人口再生产"的工具，妇女在可以对生育做出自愿选择的同时，也必须同时为自己的选择承担更大的责任，因此必然导致生育率的下降。个人实现和社会整体的"人口再生产"矛盾，必然要求社会对生育制度做出调整。

4. "第二次人口转变"理论

Lesthaeghe 和 Van da kaa 在 *Postmodern Fertility Preferences: From Changing Value Orientation to New Behavior* (2001) 一书中提出了"第二次人口转变"的概念。其关注的焦点和"人口转变"理论一样，还是生育率，但不同的一点是他们也同时把人口变化的第三个重要因素——迁移引入讨论。Lesthaeghe 和 Van da kaa 强调，"第二次人口转变"中生育率下降更为重要的原因是生育观念的彻底改变，生育率下降的动因是对个人成功的追求。他们提出"个人主义家庭"与传统的婚姻家庭关系不同之处表现在同居数量的增加、结婚比例的降低、结婚年龄的提高、离婚率的提高、非婚生子女的增加，以及现代科技手段，如避孕和流产对非意愿生育的有效控制。也就是传统中婚姻和生育在家庭制度下的有机结合在第二次人口转变中受到了全方位的冲击。Inglehart Ron 在 *Modernization and Postmodernization* (1997) 中提出的文化上从物质主义向非物质主义的转变，为第二次人口转变提供了更深层的背景支持。

虽然学术界对于 Lesthaeghe 和 Van da kaa 所注意到的生育率继续下降有相当的共识，但对他们把"第二次人口转变"归结到生育和家庭观念的变化并不完全认同。Caldwell John 和 Schindlmayr Thomas（2003，2004）认为，"第二次人口爆炸"显然低估了社会经济变化、科技进步，以及面对人类"人口爆炸"和环境危机而兴起的大规模以控制人口增长为目标的社会运动的作用。他们在回顾了世界各个不同地区的低生育率和超低生育率的情况后发现，各个国家和地区的差别非常大，很难用同样一种具体的解释说明两个不同地区的低生育率。Caldwell 和 Schindlmayr 认为，从根本上讲，生育率的继续下降在于工业社会和传统家庭为单位的人口再生产模式的不匹配。社会化大生产打破了以家庭为单位的生产方式，其生产和分配以服务于各个社会生产单位中的个人为基础，个人与家庭之间的纽带逐渐松散。而与此同时，物质主义的泛滥和个人主义的盛行，也使得生儿育女在人们的需求层次中被推到相对次要的位置。如果孩子在社会生活中的价值没有颠覆性的改变，生育率很难回升。

对"第二次人口转变"理论的研究,也促进了人口分析技术中对时期生育率和队列生育率的进一步深入。Bongaarts 和 Feeney（1998）发展出常用的时期总和生育率,在妇女推迟生育的情况下,会低估妇女终生生育数,并因此发展出了用生育年龄进行调整的时期生育率。对大部分工业化国家,调整后的总和生育率依然是处于更替水平之下,尽管比不进行调整的总和生育率要稍微高一些。因此发达国家的低生育率并不是一个因为生育年龄推迟而出现的统计假象。

5. "低生育陷阱"假设理论

Lutz Wolfgang 等人在 *The Low Fertility Trap Hypothesis* 中提出"低生育陷阱"的假设理论,对生育率低迷状态进行系统的分析,该假设理论的内容为:由于人口学、社会学、经济学三方面的因素共同作用,如果生育率下至 1.5 以下的话,生育率将持续不断下降,逆转的可能性很小。从人口学的角度,人口在生育率下降过程中会不断积累负惯性,从而使得现有人口年龄结构中年轻一代的比率相对较小;从社会学的角度看,因为社会文化的传承性,新一代人在新的家庭观念中成长起来,少生孩子甚至不生孩子已经深入人心;从经济学的角度说,根据 Easterlin Richard 在 *The Conflict Between Aspirations and Resources*（1976）中强调的,虽然我们通常假设人口总的趋势是趋向平衡的,但这样的假设并没有充足的实证基础,而我们实际看到的那些促使生育率下降的因素,比如价值观的改变、全球化的深入和年轻人失业率的提高,愈来愈得到加强而不是减弱。这里,我们还同时可以加上政治学的角度,因为民主社会中政治决策和选举紧密相连,人口老化和年老选民的力量存在,会导致公共福利政策的关注点更加倾向集中于老年群体而不是青年群体。

在经济社会发展中,人口因素发挥着重要的作用。促进世界经济的发展,必须保持人口与经济、资源、环境之间关系的协调。但是,由于各国资源储量和经济发展水平不同,其人口状况也存在较大差异。因此,就世界范围来看,主要有节制生育和鼓励生育两种政策。

有些国家采取了节制生育的政策。印度政府长期以来都对人口的过快增长给予充分的关注。相关资料显示,印度人口总数在 2012 年就超过了 12 亿,与十年前相比增加了 1.8 亿左右。从联合国人口基金会公布的数据来看,印度人口到 2050 年将超过中国达到 16.58 亿,届时印度将成为世界上人口最多的国家。实际上,印度人口总数还可能高于这一数字。美国和英国的相关资料显示，印度的人口将在2025~2030年超越中国。但是受到印度特殊文化的制约，印度政府并没有推行全国统一的生育政策，只是由各邦政府根据需要推行地区性的生育政策。主要采取改善医疗设施和队伍，延长接受教育的年限，通过宣传改变民众的思想等措施。同样印尼政府也被人口膨胀问题所困扰，印尼政府建立了国家家庭计划局来对印尼人口的过快增长进行控制。

有些国家通过各种方式鼓励人口增长。例如日本人口的结构影响了日本的发展。二战后，由于政治环境安定和经济发展，日本人口大量增长。1947年到1949年日本的总和生育率达到4.4左右，平均每年人口增加270万左右，这一时期出生的人口被称为"团块世代"。但是20世纪中期之后受到人们生育观念等因素的影响，日本的生育率出现了直线下降的现象，1975年左右日本生育水平达到世代更替水平。1975年之后，日本人口生育水平一度低于世代更替水平。近年来，日本的生育率更是只有1.3左右，每年人口增加的数量为109万左右，与1949年相比减少了60%。日本生育率的下降，导致日本劳动力短缺严重，老龄人口增加。同时日本新增人口没有老一代的奋斗精神，严重影响了日本经济的发展。"团块世代"人口的不断死亡，更加剧了日本人口短缺的状况，严重危及了日本的发展。因此，从20世纪80年代开始，日本政府采取了各种措施鼓励民众生育。韩国政府也遇到了同样的问题，随着韩国人口的不断下降，韩国政府也通过各种方式鼓励民众生育，以解决生育率下降带来的发展困境。

(二) 国内相关文献综述

受新马尔萨斯理论的影响，中国在1980年推出了"一对夫妇只准生一个孩子"的独生子女政策，即"一胎政策"，但是独生子女政策在80年代的推行并没对中国的生育率起到立竿见影的效果。中国的生育率在80年代早期随着一胎政策执行中的波动变化，直到80年代晚期，中国的人口出生率才再一次出现下降，并继续保持在相对低的水平。到21世纪初期，中国生育率已降到1.5左右，大大低于世代更替水平。由于执行严格的一胎政策，许多学者担心出现用工荒、老龄化等社会问题。

易富贤认为，中国的消费能力绝大部分是由青年劳动力创造的，青年人口比例的递减将导致消费量的减少。老年人口的消费力无法与青年人口的消费力相比，一旦劳动人口减少，就可能导致社会总体的消费能力下降。

何亚福认为，不管计划生育政策对中国的人口出生率造成了多大的影响，但它的确加快了人口老龄化和两性失衡的进程。养老问题仅仅依靠养老保障体系是明显不够的，还需要有合理比例的适龄劳动人口创造经济价值。他还提出国内的贫富差距与这个国家人口数量的多少并不存在相关性的思想。同时也认为，国内劳动力的廉价并不是因为人口太多而导致的。侯东民却认为，老年人口在整个社会人口中比重的增加并不是导致社会劳动力短缺的根本原因，真正的问题在于中国用工方式的问题。

过去十几年对中国人口生育率的控制和优化的研究主要有三个方面的成就：一是对一胎生育政策的厘清；二是对低生育率的确认；三是对政策调整的探讨。

1. 对于一胎政策的新认识

在一胎政策制定和推行的最初，许多人口学和社会学的学者就预见到了该政策的推行会带来一系列社会和人口问题，中共中央公开信里就提到了人口老化、劳动力不足、性别比例失调等问题。一胎政策的推行在各地也遭遇了不同程度的阻力。这一点从1980年以后的生育率可以看出来。推行一胎政策后，中国的生育率不仅没有像20世纪70年代那样继续下降，反而是来回波动。① 易富贤认为导致这种结果的原因主要在于：一是独生子女政策出台只是根据理论计算，执行上采取的是自上而下的强制措施，完全没有考虑到中国的经济发展水平和社会文化习俗，尤其是农村的实际困难，使得人们很难在短时期内接受一对夫妻只能生育一个孩子；二是农村在实行责任制以后，政府对民众的直接控制能力有所下降；三是"新婚姻法"的实施，结婚年龄的提前，使生育出现了堆积；四是政府在制定和实施计生政策过程中的反复使得民众对政策缺乏理解和信任。

在推行一胎政策的30多年时间里，当初担心的问题都逐一应验，从人口普查的数据不难看出，我国2000年人口出生性别处于失衡状态。性别比例失调的问题会在未来几十年内造成几千万的"光棍"。人口老化的形势日益严峻，老龄人口的比例在2004年已经达到10.4%。预测表明，如果继续执行现有生育政策而不进行改变的话，在未来几十年内中国65岁以上老龄人口的比例会迅速增长，达到难以预料的比例。与此同时，劳动力短缺，尤其是结构性短缺问题会日趋明显。

---

① 梁中堂的博客：liangzhongtang.blog.163.com/blog/static/10942650820145201 0252/537/。

面对一胎政策带来的一系列问题，以及中国改革开放以来在社会经济方面的长足进展，许多学者认为，对现有生育政策进行调整的条件已经成熟。

2. 对低生育率的确认

调查结果显示：1991年中国的人口总和生育率是1.65，而到了1992年就已经降到了1.51。但是这些数据却不被政府和学者所认同，认为有大量的漏报，因此低估了实际生育率。曾毅的计算结果显示漏报比例高达25%~28%。由于1990年普查以后的各次调查得到的生育水平都非常低，其中最低的是根据2000年普查长表数据计算的1.22，于是在很长一段时间内，中国的生育率水平都是一个谜。一方面，很多人都认为调查数据存在漏报，过低估计了生育率；另一方面，官方公布的调整数据多年不变，既不说明调整的根据，也不解释调整的方法。

中国的生育率到底是在什么水平？张光宇和赵忠伟对中国生育率数据的五种不同来源进行了详细的分析对比，发现几种数据来源之间存在着较好的可比性和内部一致性。因此，对于官方数据考虑的漏报，虽然对中国生育率的估计有一定影响，但并没有官方认为的那么严重。他们的结论是中国的总和生育率在2000年时下降到了1.6左右的水平。与此类似，郭志刚也对中国人口普查、人口抽样调查和生育率调查的数据进行了比较分析，结论同样也是认为漏报的情况不应该被夸大。蔡泳对20世纪90年代中国的生育率进行了估算，结果发现，中国20世纪90年代根据净生育率折算的总和生育率平均为1.5~1.6。翟振武等利用中国历年教育中的小学入学人数，对1990年的生育率进行了估算，发现20世纪90年代末生育率在1.7~1.8。蔡泳对翟振武和陈卫的估算进行了修正，结果发现用教育数据计算的生育率在20世纪90年代末的高限是1.6。

以上各种分析虽然对中国生育水平的估计有一定的差异，但有两点是一致的：一是低报和漏报虽然是中国人口调查中一个很重要的问题，但中国人口数据的总体质量不是很差，多年来的数据有很强的一致性，经得起检验。二是全国的总和生育率处于世代更替水平以下后，从20世纪90年代初期开始，持续下降，至20世纪90年代末，中国的总和生育率已经降到了远低于世代更替的水平。如果结合2000年普查以后各年的调查结果，中国的生育率在21世纪初已经降到1.5左右甚至更低。

3. 新生育政策的讨论

中国的生育形势，让生育政策调整提上了议事日程。对于制定新的生育政策，各领域的专家们给出了一系列的建议措施，主要可分为两种基本类型，即育龄控制类型和生育模式改善类型。

（1）育龄控制类型

早在20世纪80年代初期，梁中堂就提出了"晚婚晚育加间隔"的生育政策，即农村男女青年在《婚姻法》规定的婚龄推后3年结婚生育者，可以在女性30岁左右时生育二孩，两次生育之间间隔时间为6年。①

学者们对于育龄控制类型的考虑主要是以下三方面。

第一，中国人的生育观念在过去的几十年里有了很大的改变，生育意愿已经下降到了很低的水平，推迟婚龄和育龄是可行的。从2006年的全国计划生育调查数据来看，中国育龄妇女平均理想子女的数量仅为1.7个。该数值比世代更替水平低了很多。郭志刚分析到，生育观念的改变固然是和国家长期实行计划生育政策、进行宣传教育有关，但可能更为重要的是改革开放以后，生活、就业、教育、医疗、住房的一系列改革造成家庭直接面对市场的压力，生育的实际成本和机会成本都有了极大的提高，而90年代正是市场化改革步子最大最快的时期。

第二，在一胎政策制定和推行的初期，很多人就预测到了此政策的推行会带来社会和人口问题，中共中央公开信里就提到了人口老化、劳动力不足、性别比例失调等问题。其中性别比例失调对现行的一胎政策发出了警报。过去，实现性别偏好的手段主要是通过多生。80年代末以来性别鉴定技术的使用，使满足性别偏好转变为通过选择性人工流产来实现。出生性别已经靠生育观念的转变进行控制，故而二孩政策放开，不仅不会产生生育惯性，反而会有效解决性别比例失衡等人口问题。

第三，西方个人主义、物质主义文化观念的传入，也使得年轻人强调个人满足和自我实现，对中国传统文化的普育观念造成了冲击。

（2）生育模式改善类型

现行的计划生育政策以"合情合理、群众拥护和干部好做工作"为基础，农村家庭中如果仅出生了一胎女孩，可以批准再生育一胎，是为"1.5孩政策"。田雪原建议推行"二孩方案"，即中国部分城乡地区，夫妇双方或者夫妇任意一方为独生子女者的，也可以允许生育二孩。侯东民始终坚持"独生子女政策"不能放开，他指出中国人口基数很大，如果放开生育

---

① 梁中堂：《翼城县计划生育试点报告》，《南方人口》1994年第6期。

第二个孩子的话，能源、资源、环境根本无法承受。曾毅提出以推迟生育为杠杆，平稳向二孩政策过渡，他指出目前我们也应该考虑二孩政策，而将原本只宣布取消二孩生育间隔可能导致在6年内增加840万剩余数的"人口增量"转变为允许原本840万不让生二孩的夫妇在推迟育龄的前提下生育第二个孩子，既循序渐进地让更多广大群众受益，国家也不需要付出人口过度增量的代价。

三 翼城县农村二孩生育试点的基本情况

2009年，我们就开始关注翼城县农村放开二孩生育试点工作。此后，我们不断派研究生深入翼城县农村研究这一问题。2013年，我们多次带领20多名研究生对翼城县农村二孩生育试点展开问卷调查，共深入4个农村，这4个中有两个以农业经济为主的村，一个以工商业为主的村，一个比较贫困的村。共发放问卷1610份，收回有效问卷1555份，有效率为96.6%。在对问卷编码、统计的基础上展开分析，形成了本研究报告。

（一）受调查者样本的基本情况

在1555份有效问卷中，男性作回答的935人，占回答问卷人数的60.1%，女性回答问卷的620人，占回答问卷人数的39.9%。在中国农村男性一般是户主，也是家庭事务的主要代表，加之本地调查以家庭为单位，因此，男性受访者比例较高。

受调查者的年龄主要集中在30~50岁，约占68.3%。这一年龄段的人按翼城县农村放开二孩生育试点的要求，是已经生育并基本结束生育人口的主体，这就增加了调查数据的有效性（详见图2-1）。

受调查者的学历情况。受调查者中初中及以上文化程度的占多数，占总数的86.6%。调查资料显示，文化程度越高，对计划生育政策的理解越透彻，遵守计划生育的要求越好，如大学本科及以上文化程度的人占受调查者总数的2.4%，没有超计划生育的现象（详见表2-1）。

表2-1 受调查者的学历

单位：人，%

	人数	百分比	有效百分比	累计百分比
初中以下	209	13.4	13.4	13.4
初中	946	60.8	60.8	74.2

续表

	人数	百分比	有效百分比	累计百分比
高中或中专	285	18.3	18.3	92.5
大专	79	5.1	5.1	97.6
大学本科	32	2.1	2.1	99.7
硕士研究生及以上	4	0.3	0.3	100.0
总数	1555	100.0	100.0	

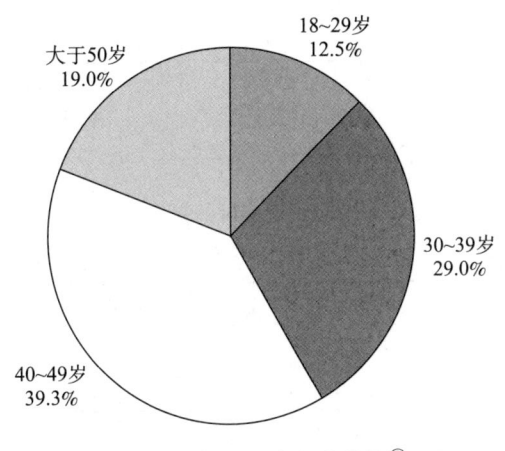

图 2-1 受调查者年龄结构[①]

受调查对象的政治面貌主要是一般群众，共1365人，占受调查者总数的87.8%。有中共党员93人，共青团员91人，民主党派6人，其中党员家庭没有超生现象。受调查对象中有少数民族家庭39户，少数民族家庭生育政策较为宽松，也很少有超计划生育的。

受调查者职业类型比较多，但家庭属于农村户口。职业分布中以农民最多，有938人，占60.3%。其次是个体经营者，共188人，占12.1%，再次是企事业单位从业人员，共153人，占9.8%（详见图2-2）。

受调查者宗教信仰方面的情况。无宗教信仰的995人，占64%；回避宗教信仰问题，没有回答的498人，占32%；在填写自己的宗教信仰的人中，信仰伊斯兰教的人最多，有27人，占1.7%，其次是信仰佛教的人，达14人，占0.9%，还有0.5%的受访者信仰道教、基督教等宗教（详见表2-2）。

---

① 本书所列示的图和表以及所用数据，若无特殊说明则为调查问卷统计数据。

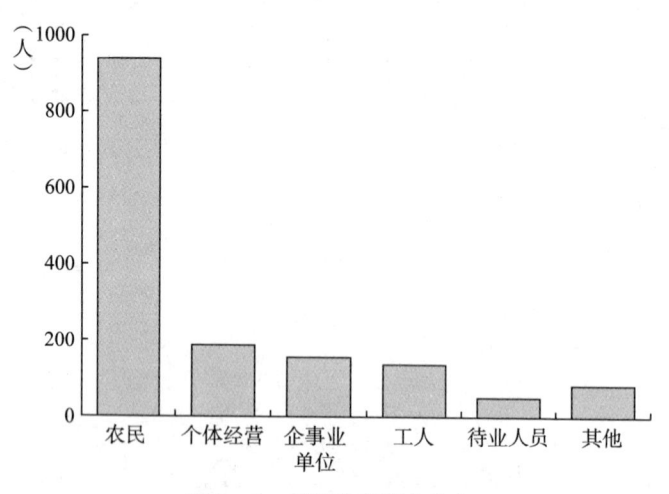

图 2-2 受调查者职业分布

表 2-2 受调查者的宗教信仰

单位：人,%

	佛教	道教	伊斯兰教	基督教	其他宗教	无宗教信仰	回避回答
人数	14	3	27	4	14	995	498
比例	0.9	0.2	1.7	0.3	0.9	64.0	32.0

受调查者不是独生子女，其兄弟姐妹的数量中 8 个的 1 家，7 个的 7 家，6 个的 192 家，占 12.3%；5 个的 205 家，占 13.2%；而只有一个的有 100 家，占 6.4%。翼城县没有选为全国农村放开二孩生育试点县时，就是计划生育先进县，有良好的计划生育基础（详见图 2-3）。

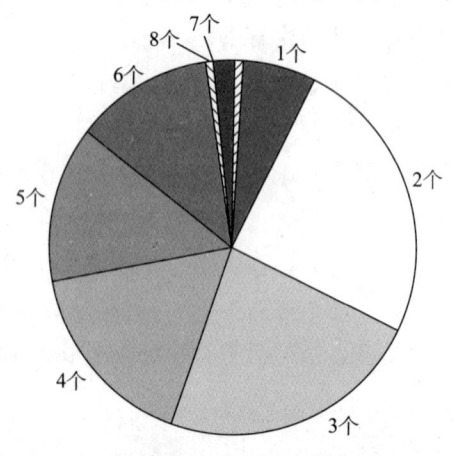

图 2-3 受调查人员自己父母的生育情况

受调查者初婚的年龄集中在 21~26 岁，占回答这一问题总人数的 87.2%。根据这一情况，按翼城县农村放开二孩生育政策的要求，一般情况下女性到 32 岁左右生育使命结束，有更多的时间投入到生产经营活动中。因为农村的小孩一般由姥姥和姥爷，或者是爷爷和奶奶带，现在有的农村有了幼儿园，可以送幼儿园培养（详见表 2-3）。

表 2-3 受调查者的结婚年龄

单位：人，%

	21 岁以下	21~26 岁	27~30 岁	31~36 岁
人数	92	1350	97	10
比例	5.9	87.2	6.3	0.7

说明：缺失 6 人数据。

（二）翼城县农村家庭的生育情况

受调查者生育孩子数以 1~2 胎居多，其中生育一胎的 402 人，占 25.9%，生育二孩的 1038 人，占 66.8%。受调查者的总生育率为 1.76，2012 年翼城人口出生率为 8.1‰，人口自然增长率为 4.0‰。[①] 翼城县在放开二孩的情况下，生育率低于全国的生育水平，更低于人口世代替代率，而且长期处于稳定的低生育率状态，说明翼城县放开农村二孩生育的试点是成功的（详见表 2-4）。

表 2-4 生孩子个数

单位：人，%

	0 个	1 个	2 个	3 个	4 个	5 个及以上
人数	32	402	1038	72	8	2
比例	2.1	25.9	66.8	4.6	0.5	0.1

受调查者第一个孩子出生时的年龄。22~28 岁生第一个孩子的 1349 人，占 86.8%。如果生育第二个孩子的话，一般到 32 岁左右生育，这时父母的身体仍处于青年时期，而且很成熟了，生育的孩子会比较健康。这说明翼城县放开农村二孩生育试点期间出生的孩子的健康状况很好。据专题研

---

① 见 1984 年 10 月至 2012 年 9 月翼城县人口自然变动情况表。

究可知，翼城县近年残疾儿童出生率低于全国水平，而且一批残疾人是后天所致。这也从另一个侧面说明翼城县放开农村二孩生育试点实现了优生优育的目的（详见图2-4）。

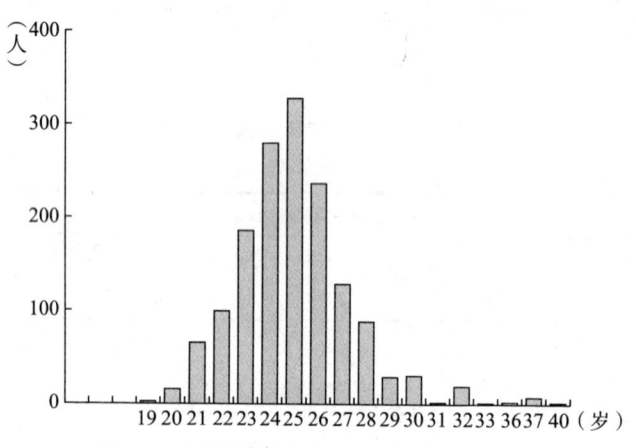

图2-4 翼城县妇女生第一胎时年龄分布

受调查家庭生育孩子的性别偏好。现阶段翼城农民大多数认为生男生女都一样，坚持这一观点的有1042人，占67%。其次是希望儿女双全的有318人，占20.5%（详见表2-5）。放开农村二孩生育以来，翼城县农民实现了对传统性别观念的革命。在翼城县农村结婚男到女家的现象很平常，人们都接受这一变化。实行放开农村二孩生育以来，特别是在后期翼城县出生人口性别比一直在正常范围内，1995年性别比为102.65，2000年为106.51，2005年为107.84，2011年为102.38。①

表2-5 受调查者生育性别观念

单位：人，%

	男	女	男女都一样	儿女双全
人数	102	92	1042	318
比例	6.6	5.9	67.0	20.5

受调查者对生育二孩的态度。已经生育二孩的446人，占回答这一问题总人数的36.3%。还没生二孩的占绝大多数，其中肯定要生的264人，占

---

① 见1984年10月至2011年9月翼城县出生人口性别比表。

23.3%；将来肯定不生二孩的 115 人，占 11.0%，这一群体现阶段还是少数。而视情况而定，处于犹豫状态的 425 人，占 29.1%。翼城县农民的生育水平会在很长时期内稳定于低生育率水平（详见图 2-5）。

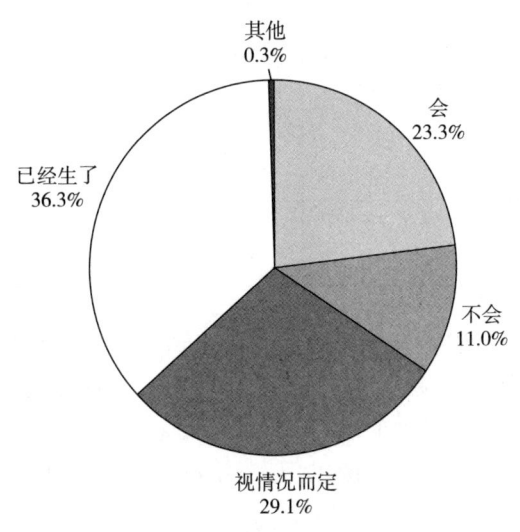

图 2-5 受调查者是否生二孩的情况

说明：缺失值 3 人，错误输入 2 人。

对于两胎之间间隔时间的看法。受调查者中持顺其自然观点的 167 人，占 10.8%。主张间隔 3~5 年的 838 人，占 54.1%，属于主流民意，基本和翼城县开始实行试点时要求的间隔期间相吻合（详见表 2-6）。

表 2-6 受调查者对两胎间隔的看法

单位：人，%

	1~2 年	3~5 年	6~8 年	8 年以上	顺其自然
人数	160	838	309	76	167
比例	10.3	54.1	19.9	4.9	10.8

说明：缺失 5 人数据。

生育愿望。放开二孩生育后，翼城县不想要孩子和只要一个孩子的 334 人，占回答这一问题总人数的 21.5%。准备生育两个孩子的 1148 人，占 73.8%，他们代表了翼城县农民生育意愿的主流方向。而生育 3 人及以上的有 69 人，占 4.4%。这说明计划生育观念在翼城县已深入人心。应该说也反映了我国农民生育的主流愿望（见表 2-7）。

表2-7 全面放开二孩生育的生育愿望

单位：人,%

		人数	百分比	有效百分比	累计百分比
有效	不想要孩子	23	1.5	1.5	1.5
	1个	311	20.0	20.1	21.5
	2个	1148	73.8	74.0	95.6
	3个及以上	69	4.4	4.4	100.0
	Total	1551	99.7	100.0	
缺失	系统	4	0.3		
总值		1555	100.0		

部分坚持只生一胎家庭的原因。回答这一问题的总共有319人。其中，为了给孩子提供比较优越的条件的有161人，占回答这一问题总人数的50.5%。回答由于经济条件的限制，只生一个孩子的67人，占21%。由于工作压力大，而只生一个孩子的37人，占11.6%（详见表2-8）。

表2-8 选择只生一个孩子的原因

单位：人,%

	提供优越条件	经济条件限制	工作压力	其他
人数	161	67	37	54
比例	50.5	21.0	11.6	16.9

希望养育两个及以上孩子的原因。在回答"希望养育两个及以上孩子的原因"这一问题时，最主要的原因是为了减轻孩子的赡养负担，有246人，占回答这一问题总人数的29.2%。希望老有所养的199人，占24%。这说明农村养老问题依旧比较严峻，家庭养老依然是农村老年人口生活保障的基本形式。这就要求我们应充分做好农村社会保障工作（详见表2-9）。

表2-9 希望生育两个及以上孩子的原因

单位：人,%

	多一个没负担	减轻孩子赡养负担	给孩子找个伴	希望老有所依	喜欢孩子	其他
人数	44	246	155	199	106	93
比例	5.2	29.2	18.4	24	12.6	11.0

有关受访者生育孩子考虑的因素。回答这一问题处在第一位的是认为生孩子是自然天成，天经地义的，有438人，占受调查总人数的28.2%；处在第二位的是传宗接代，有403人，占25.9%；处在第三位的是把孩子作为自己的感情寄托，共有392人，占25.2%，这部分农民实现了生育观念的升华，他们一般家庭比较富裕，至少没有衣食之忧（详见图2-6）。

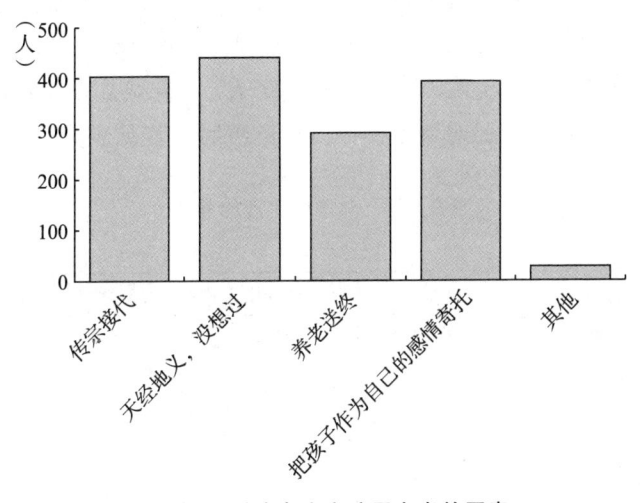

图2-6 受访者生育孩子考虑的因素

对丁克家庭的看法。丁克家庭是指无子女家庭，传统农村社会没有生育能力的家庭，一般都要从亲戚家"过继"一个，或从别人家领养一至两个子女。本次调查资料显示，赞同和非常赞同丁克家庭的农户91人，占受调查总数的5.8%，这与部分农民经济富裕，农村建立了养老院有直接关系，即在一些农村农民的养老不发愁了。同时，我们要看到不赞成和非常不赞成丁克家庭的农户961人，占61.9%，也就是说大多数农户不赞成丁克家庭（详见表2-10）。

表2-10 农民对丁克家庭的看法

单位：人,%

	非常赞同	赞同	无所谓	不赞同	非常不赞同
人数	25	66	501	751	210
比例	1.6	4.2	32.3	48.4	13.5

说明：缺失2人数据。

（三）怀孕前准备工作

对怀孕流产的看法。非常不能接受堕胎流产的 204 人，占受调查人数的 13.1%；不能接受堕胎流产的 821 人，占 52.8%；对堕胎流产持两可态度的 315 人，占 20.3%；接受堕胎流产的 214 人，占 13.7%。翼城县计划生育主要是女性采取各种避孕措施，也有少数男性采取避孕措施。采取避孕措施的，1985 年 39323 人，1990 年 52069 人，1995 年 62328 人，2000 年 70212 人，2005 年 71339 人，2014 年 58187 人。① 翼城县多数农民妇女在怀孕之前采取了节育措施，避免了怀孕后流产堕胎（详见表 2-11）。

表 2-11 对堕胎流产的看法

单位：人，%

		人数	百分比	有效百分比	累计百分比
有效	非常不能接受	204	13.1	13.1	13.1
	不能接受	821	52.8	52.8	66.0
	无所谓	315	20.3	20.3	86.2
	可以接受	201	12.9	12.9	99.2
	完全接受	13	0.8	0.8	100.0
	Total	1554	99.9	100.0	
缺失	系统	1	0.1		
总值		1555	100.0		

有关婚前体检事宜。现在社会上人们结婚时很少进行婚前体检，有的是象征性地填写一张体检表。但调查资料显示，翼城县农民婚前实现体检的 486 对，占受调查总数的 31.3%，这说明翼城县的计划生育工作做得比较扎实。

孩子的生产地点。翼城县农民生育孩子在医院和妇幼保健站的 1096 人，占受调查总人数的 71.4%。在医院和妇幼保健院生孩子能保证母子的安全。不过，我们在调查中发现，翼城县农民到医院和妇幼保健院生孩子的主要原因是靠近县城，并且多是比较富裕的农民。在家里生孩子的仍有 424 人，占 27.6%（详见表 2-12）。

---

① 见 1984 年 10 月至 2010 年 9 月翼城县节育情况表。

表 2-12　孩子出生地点选择情况

单位：人，%

	自己家	妇幼保健院	医院	其他
人数	424	54	1042	15
比例	27.6	3.5	67.9	1.0

说明：缺失 20 人数据。

怀孩子时是否服用过叶酸。服用叶酸有利于减少胎儿残疾的比例，受调查者指出计划生育部门在其怀孕时提供过叶酸的 281 人，占受调查人数的 18.1%。听说过而没注意的 299 人，占 19.2%。还有 958 人回答没有提供过，占 61.6%，这部分农民一般年龄比较大，生孩子时计划生育工作刚开展不久。不过，政府部门提供的数据显示，翼城县这些年来残疾人的比例比全国的低，而且许多残疾人是后天致残的。

有关孩子是否顺产的问题。在回答此问题的人中，顺产的 1129 人，占 90%。剖腹产的 104 人，占 8.3%。现阶段，由于产妇生产时的年龄较大，生活水平高，怀孕时吃的好，孩子长的胖，生产时比较难产具有普遍性。农村的计划生育工作者要劝说怀孕家庭，生产时尽量到附近的医疗单位生产，以利于保护母子安全。

意外怀孕后的处理方式。意外怀孕情况在翼城县应该说比较少，因为计划生育工作做得扎实，所以这是一个假设性的问题。回答意外怀孕会生的 645 人，占受调查人数的 41.6%。回答看意外怀孕时间是否合适的 596 人，占 38.4%。看意外怀孕是男还是女的只有 40 人，占 2.6%，这部分农民一般怀了男孩才选择生。这就又一次印证了翼城县农民对生男生女选择的观念比较淡薄的事实。翼城县大多数农民不刻意去选择生男孩。意外怀孕选择不会生的达 270 人，占 17.4%，这说明翼城县农民对生育持谨慎态度，不打无把握之仗（详见表 2-13）。

表 2-13　意外怀孕是否生下孩子

单位：人，%

	会	看时间是否合适	看是男还是女	不会	绝对不会
人数	645	596	40	211	59
比例	41.6	38.4	2.6	13.6	3.8

说明：缺失 3 人数据。

怀孕后是否做性别鉴定。回答不做性别鉴定的1163人，占受调查人数的74.8%。这再一次说明翼城县农民的大多数不刻意追求生男生女。回答进行性别鉴定的375人，占24.1%。在山西民间辨别怀的是男是女，一般是看母亲的面相，认为女儿是打扮母亲的，若怀了女孩母亲就会变漂亮；农村一些懂一点脉相的民间医生，根据脉搏跳动情况能判断出是否怀孕，有的凭多年的经验能在一定程度上判断所怀的是男是女，但不准确；也许有些人会私下通过现代医学途径作判断，这一情况可能主要在生二孩时出现，但很难调查了解到真实情况。还有17人，约占受调查人数的1%，对此问题不置可否。

对二孩试点政策的看法。放开二孩生育对原来不符合二孩生育条件的农民家庭来说有了一次生育二孩的机会，生了二孩也不征收社会抚养费。翼城县农民的绝大多数支持二孩生育试点工作。回答赞同和非常赞同的受调查者达1191人，占受调查者总数的76.6%。回答无所谓的306人，占19.7%，这部分农民家庭应该是一胎生了女孩，无论二孩放开与否都可以生育二孩。还有57人对二孩生育试点不支持，这部分应该是希望多生育孩子的农民（详见表2-14）。

表2-14 对放开二孩生育政策的看法

单位：人，%

		人数	百分比	有效百分比	累计百分比
有效	非常赞同	258	16.6	16.6	16.6
	赞同	933	60.0	60.0	76.6
	无所谓	306	19.7	19.7	96.3
	不赞同	37	2.4	2.4	98.7
	非常不赞同	20	1.3	1.3	100.0
	Total	1554	99.9	100.0	
缺失	系统	1	0.1		
总值		1555	100.0		

生育二孩对孩子的积极影响。在回答这一问题的1517位农民中，认为有利于培养孩子互助精神的502人，占33.1%。认为有利于孩子成长的388人，占25.6%。认为有利于培养孩子责任心的421人，占27.8%。认为有利于孩子乐观向上性格形成的148人，占9.8%。回答其他积极影响的有58

人，占3.8%。确实，独生子女对孩子的成长不利，一方面娇惯的严重，生怕孩子有什么事，另一方面孩子的性格与上一代人比，少了许多童真，因为孩子每天至少和两个大人生活在一起，独自应对生活的空间受限。事实上，我国的计划生育政策是面对人口激增的无奈之举，在人口回落之后应适当放开。

计划生育政策是否可以取消。认为完全可以取消的农民93人，占受调查总人数的6%，这部分农民完全接受了计划生育政策，一般都坚持一胎化。倾向于取消计划生育政策的393人，占25.3%。这部分农民基本接受了计划生育政策，觉得没有政策限制生育也不会超生二孩。持模棱两可态度的农民587人，占37.8%。这部分农民仍有生育两个以上孩子的愿望，但由于政策的限制而没有生。认为不能取消计划生育政策的农民481人，占30.9%，这部分农民希望生育两个以上子女，有少数农民已经超计划生育了（详见表2-15）。

表2-15 回答计划生育政策可否取消的情况

单位：人，%

	可以取消	倾向于取消	态度模棱两可	不能取消	绝对不能取消
人数	93	393	587	355	126
比例	6.0	25.3	37.8	22.8	8.1

对怀了不是自己希望性别的孩子的态度。回答坚决流产的41人，占受调查人数的2.6%。回答有可能流产的201人，占12.9%。持模棱两可态度的242人，占15.6%。回答不会进行流产的823人，占52.9%，若加上绝对不会流产的247人，则占68.8%。可见，翼城县农民对生育子女的性别观念已经发生了根本改变，生男生女都一样的观念已经被普遍接受（详见图2-7）。

能否自觉遵守计划生育政策。回答能严格遵守计划生育政策的农民740人，占受调查人数的47.6%。若第一胎是女孩希望生二孩的农民285人，占18.3%。上述两项合计占受调查人数的65.9%，已是大多数了。持两可态度的农民453人，占29.1%。回答在经济条件允许的情况下，希望多生几个子女的60人，占3.9%，而无论经济条件如何，都希望多生育子女的只有16位农民，占1.0%。可见，翼城县可能超计划生育的农民微乎其微。

当事业和生孩子出现矛盾后怎么办。选择优先事业的农民142人，占受

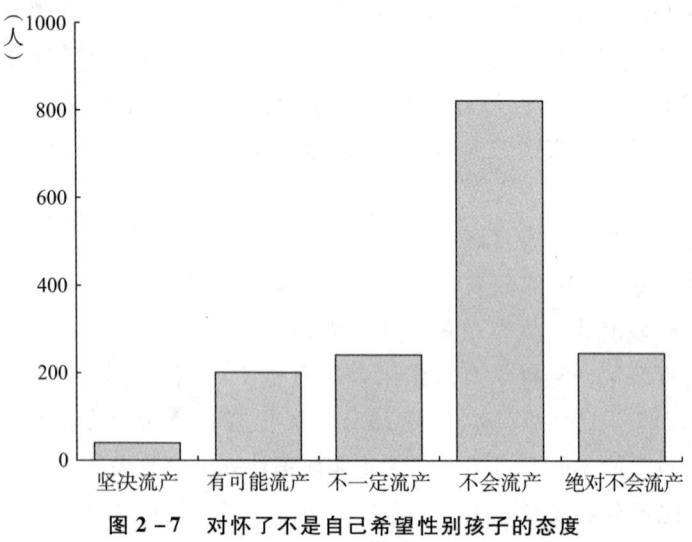

图 2-7 对怀了不是自己希望性别孩子的态度

调查人数的 9.1%，可见农民中优先选择事业的还是少数。回答兼顾事业和孩子的农民 969 人，占 62.4%，这是翼城县多数农民的选择，也是全国农民中多数人的倾向。优先选择孩子的农民 443 人，占 28.5%，这对农民来说是可以理解的。这里的选择不是要不要孩子，而是选择何时生孩子的问题（详见表 2-16）。

表 2-16 事业和孩子矛盾时的选择

单位：人，%

	选择事业，放弃孩子	尽可能兼顾	要孩子牺牲事业
人数	142	969	443
比例	9.1	62.4	28.5

对晚婚晚育的态度。赞同和非常赞同晚婚晚育的农民 1060 人，占受调查人数的 68.2%，应该说晚婚晚育的思想已经深入翼城县绝大多数农民的内心，完全能够接受。持两可态度的农民 388 人，占 25%。不赞成和很不赞成的农民 105 人，占 6.7%。这部分农民受早婚早育思想的影响较重（详见图 2-8）。

生二孩和生一胎家庭的情况相比较，认为生活更幸福的 541 人，占受调查人数的 34.8%，应该说这部分家庭经济比较富裕，孩子升学和成家没什么负担。回答生活质量不高的农民 332 人，占 21.4%，这部分农民家庭收

图 2-8 对晚婚晚育的态度

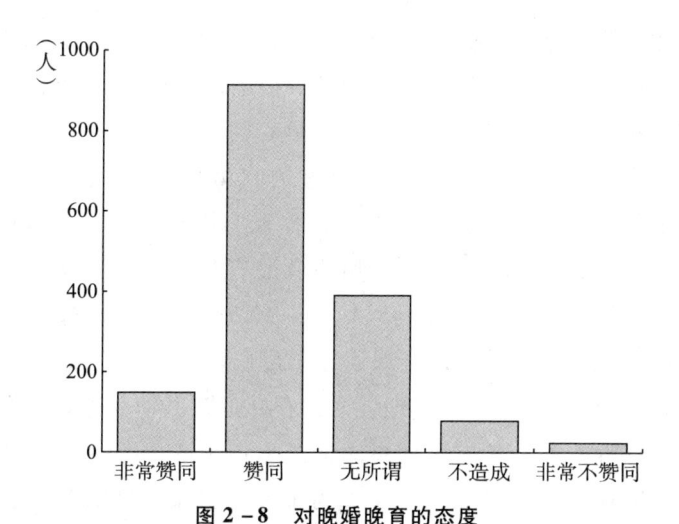

入较低，培养两个孩子成才有较大压力。有 493 位农民认为没什么区别，应该说这部分农民的家境介于上述两类农民之间，培养两个孩子还能过得去。觉得培养两个孩子比较困难的农民 187 人，占受调查农民的 12%，这部分农民在翼城县属于低收入农户（详见表 2-17）。

表 2-17 生育二孩和生育一孩家庭比较

单位：人,%

	生活更幸福	生活质量不高	没区别	二孩孩子培养更难
人数	541	332	493	187
比例	34.8	21.4	31.7	12.0

说明：缺失 2 人数据。

通过 B 超对胎儿进行检查的情况。对孕妇体检项目中有一项是 B 超检查。一般的 B 超检查只关注胎儿健康与否，不告知孕妇胎儿的性别，如北京市的一些大医院孕妇体检不告知胎儿性别。但有些地方医院的一些医生，通过一定的关系可以告知孕妇胎儿性别。在我们的调查样本中有 416 位农村妇女进行过 B 超体检，占受调查人数的 26.8%。在这部分农民中有的通过医生了解胎儿性别，但比例是多少很难了解到。好在翼城县人口的性别比一直保持在合理范围内，只在刚放开农村二孩生育时性别比比较高。而没有进行 B 超体检的孕妇 1120 个，占受调查人数的 72%。

避孕的方法。没有采取避孕措施的农民 335 人，占受调查人数的 21.5%，这部分农民一般是青年人，准备生育一胎或二孩。上环的 370 人，占 23.8%，

55

这一措施既方便又安全，采用这一措施的农村妇女最多。结扎的319人，占20.5%，一般已经生育二孩的女性采取这一措施，男性进行结扎的比例很小。口服避孕药的190人，占12.2%。用避孕套的226人，占14.5%，用避孕套和口服避孕药的一般是一胎和二孩之间的妇女采用，属于临时性措施。

孕期胎儿保健引起了翼城县农民的重视。孕期服用过叶酸的孕妇281人，占受调查人数的18.1%，孕妇服用叶酸有利于胎儿健康，减少残疾儿童的数量。进行过健康检查的543人，占34.9%，对孕妇进行健康检查这是有效实现计划生育的举措，能保证母子健康。进行过心理咨询的孕妇40人，占2.6%，怀孕期间接受心理咨询在农村是新事物，过去妇女怀孕了有些相关的事打听一下左邻右舍即可。请医生指导的307人，占19.7%。由于翼城县农民家庭生育的孩子少了，为了母子健康，要请医生指导，而且随着新农合的发展，农村医生的水平普遍提高了，有能力指导生育。

（四）二孩试点执行的基本情况

超计划生育的情况。回答超计划生育的165人，占受调查人数的10.6%，没有超计划生育的1379人，占88.7%。超计划生育的一般是在进行二孩试点之前或试点前期出现的，超计划生育户的超生子女一般是一个。在超计划生育户中，超生一胎的144人，占受调查超生户的87%。超生两胎的14人，占9%。而超生三胎及以上的农民共有7人，占4%。近年来，随着计划生育政策宣传的深入，翼城县已经很少出现农民超计划生育的现象了。

与计划生育有关的干群关系。认为干群关系融洽的841人，占受调查人数的54.1%，认为干群关系不紧张的202人，占13.0%，两者相加占受调查人数的67.1%，应该说翼城县农民与计划生育有关的干群关系是融洽的。455位农民回答一般，占29.3%，这部分农民与干部的关系也不紧张。与村干部关系有点紧张的45人，占2.9%，这部分人主要是因超生而受过罚款的，事情过去后就无所谓了。与干部关系紧张的农民7人，占0.5%，这些农民超生子女比较多，受的处罚比较重，但他们也知道，干部是在执行试点政策（详见图2-9）。

村里计划生育管理情况。翼城县计划生育工作采取了层层承包的管理方式，从县到乡再到村层层签订责任书。各级干部非常珍惜试点的机会，认为是为农民办了件好事，让农民家庭普遍生育两个孩子，生怕试点不成功被撤。县委县政府制定了严格的试点政策，农民也很配合。因为在当时

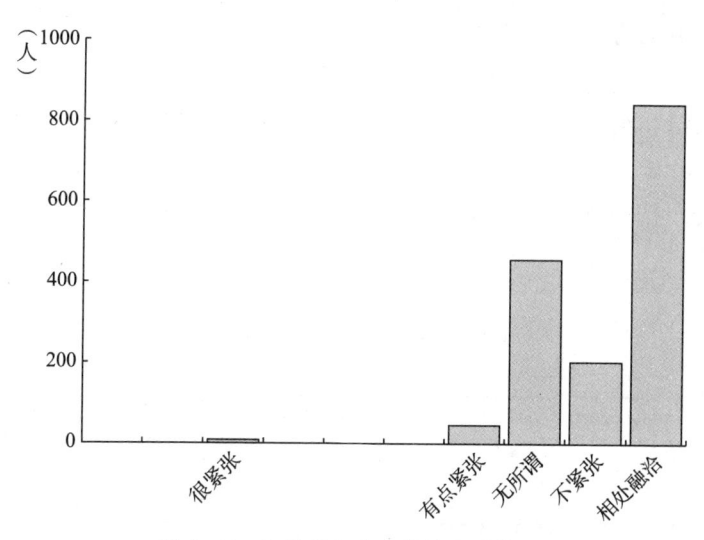

图 2-9　与计划生育有关的干群关系

全国一胎化的背景下,翼城县农民可以生育二孩是件大好事,绝大多数农民感到高兴。回答管理非常严格的农民 84 人,占受调查人数的 5.4%,这部分人主要是受到超生处罚的农民。认为管理较严格的 729 人,占 46.9%,这部分农民当年主要是对晚婚晚育加间隔有看法的农民。因为翼城县最初规定农民要生育二孩,两个孩子之间的间隔要在 6 年左右。认为管理宽严一般的 641 人,占 41.2%,这部分农民即使生育二孩,也按规定的间隔时间执行。还有 96 位农民认为管理的不严,仅占 6.1%,这部分农民中的许多人坚持生育一胎,计划生育管理人员很少光顾他们。

计划生育有没有瞒报现象。认为有瞒报现象的农民 80 人,占受调查人数的 5.1%。放开农民二孩生育,在全国计划生育一胎化背景下,翼城县农民的生育环境已经很宽松了,基本满足了大多数农民的生育要求。但有些生育两个女儿的农民,受传统养儿防老等观念的影响,想要第三胎生个儿子,怀孕和生下之后总是躲躲闪闪,生怕被计生管理人员发现处理,希望迟报或不报。一个村里有几户生了第三胎迟报或不报的农民,周围的几户农民就认为他家瞒报。也许几户农民所指的是同一户有瞒报现象的农民。超生和瞒报现象在翼城县一般发生在放开二孩生育的前期。现阶段,翼城县农民计生瞒报现象已经没有了。

（五）二孩试点计划生育与翼城县经济发展

人均收入状况。对于家庭的收入状况,农民一般是低报的,一是怕露富,二是怕征税。翼城县经济发展在临汾市属于中等水平。回答人均年收入在10000元以上的有183人,占受调查人数的11.8%,这部分农民主要集中在镇和县城。人均年收入在3000元以下的农民543人,占34.9%,这部分农民属于低收入农户,需要扶持和帮助。收入在3000~10000元的农民828人,占53.3%,他们的收入属于中间层,占农民的大多数(详见表2-18)。

表 2-18 农民人均年收入

单位:元,人,%

收入	1000~1999	2000~2999	3000~3999	4000~4999	5000~5999	10000~14999	15000以上
人数	255	288	403	206	219	115	68
比例	16.4	18.5	25.9	13.3	14.1	7.4	4.4

恩格尔系数,是食品支出总额占个人消费支出总额的比重。农民不懂恩格尔系数,但经过调查员的解释,都给出了家庭日常吃穿行所占家庭收入的大致比例,还比较真实可信。回答恩格尔系数为1/2的农民541人,占受调查人数的34.8%,这一比例同人均收入3000元以下农户的比例几乎相同,说明农民的估计是准确的,也是可信的,这部分农民还比较贫困,需要扶持和帮助。恩格尔系数在1/4~1/6的农民778人,占50.1%,这部分农民属于中等收入农民,同上述收入在3000~10000元农民所占的比例相近。恩格尔系数在1/8以下的农民235人,占15.1%,这部分属于农民中的富裕阶层,其收入的大部分用于储蓄和投资(详见图2-10)。

家庭收入的用途。翼城县农民经济收入主要用于日常生活,这样回答的农民1159人,占受调查人数的74.6%。第二位的是教育投入,回答教育投入的120人,占7.7%,由于计划生育,生的孩子少了,农民也重视起对子女的教育投入。第三位的是做生意投资,有71人的回答是做生意投资,占4.6%,这部分人主要是农村的个体工商户,繁荣城乡经济。第四位的是盖房子,有61位农民这样回答,占3.9%,农民有了钱以后,要翻盖新房子。还有部分农民回答用于储蓄和医疗,用于储蓄的一般是富裕农民。

对现在生活的满意度。回答非常满意的67人,占受调查人数的4.3%,这部分农民改革开放以来走上了致富的道路,经济收入很高。回答满意的691户,占44.5%,这部分农民也是改革开放的受益者,其收入在农村属于上等。认为自己家庭生活水平一般的农民723人,占46.9%,计划生育和改革开放使他们的生活有所改观,但他们比不上前两类农民,比比较贫困的农民强,衣食无忧。还有 60 人觉得生活不尽如人意,比较贫困,占 3.9%,这部分农民属于农村需要帮扶的农民,一般享有低保支持(详见图 2-11)。

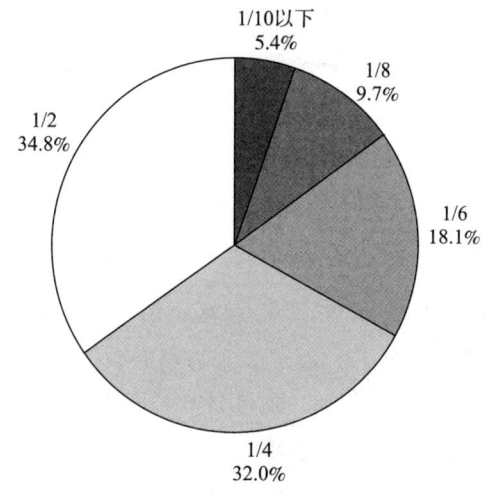

图 2-10 恩格尔系数

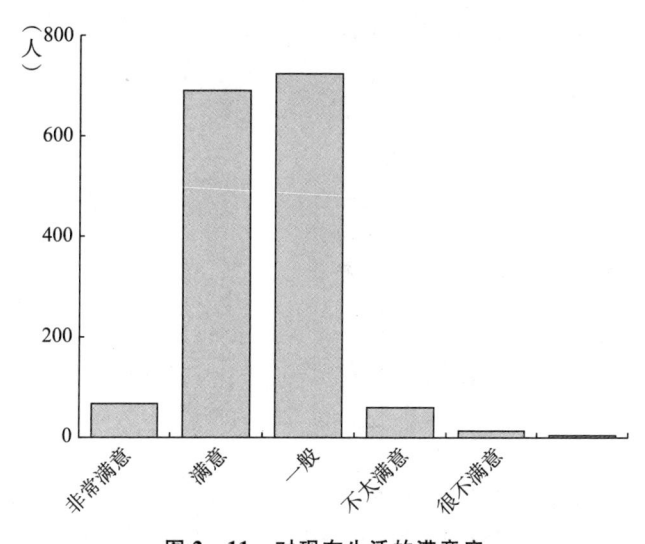

图 2-11 对现在生活的满意度

二孩生育对家庭经济的影响。农民的大多数对计划生育持肯定态度。认为计划生育有很多好处的农民 278 人,占受调查人数的 17.9%。这部分农民由于计划生育，经济收入增加，家庭生活幸福，对未来充满希望。对计划生育持比较肯定态度的1200人，占77.3%。这部分农民认为计划生育使他们的收入增加，减轻了家庭负担，少了许多拖累。有76人认为计划生育没有什么好处，占4.9%，这部分农民中的多数是因为超计划生育受到了处罚（详见表2-19）。

表2-19 计划生育对家庭经济的影响

单位：人，%

	有一些好处	有好处	有很多好处	没什么好处	没好处
人数	287	913	278	53	23
比例	18.5	58.8	17.9	3.4	1.5

实行计划生育后经济收入与其父辈相比的情况。实行计划生育以后，经济收入与其父辈持平的有121人，占受调查人数的7.8%。这部分农民有的是超计划生育，家庭人口较多，或者是自己的生产经营能力较差。绝大部分农民回答实行计划生育后，经济收入比父辈成倍地增长。这与实施计划生育后家庭拖累少了，妇女参加生产经营活动，而且可以流动从业有直接的关系。是父辈收入1倍的250人，占16.1%；是其2倍的553人，占35.6%；是其3倍的365人，占23.5%；是其4倍的255人，占16.4%（详见图2-12）。

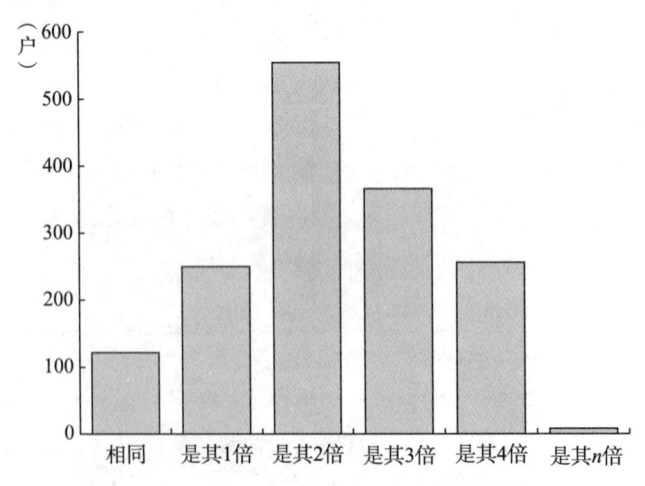

图2-12 计划生育后收入与其父辈相比的情况

和母亲相比，妇女参加生产经营活动的情况。回答比自己母亲参加生产经营时间少的197人，占受调查人数的12.7%。和母亲相比参加生产经营活动时间相同的368人，占23.7%。而比母亲参加生产经营活动时间多1~4倍的989人，占63.6%。总体来看，计划生育政策实施以来，翼城县农村妇女的大部分从家务和对孩子的培育中解放出来了，走上了生产经营发家致富的路，这在一定程度上解放了生产力（详见图2-13）。

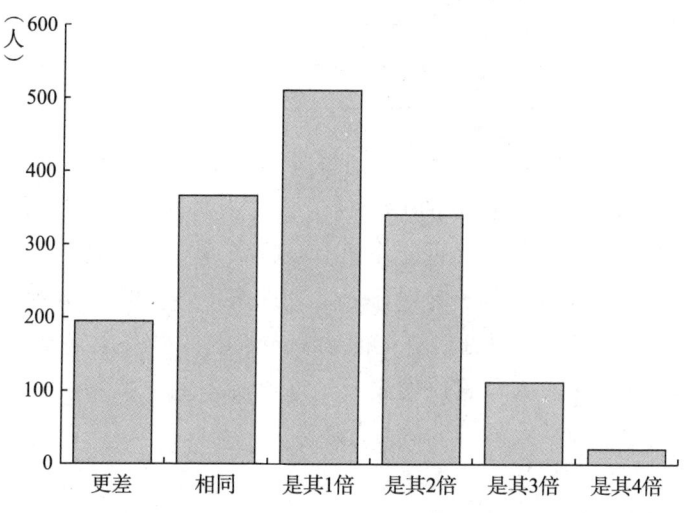

图2-13 计划生育以来妇女参加生产劳动与其母亲相比的情况

与25年前生活水平相比较。回答比25年前差的农民24人，占受调查人数的1.5%，这部分农民可能遇上了天灾人祸，或家中有人常年生病，丧失了劳动力。也许是和周围迅速致富的人相比差一些。据调查所知，现在农村实行五保和低保，生活特别困难的农民政府给兜底。和25年前差不多的112人，占7.2%。上述两部分加起来没超过10%，这部分农民是目前扶贫的重点农户。其余1418位农民的生活水平比25年前有不同程度的提高，其中提高3~4倍的农民522人，占33.6%。这部分农民成了农民致富的带头人（详见表2-20）。

表2-20 同25年前相比的生活状况

单位：人，%

		频率	百分比	有效百分比	累计百分比
有效	更差	24	1.5	1.5	1.5
	相同	112	7.2	7.2	8.8
	提高1倍	403	25.9	25.9	34.7

续表

		频率	百分比	有效百分比	累计百分比
有效	提高2倍	493	31.7	31.7	66.4
	提高3倍	355	22.8	22.8	89.3
	提高4倍	167	10.7	10.7	100.0
	Total	1554	99.9	100.0	
缺失值	系统	1	.1		
总数		1555	100.0		

计划生育与人口素质的状况。回答计划生育工作开展以来人口素质提升的1389人，占受调查人数的89.3%。认为人口素质没有提升的农民164人，占10.5%，这部分农民可能家里有残疾人或有常年慢性病的老人。但翼城县人口统计数据显示，实行计划生育以来，翼城县残疾人的比例低于全国平均数，而且翼城县注册登记的残疾人中的许多人是后天致残。可见，实行计划生育以来，人口素质的提升是毫无疑问的，特别是孕妇服用叶酸措施的实施，使残疾人的出生率大大降低了。

实行计划生育增加了粮食产量，缓解了人地矛盾。回答实行计划生育以来，粮食产量提高的农民1362人，占受调查人数的87.6%。回答没有增加的192人，占12.4%。这就是说，实行计划生育，人们有更多的时间、精力和资金投入农业生产，粮食增产是必然的。部分粮食产量没增加的农户也许是由于经营中人力、物力、财力投入不够所致。1246人认为实行计划生育缓解了人地矛盾，占受调查人数的80.1%。从宏观上说，也应该是这样的。试想按现有的耕地，若每户增加2~3人，那么人地矛盾会非常突出。

计划生育提升了家庭稳定与幸福的指数。1285人认为实行计划生育，家庭将更多的资金投入到经济建设和健康娱乐活动中，占受调查人数的82.7%。生活水平提高了，一些农民家庭生活中增加了浪漫色彩，家庭生活更加丰富多彩，从而使家庭更加稳定。1455人认为自己的家庭很稳定，占受调查人数的93.6%。有1438人认为自己家庭中的幸福指数提升了，占受调查人数的92.5%。计划生育、改革开放使农民的收入增加了，而且解决了农民的医疗、养老问题，绝大多数农民衣食无忧，对未来充满信心。

实行计划生育户的优惠政策。享受独生子女保健费的328人，占受调查人数的21.1%，这部分农民家庭一般是独生子女家庭，还可以享受教育扶助、社会救助、奖扶政策、危房改造、教育培训和其他优惠待遇。表2-18中所指的优惠项目,有的农户可能同时享有了几种。这里只表明所调查的人数中各种优惠政策享受的人数。翼城县在放开农村二孩生育试点过程中,对独生子女户、双女户规定了一系列的优惠政策,鼓励农民实行计划生育(详见表2-21)。

表2-21 独生子女和双女户家庭享受的优惠

单位:人,%

	独生子女保健费	教育扶助	优抚救助	奖扶优惠	危房改造	技能培训	其他
人数	328	217	256	453	17	1	107
比例	21.1	14.0	16.5	29.2	1.1	0.1	6.9

农民参加合作医疗和社会养老保险的情况。在参加合作医疗的农民中,绝大部分农民认为参加合作医疗有积极作用,只有18人觉得合作医疗作用不大。40岁以上农民1414人参加了养老保险,占受调查人数的91.0%。1426人认为养老保险有意义,占91.8%。还有106人认为无所谓,占6.8%,这部分农民家庭比较富裕,觉得养老保险给付较少。农民有了医疗保险、养老保险,实行计划生育没有了后顾之忧。

独生子女奖扶政策。翼城县对农村独生子女实行奖扶政策,而且对符合生育二孩,但退回二孩生育指标的农民还有一定数额的奖励,所以农民中有许多独生子女。接受我们调查的农民中就有224人坚持只生一个孩子,占受调查人数的14.4%。他们中有72人认为独生子女奖扶政策的作用很大,能解决一些实际问题。

(六)计划生育对家庭和妇女的影响

计划生育使家庭关系变得更为融洽。1309人认为实行计划生育使家庭关系变得更为融洽,占受调查人数的84.2%。说明实行计划生育,家庭人口减少,人均收入增加,家人之间的关系变好了。认为无明显变化的215人,占13.8%,这部分农民可能由于生产经营不佳,经济收入增加不明显,家庭关系没有明显变化。还有30人认为家庭关系比较紧张,这部分农民家庭占受调查人数的1.9%,属于极少数,可能是由于其他原因所致,要具体问题具体分析,不能归结为计划生育。

计划生育使家庭关系变好的另一个指标是成员争吵次数，而且我们问的是这方面两代人相比较的问题。回答这一代比上一代争吵次数减少的农民1294人，占受调查农民的83.3%。计划生育的实施、经济收入的增加、家庭成员文化科技素质的提高，使家庭关系的融洽出现了良性循环。觉得没有明显变化的有222人，占14.3%，这部分农民家庭虽然实行了计划生育，但经济收入没有明显增加，科技文化素质没有明显提高，计划生育的优越性没有充分体现出来。还有38人认为家庭成员争吵的次数增加了，占2.4%，这些家庭可能有其他特殊情况，需要具体问题具体分析。

家中老人生活与上一代相比的情况。回答家中老人花费比上一代少的有149户农民，占受调查人数的9.6%，这部分农民家庭一般是贫困户，有的享受低保。而绝大部分农民家庭中老年人花费比上一代增加了，而且增加的幅度很大，其中提高0.5倍的农民家庭达281户，占18.1%；提高1倍的农民家庭达365户，占23.5%，提高1.5~3倍的农民家庭756户，占48.7%。可见，在翼城县计划生育和改革开放过程中农村老年人得到了实惠（详见表2-22）。

表2-22 老年人花费与其上一代比较

单位：户，%

		频率	百分比	有效百分比	累计百分比
有效	更少了	149	9.6	9.6	9.6
	提高了0.5倍	281	18.1	18.1	27.7
	提高1倍	365	23.5	23.5	51.2
	提高1.5倍	227	14.6	14.6	65.8
	提高2倍	244	15.7	15.7	81.5
	提高2.5倍	183	11.8	11.8	93.3
	提高3倍	102	6.6	6.6	99.9
	n倍	2	0.1	0.1	100.0
	Total	1553	99.9	100.0	
缺失	系统	2	.1		
总值		1555	100.0		

家庭结构的变化。根据访谈得知，翼城县的农村家庭主要是主干家庭和核心家庭，家庭的规模小型化。在受调查的农民中，有902人是和父母

（或岳父母）生活在一起，占受调查人数的58%，其余的主要是核心家庭。青壮年农民主要仍然是和其父母住在一起，共849人，占54.6%，而和岳父母生活在一起的有70人，占4.5%，这部分农民一般是结婚男到女家。和父母或岳父母生活在一起的农民人际关系比较融洽，一般是青壮年外出开展生产和经营活动，老人在家中料理家务和看管孩子，分工明确。

生育二孩对女性的影响。认为生育二孩对女性工作有影响的915人，占受调查人数的58.9%，应该说这部分农民家庭女性成了生产经营活动的主力之一，不可或缺。认为没有影响的638人，占41%，这部分家庭的女性主要从事农业生产，农闲时生孩子或照料孩子，对生产经营活动影响不大。就生两个孩子对女性来说，能否兼顾家庭和工作的问题，回答能兼顾的1226人，占78.8%。现阶段有一部分农村妇女兼顾工作和家庭的压力很大，在某种程度上比丈夫还要辛苦。

有关生育二孩由谁决定的问题。804人回答由夫妻双方决定，占受调查人数的51.7%，超过了半数，在夫妻之中又主要是由丈夫决定的487人，占总数的60%。342人回答由男方的父母决定，占22%。由上述两项可知，决定是否生育二孩的主要是男方，这与受传统的家庭观念影响有一定的关系。有83人回答由女方的父母决定，占5.3%，这说明岳父母也参与是否生育二孩的决策，这类家庭一般是结婚男到女家的家庭。

妇女在家庭中的地位。回答与过去相比妇女地位提高了的1331人，占受调查人数的85.6%，这说明翼城县农民家庭中绝大多数妇女的地位提高了，成了家中的半边天。回答无明显变化的农民214人，占13.8%。还有10人回答妇女在家庭的地位下降了，占0.6%，这应该说是极其个别的现象，具体原因还需要深入了解。

妇女在家庭中的收入。前述翼城县农村妇女在家庭中的地位普遍提高了，主要是由于翼城县农村妇女在家庭经济收入中的作用增强了。有1295人认为妇女的经济收入比过去提高了，占受调查人数的83.3%。回答妇女经济收入与过去相比没有明显变化的245人，占15.8%。还有14人认为妇女的收入与过去相比下降了，占0.9%，这应该说属于特殊情况，也许是由年老和生病等原因造成的。可见，翼城县妇女在农村家庭经济活动中也起到了半边天的作用。由于实行计划生育，妇女能及早从孩子培养和家务中脱身出来，投身到生产经营活动中。

家庭对孩子受教育程度的期望。希望孩子是本科及以上文凭的家庭

1001人，占受调查人数的64.4%。希望孩子是大专或本科学历的409人，占26.3%。两项相加为90.7%，这在过去是不可想象的。孩子少了，负担轻了，家庭有能力培养孩子上大学。102人希望自己的孩子是技校/中专或高中毕业，占6.6%。只有43人希望孩子接受九年义务教育（详见表2-23）。可以说翼城县计划生育试点成功的最大积极作用是提高了农民后代的文化素质。

表2-23 希望孩子受到何种程度的教育

单位：人，%

	九年义务教育	技校/中专	高中	大专或本科	本科及以上
人数	43	48	54	409	1001
比例	2.8	3.1	3.5	26.3	64.4

希望孩子上什么样的学校。回答希望孩子上公立学校的1276人，占受调查人数的82.1%，应该说翼城县的公立学校办得不错。有142人回答上私立学校，即择校，对农民来说这在过去是天方夜谭，现在已经成了事实。子女少了，要集中财力培养孩子。有26人回答上农民工子弟学校，占1.7%。可见，农民工子弟教育已经受到政府的充分重视，在调查资料中得到了充分体现（详见图2-14）。

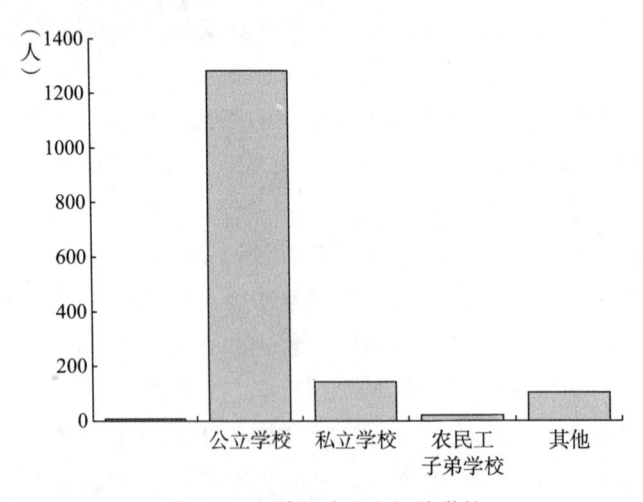

图2-14 希望孩子上何种学校

男孩与女孩谁读书更重要。回答男孩女孩读书都重要的1421人，占受调查人数的91.4%。计划生育、结婚男到女家、养儿养女均防老的观念被翼城县大多数农民所接受。这从一个侧面反映出翼城县农民已经实现了男女平等。不过，依然有91人回答男孩子读书更重要，占受调查人数的5.9%。还有43人认为女孩子读书更重要，这部分农民主要是独女户和双女户家庭。翼城县农民有426人为孩子学习"吃小灶"，找家教，占受调查人数的27.4%。现阶段有81.3%的农民子女接受学期教育，足见翼城县农民对孩子教育的重视程度在不断提高。

两代人对受教育重视程度的比较。父辈对孩子教育重视的945人，占受调查人数的60.8%，子辈对孩子教育重视的1406人，占90.4%，子辈比父辈重视孩子教育的程度提高了近30个百分点。父辈不重视孩子教育的有161人，占10.4%，而子辈不重视孩子教育的有30人，占1.9%，下降了近10个百分点。孩子少了，经济实力强了，农民知道钱花在孩子培养上是根本（详见图2-15）。

两代农民受教育存在问题的比较。影响上一代人接受教育的主要障碍是经济问题。795人回答经济原因使其不能很好地接受教育，占受调查人数的51.1%；而这一代人学习中存在的主要问题是学习态度，567人回答孩子的学习态度是孩子是否能学好的主要原因，占36.5%。学习态度是上一代人能否学好的第二位影响因素，回答孩子学习态度是决定其学习好和差的农民356人，占22.9%。而经济问题降为这一代孩子能否学好的第二位影响因素，认为经济问题是影响孩子学习好或差的第二位影响因素的农民463人，占29.8%。两代农民都认为学校的设施、师资和周围的环境对孩子的学习有重要的影响（详见表2-24）。

表2-24 两代农民对影响孩子学习因素的看法

单位：人,%

子辈	家庭经济情况	学校设施与师资	学习态度	周围环境
人数	463	387	567	138
比例	29.8	24.9	36.5	8.9
父辈	家庭经济情况	学校设施与师资	学习态度	周围环境
人数	795	253	356	151
比例	51.1	16.3	22.9	9.7

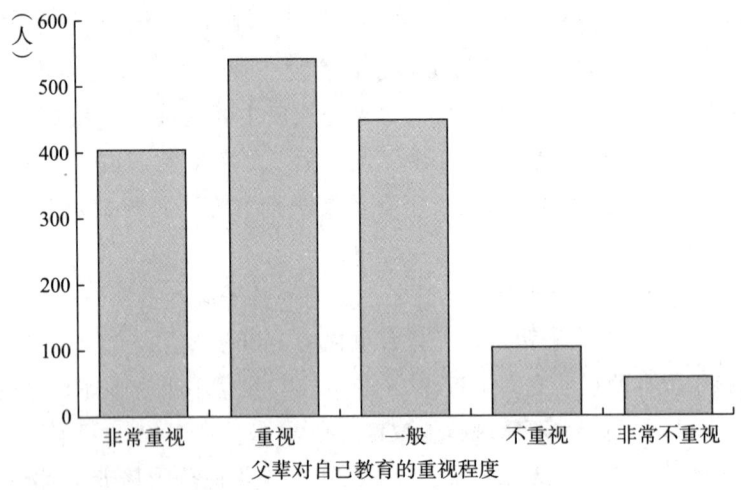

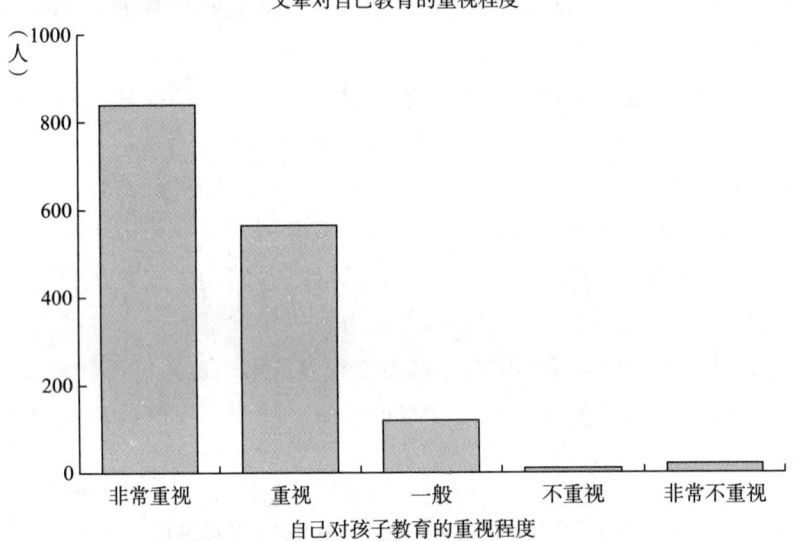

图 2-15　父辈对自己的教育重视程度

两代农民对孩子读书的看法。就读书是孩子最好的出路这一问题，上一代农民认可的962人，占受调查人数的61.9%，这一代农民认可的是1063人，占68.4%，提升了近7个百分点。就读不读书无所谓这一问题，上一代农民有203人同意，占13.1%，而这一代农民认可的只有12人，占0.8%，下降了12%以上。当然，这里除了两代人所处的环境不同之外，实行计划生育，孩子生的少了，注重孩子素质的提升应该成了农民的共识。在另两个指标中，调查资料同时显示了这一代农民比上一代农民更重视对孩子的教育，而不是让孩子挣钱养家（详见表2-25）。

表 2-25 两代农民对孩子教育重视程度

单位：人，%

父辈对 子女的看法	读书是 最好的出路	只要能赚钱， 不必多读书	读书关系人生 幸福，赚钱次要	读不读书 无所谓
人数	962	169	221	203
比例	61.9	10.9	14.2	13.1
子辈对 子女的看法	读书是 最好的出路	只要能赚钱， 不必多读书	读书关系人生 幸福，赚钱次要	读不读书 无所谓
人数	1063	94	385	12
比例	68.4	6.0	24.8	0.8

两代农民接受艺术教育比较。艺术是人的素质高低的重要标志，艺术素质需要培养和教育。调查资料显示翼城县上一代农民有1422人回答没有接受过艺术教育，占受调查农民的91.4%，而接受过艺术教育的只有131人，占8.4%。而独生少生子女这一代回答要让孩子接受艺术教育的755人，占受调查人数的48.6%，还有440人回答看孩子是否对艺术有兴趣而定，占28.3%，两项相加达76.9%，即现在翼城县农民的大多数人认为只要孩子愿意接受艺术教育就培养（详见表2-26）。

表 2-26 两代农民接受艺术教育的情况

单位：人，%

您会让孩子接受艺术教育吗 （独生少生代）	会	不会	看经济情况	看孩子的兴趣
人数	755	135	225	440
比例	48.6	8.7	14.5	28.3
您接受过艺术教育吗 （上一代）	接受过	没有接受过		
人数	131	1422		
比例	8.4	91.4		

受调查者和孩子教育投入的比较。和受调查者相比，孩子的教育投入大幅度提高。提高最多的是4倍及以上的528人，占受调查人数的34%。第二位的是提高2倍的450人，占29.0%。处于第三位的是提高了3倍，共390人，占25.1%。有1/3以上的农民给自己子女的教育投入超过自己的4倍及以上。只有16位农民孩子的教育投入和自己相比没什么提高，这部分农民

应该属于农村的特困户，或者家庭出现了什么变故。可见翼城县农民对孩子的教育十分重视，愿意将钱投入到孩子的培养和教育中去（详见图2-16）。

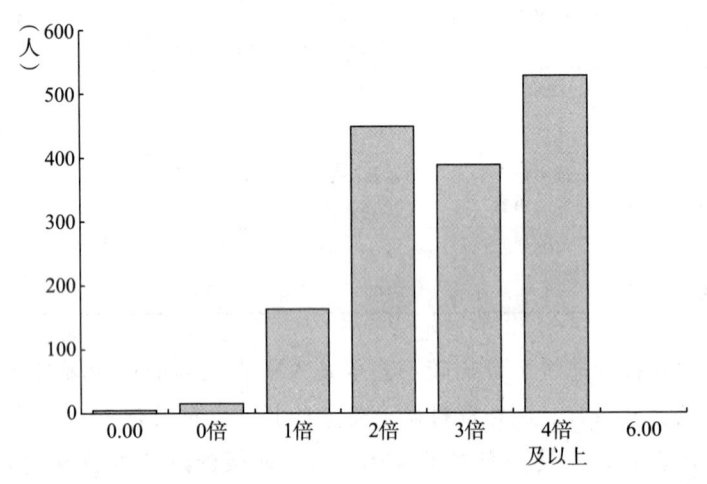

图 2-16 农民和自己孩子相比的教育投入

独生和少生子女的身高普遍比父辈提高。有753人回答自己的孩子比父母长得高，占受调查人数的48.5%，独生和少生子女生活水平提高了，身高也提高了。有737人回答孩子和父母的身高差不多，占47.4%。有58人回答自己的孩子比父母矮了，占3.7%，这种情况要具体问题具体分析，但总体上看，农村孩子普遍高于其父母是发展的趋势。

独生少生子女和父母同年龄时相比的体重情况。回答自己的孩子体重比自己增加的471人，占受调查人数的30.3%。体重增加不一定是好事，因为太重会引起高血压和糖尿病等现代性疾病。但过去中国农村人口相对于身高身体偏瘦，体重应该有所提高。回答孩子的体重和父母差不多的923人，占59.4%。回答孩子的体重和父母相比轻了的148人，占9.5%，这部分孩子应引起关注，现在一些农村孩子挑食现象严重，或食用垃圾食品较多，影响了孩子身体的发育，需要指导和帮助。

孩子和受调查者相比生病情况。生病情况是体现身体素质的重要指标。现在的农村孩子普遍接种了各种防疫疫苗，过去在农村大面积流行的传染性疾病得到了遏制。农村发展了合作医疗，农民病有所医。孩子吃的好、住的舒适、玩的痛快，身心都比较健康。回答和受调查者小时候相比得病次数少了的1109人，占受调查人数的71.3%。回答和受调查者小时候相比得病次数差不多的356人，占22.9%。还有83人回答孩子比他们小时候得病次数多了，占5.3%。这部分农民家庭可能是农村的贫困户，前些年没有参加新农合，生活和医疗条件差。有的也许与遗传基因有关系，应该给予指导和帮助。

农村老年人的寿命与过去相比的情况。由于计划生育和改革开放，农民家庭收入普遍增加，子女素质普遍提高，也有孝心，加上许多农村老年人参加了新农合和养老保险，已经不是儿女的累赘，生活比较幸福愉快，所以寿命普遍延长。回答老人寿命延长的农民1114人，占受调查人数的71.7%。回答和前几代老人寿命差不多的313人，占20.1%。回答寿命短了的127人，占8.2%。

对翼城县目前二孩生育试点政策的态度。绝大多数农民对翼城县实行二孩生育试点政策非常赞同，赞成和非常赞成的农民1206人，占受调查人数的77.6%。因为放开农民生育二孩试点使农民家庭生育两个孩子合法化了，绝大多数农民希望生育两个孩子。回答无所谓的农民286人，占18.4%。还有部分农民对翼城县农民放开二孩生育不赞成，占4.1%（详见表2-27）。

表2-27 对翼城县农民放开二孩试点的看法

单位：人，%

	非常赞成	赞成	无所谓	不赞成	非常不赞成
人数	190	1016	286	49	14
比例	12.2	65.4	18.4	3.2	0.9

对一个家庭只生一个孩子政策的态度。表示赞成一个家庭只生一个孩子的农民868人，占受调查人数的55.9%，远远超过了半数，他们已经全面接受了独生子女的政策。回答无所谓的农民443人，占受调查人数的28.5%，这部分农民对独生子女政策抱犹豫的态度。有244位农民回答不赞成，占受调查人数的15.7%，这部分农民希望至少生育两个孩子，甚至两个以上，所以不赞成独生子女政策（详见图2-17）。

翼城县农民对全国调整计划生育政策，放开农村二孩生育的看法。认为可行的863人，占受调查人数的55.5%，可见翼城县农民的大多数同意全国放开农民生育二孩。有494人回答不好说，占31.8%。即有近1/3的翼城县农民对全面放开农民生育二孩持犹豫态度。有198人认为不能在全国全面放开农民二孩生育，占12.7%。课题组的研究结论认为在我国进入老龄化社会，劳动用工相对短缺的情况下，在适当的时候可以放开农民二孩

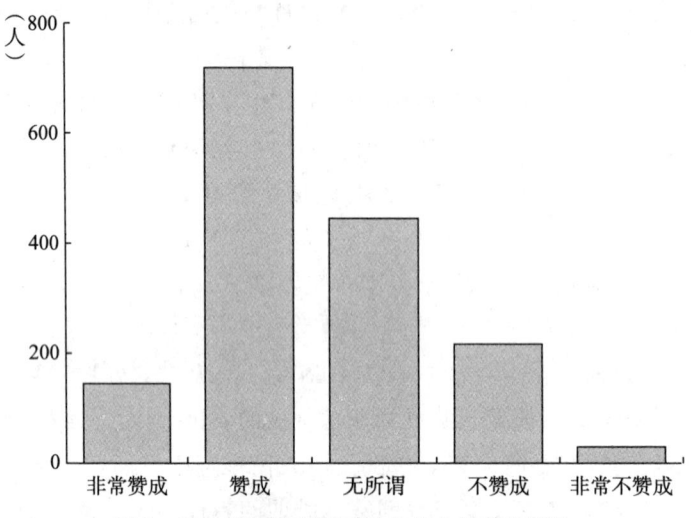

生育，这样有利于优化我国的人口结构（详见表 2-28）。

图 2-17　翼城县农民对独生子女政策的看法

表 2-28　翼城县农民对全面放开农村二孩生育的看法

单位：人，%

	很可行	可行	不好说	不可行	很不可行
人数	117	746	494	140	58
比例	7.5	48.0	31.8	9.0	3.7

对本地计划生育工作的看法。认为满意的 1394 人，占受调查人数的 89.6%。这真可谓难能可贵了，因为在人们的心目中，农村计划生育就是刮宫、流产和罚款，在农民中的形象不好，但翼城县农民对于本地计划生育给予了高度评价，这一现象也许与翼城县放开农民二孩生育有关，认为是为农民办了好事和实事，大多数农民拥护这一政策。有 161 人对计划生育工作不满意，占 10.4%。这就要求翼城县计生委继续做好计划生育的管理和服务工作，争取使全体农民满意（详见图 2-18）。

翼城县农村的违法犯罪情况。通过这一问题考察翼城县放开农民二孩生育以来社会的秩序和稳定情况。由于计划生育的实施，家庭中子女较少，家长好照料和管理，也由于家庭人均收入提高，人们的受教育程度普遍提高，农村社会出现了良性循环，违法犯罪率降低。有 1227 人认为农村社会秩序很好，占受调查人数的 79%。有 290 人认为农村社会秩序同过去一样，

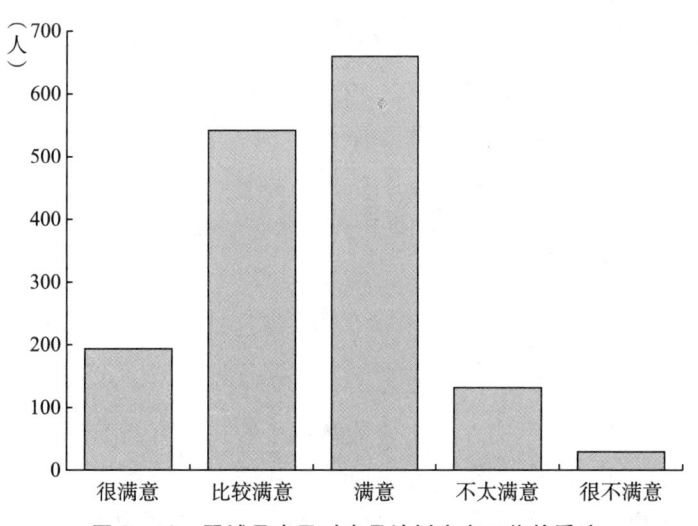

图 2-18 翼城县农民对本县计划生育工作的看法

占 18.6%。有 38 人对农村社会秩序不满意，占 2.4%。市场机制条件下，人口全面流动，农村出现一些社会治安问题是难免的，但从整体上说，翼城县农民的大多数认为农村社会秩序是稳定的。

（七）结论和启示

1. 翼城县放开农民二孩生育的试点是成功的，翼城县二孩生育试点的目标基本实现

首先，表现在翼城县人口的一系列指标向好的方向发展。翼城县在放开农民二孩生育的情况下，2014 年人口出生率是 7.8‰，低于山西省人口出生水平，也低于全国人口出生水平；性别比在正常的范围内。2000 年出生性别比为 106.51，2010 年出生性别比为 99.54，2013 年出生性别比为 106.25；计划生育的思想深入人心，成了农民的自觉行为。农民领取独生子女证的数量在不断增加，2013 年农业人口领取独生子女证的达 8182 户，占农业户口数的 30.19%，符合二孩生育但退回二孩生育指标的农户逐年增加；人口的自然增长率低于临汾市和山西省，2013 年全县自然增长 27 人（详见表 2-29）。

表 2-29 翼城县、临汾市、山西省人口自然增长率情况

单位：‰

	1985 年	1990 年	1995 年	2000 年	2005 年	2010 年
山西省	15.00	15.98	10.48	7.48	6.02	5.30

续表

	1985 年	1990 年	1995 年	2000 年	2005 年	2010 年
临汾市	7.71	14.24	8.44	8.48	6.96	4.22
翼城县	13	21.5	19.7	11.8	6.5	3.1

资料来源：①《中国人口就业统计年鉴》，中国统计出版社，2012，第13页。②杜玉林：《临汾五十年》，中国统计出版社，1999，第770页。③《临汾年鉴》，临汾年鉴编委会，2013，第88页。④翼城县2000年至2010年人口自然增长率根据1984年10月至2012年9月翼城县人口自然变动情况表计算。

其次，计划生育的观念深入人心，成了农民的自觉行为。翼城县农民的生育意愿为1.6~1.8，低于或等于全国第六次人口普查的实际生育水平，在人口世代替代率之下，计划生育政策成了农民生育的自我约束原则；农民领取独生子女证的户数同市民持平，占全县领取独生子女证户数的42.1%，问题的关键在于翼城县是放开农民二孩生育的试点县，农民生育二孩是合法的。不仅如此，翼城县还有许多领取二孩生育指标的农民，退回了二孩生育指标；翼城县人口性别比正常，初步实现了男女平等，家庭对男孩女孩的培养投入是平等的，村里给男人女人的权利是平等的，结婚男到女家蔚然成风。到女方家的男子发展正常，不受歧视，和本村的男子享受同样的权利，有许多结婚男到女家的女婿还当上了村干部，指点村里的江山。

最后，计划生育将成为翼城县生育的常态。翼城县有了实现计划生育的基础，计划生育取得良性发展的效果，人口较快增长的速度得到遏制。实行计划生育，农民家庭人口减少，负担减轻，妇女从家务和孩子培养中解脱出来，参加生产经营活动，家庭的经济收入增加，农民的生活水平提高，农民安居乐业，家庭和谐融洽；一胎化生育带来的弊端得到有效消除；实行计划生育人口的素质提高了，孩子的体重和身高增加了，残疾人口出生减少了，孩子教育投入增加了，教育水平提高了，有了发展的后劲；妇女的地位提高了，妇女参加生产经营，参与家庭决策，婆媳关系和睦，老年人老有所养；社会保障事业的发展解除了农民的后顾之忧，农民有了医保、养老保险、低保和计划生育独生子女奖励，生活无忧无虑。计划生育产生了良好的经济和社会效益，使农村良性发展、持续发展。

2. 翼城县农村二孩试点拥有较好的社会基础

第一，顶层设计科学合理，找到了计划生育政策和农民生育意愿的结合点。新中国成立以来，由于生活环境改善、医疗事业的发展和社会主制度的实行,人口迅速增加,如果人口继续迅速增加将超出经济和社会的支撑能力,为此国家启动了严格的计划生育政策,要将人口增长控制在世代替代水平,这是国家面对迅速增长的人口而采取的不得已的措施。人口世代替代水平即一对夫妇平均生育2.1个子女。中国农民有养儿防老、多子多福的传统,农民突然由平均每个家庭生育3~5个孩子到只生育一个孩子,一时难以接受,计划生育工作十分艰难,干群关系因此而紧张。

允许农民在"晚婚晚育加间隔"的情况下生育二孩,是农民的生育期盼。这样既可以有效地执行计划生育政策,又能让农民家庭平均养育两个孩子,基本满足了农民的生育愿望,农民自觉地接受,坚决拥护这一政策。这就使翼城县农村放开二孩生育试点有了坚实的社会基础。

第二,依法进行试点,并根据不断变化的情况进行及时的调整。经国家计生委、山西省委和省计生委同意,山西省临汾市翼城县实行农民二孩生育试点。1985年7月25日,翼城县委、县政府公布《翼城县计划生育试行规定》,坚持"晚婚晚育加间隔"的生育政策。1991年6月,翼城县委县政府公布《关于农村计划生育的若干规定》,根据前期试点的情况,对农村放开二孩生育试点工作的政策作了部分调整。2003年4月14日,翼城县委县政府公布了《关于农民晚婚晚育加间隔生育的试行规定》,对违反计划生育政策的处罚标准和限制范围与执行不同生育政策的山西全省的政策接轨。2007年1月17日,翼城县委县政府公布《关于农民晚婚晚育加间隔生育的试行规定》,把生育两胎的间隔时间由6年缩短为4年,取消部分对违反计划生育政策的处罚,调整计划生育的奖励范围,使计生试点工作顺利地进行。

第三,有一支得力的计划生育工作干部。打铁还得自身硬,翼城县计划生育干部配置条件很严格,特别是基层一线的计划生育干部要在村里的群众中有威望,群众充分信任,干群关系融洽。开展了全面深入的计划生育试点工作宣传,基本做到计划生育政策家喻户晓,人人皆知。干部和党、团员带头实行计划生育,给群众做榜样,带动群众自觉实行计划生育。创新性地实行计划生育任务指标的承包责任制管理,县里和乡镇签合同,乡镇和村里签合同,村里由计生组承包指标。有的村计生负责人还和村里的育龄妇女订合同。将计划生育的工作任务层层落实到人,计划生育工作做得扎扎实实,无懈可击。由于村民普遍可以生育二孩,只是时间上加间隔,与临县比较村民感到很满意,认为是干部们给群众办的一件好事,所以翼

75

城县计划生育干部和村民的关系十分融洽,得到村民的拥护。

第四,坚持利益引导。和全国其他地方相比翼城县农民普遍能生育二孩,这对翼城县农民来说是最大的利益所在,村民非常珍惜这一机会,自觉地遵守计划生育试点政策。翼城县的不同地区还根据本地的特点制定了一系列的计划生育优惠政策,如土地承包、子女上学、子女入幼儿园等都有优惠政策。对符合生育二孩条件,但自愿放弃二孩生育的农民家庭,一次性地给予3000~5000元的退出二孩指标奖励金。全面执行国家的有关农村独生子女奖励扶持政策。2012年,翼城县为计生家庭发放奖励扶助金1936万元,为计生家庭发放大病救助金43.8万元,落实独生子女中考加分对象604人,享受林权制度改革的计生家庭达1498户。

第五,客观环境也促进了翼城县农村二孩生育试点的成功。在全国坚持一胎化的计划生育政策大背景下放开农村二孩生育,应该说是计划生育工作松绑的表现,生育二孩是农民的期盼,也是翼城县委县政府为当地农民办的一件好事,工作要比坚持一胎化容易做;引入市场机制之后,竞争的压力加大,就业的压力加大,这方面农民深有感触,农民感觉到生育的孩子越多,就业的困难越大;农村承包地坚持长期不变,已经没有吸纳劳动力的空间;孩子培养成本提高,促使农民少生孩子,少生孩子不仅致富速度快,而且孩子的培养投入多,回报也比较多,翼城县多数农民希望孩子能读到大专以上水平,要集中精力、时间和金钱培养1~2个孩子是家庭力所能及的,孩子多了农民家庭不具备培养能力,对孩子和家庭都不利。

3. 翼城县农村放开二孩生育的试点可以复制,全国农村可以放开二孩生育

首先,生育背景发生了根本变化,放开农村二孩生育不会出现大的人口生育反弹。经过近40年的计划生育教育和法制管控,计划生育政策已经深入人心,成为国民的共识,"单独二孩"放开后,没有出现扎堆生育的高潮就是例证;社会保障事业发展,农民普遍有了医保、养老保险,贫困户实行低保,临时出现困难的还有社会救助,对农民来说养儿防老已不迫切;发达国家普遍出现了人口零增长和负增长,即使深受中华民族生育观念影响的日本、韩国、新加坡和中国台湾地区也出现了人口零增长和负增长的状况,鼓励生育成了发达国家和地区的普遍人口政策取向。

其次,超计划生育已经没有了空间。有关计划生育法和相关政策措施的实施,抑制了部分农民的超生念想;两个子女基本满足了农民的生育愿望。市场机制的深入，农地承包责任制长期不变，农民的就业压力加大；孩子的培养成本提高，读书、就业、房子、对象等一系列现实难题迫使农民不愿太多生育，一个农民家庭能把两个孩子培养成人就不容易了，生得多了家庭没有支撑能力；经过近40年计划生育的历练，农民们也想通了，实行计划生育，妇女从家务和子女培养中解放出来，参加生产经营活动，家庭经济收入增加，生活富裕了，也有条件培养子女向外发展，子女的受教育程度提高了，也不愿太多地生育孩子，出现了计划生育的良性循环。

最后，学习翼城县放开农村二孩生育的经验，对农民生育实行有效监管。在计划生育法律框架下，各地要因地制宜地制定有针对性的具体实施细则；结合运用经济的、行政的和法律的手段监管生育工作，辅之以一定的思想政治工作；坚持干部和党、团员带头实行计划生育政策，充分发挥其模范带头作用；严控三胎生育，对三胎及以上生育加大执法力度，逐胎次增加社会抚养费的比例；做好计划生育服务工作，做到少生优生，减少残疾人口出生，全面提高人口素质。

第三章　依法有序放开农村二孩生育

一　依法有序放开农村二孩生育的必要性

人口政策的制定、调整和完善要根据人们的生育意愿，符合人口生育发展的规律，适应经济社会的发展，同时要总结和借鉴相关的国际经验教训。我国党和政府与时俱进，及时制定、调整和完善人口政策。早在新中国成立初期，针对我国人口增长过快的状况，党和政府就开始探索人口控制的理论和方法。1980年发布《中共中央关于控制人口增长问题致全体共产党员、共青团员的公开信》，开始实行比较严格的计划生育政策。1982年9月，党的十二大把实行计划生育确定为基本国策。1982年11月，将计划生育写入新修改的宪法。1984年我国调整人口计划生育政策，各地普遍允许农村独女户和城乡双独夫妇生育二孩。1985年山西省翼城县成为国家特批的一个农村二孩生育试点县。1987年甘肃酒泉等11个县市和地区实行生育二孩政策试点。全国还产生了40多个以不同方式"开小口"的试点县。2001年底，颁布了《中华人民共和国人口与计划生育法》，同年在15个地级市和1个县级市启动了人口与计划生育综合改革试点。2013年党的十八届三中全会决定放开单独家庭生育二孩。经过多次调整，我国计划生育政策不断适应变化发展的经济社会发展的现实需要。

计划生育工作取得了巨大的成效，我国累计少生4亿多人，大大减轻了人口过快增长对资源环境带来的压力。[①] 按照国家统计局公布的第六次全国人口普查数据推算，2000~2010年中国妇女总和生育率已下降到1.5左右。[②] 这一比例在国际上普遍被认为临近低生育率，表明我国人口拐点已

[①] 梁建章等：《再看中国人口形势》，《今日中国论坛》2013年第20期。
[②] 小康编辑部：《人口政策困局与改革》，《新华月报》2013年9月下半月。

到，印证了我们党在《中共中央关于控制人口增长问题致全体共产党员、共青团员的公开信》中所指出的"到30年以后，目前特别紧张的人口增长问题就可以缓和，也就可以采取不同的人口政策了"。① 当时预计用三四十年的时间扭转我国人口增长过快的局面，现在这一目标已经实现。在认真研究我国人口国情的基础上，根据农村放开二孩生育地区试点的经验和国际相关经验教训，我们提出依法有序放开农村二孩生育的建议。农村是计划生育工作的重点和难点所在，农村二孩生育可以放开了，城镇自然就可以放开了。

第一，放开农村二孩生育是农民的普遍生育意愿。生育权与生存权和发展权是内在的辩证统一关系。在经济社会发展的同时，要基本满足农民的生育愿望。近些年来，我国农民的生育意愿是一个家庭拥有两个孩子，事实上我国农村妇女的总和生育率是2.01个。② 也就是说，即使放开了农村二孩生育，给予一定的管理，农村一对夫妇也就生育两个孩子，山西省翼城县即为典型的例证。我国的经济社会发展不仅能提供农村生育二孩的支撑，而且有这方面的需求。第二，有序放开农村二孩生育符合人口发展的规律。30多年计划生育政策的实施，我国出现了近250万失独家庭，③ 农民中存在3000多万单身男性，④ 我国未富先老，进入了老年社会。调整我国的人口结构、增加社会劳动力、稀释人口老龄化、提供大国的劳动力支撑能力、增强经济社会发展的动力和活力都需要调整我国的计划生育政策。第三，农业落后，农民收入少是我国现代化建设中的短板和短腿，农民生育二孩是我国经济社会有能力承受的，事实上农民想生育二孩的家庭都生育了，不应征收农民家庭生育二孩的社会抚养费了。否则，短板和短腿会更短。第四，农村的社会保障条件差，应该在经济社会发展有承受能力的情况下，允许农民生育二孩。多一个孩子，农民就多一份养老保障的能力，因为现阶段和将来家庭保障仍然是中国农民养老保障的主要方式。第五，就国际人口形势来看，世界发达国家和地区，特别是受儒家文化影响的较发达的国家和地区，在经济社会发展的过程中，曾实行过一段时间的计划生育政策，经济社会充分发展后，人们的生育观念发生了变化，人口出现

---

① 彭珮云：《中国计划生育全书》，中国人口出版社，1997，第16页。
② 曾毅：《关于中国现行人口政策的若干思考》，《人口学》2013年第5期。
③ 周伟、米红：《中国失独家庭规模估计及扶助标准探讨》，《人口学》2014年第1期。
④ 刘燕舞：《几千万光棍的社会风险》，《文摘报》2014年7月15日。

了零增长或负增长,而且有不可逆转之势,如日本、韩国和新加坡等国,现在都在采取鼓励人口生育的政策。

放开农村二孩生育不是放任农民生育,需要坚持依法、有序的原则。依法就是依照宪法、计划生育法、地方各级人大和政府制定的相关法规和实施意见以及基层单位所制定的实施细则。要严惩三胎及以上生育和性别鉴定。有序就是要有序地推进,一方面先选择试点单位,先在试点单位放开农村二孩生育,然后根据试点的情况扩大试点范围;另一方面借鉴山西省翼城县的经验,实行晚婚晚育加间隔,有序地放开。

有序放开农村二孩生育不是全面放开二孩生育。人口学界有学者提出要立即全面放开计划生育,对此我们不能苟同。第一,中国是儒家文化的中心和源头,多子多福、养儿防老、不孝有三无后为大等传统观念的影响根深蒂固;经济收入提高了,希望人丁旺盛,光宗耀祖,发展家族势力的思想有所抬头。第二,我们是社会主义国家,困难了政府会兜底,不会饿死人和冻死人,放开生育,有的人会不负责任地多生;农业实行承包责任制,再差也能就业,有饭吃。富起来的一些人想办法多生孩子。第三,双独和单独夫妇二孩生育放开后,人们的生育意愿基本得到了满足。城市的社会公共服务和社会保障条件好,居民的医疗和养老都有保障,城市很少有生育三胎的现象。第四,从方法论的角度看,农村妇女现阶段的总和生育率是2.01,农村计划生育工作主要是严管三胎和多胎生育。农村一对夫妇生育率严格控制在两胎以内,不会引发人口生育的重大问题。放开农村二孩生育也是有条件的。以严控三胎及以上生育为原则,而且严控三胎及以上生育有了深厚的群众基础和法律基础。就如同我国的改革开放首先从农村开始一样,农村成功了再在全国推广,不成功则可及时收手。第五,部分学者主张全面放开人口生育的依据是发达国家的人口生育状况。发达国家包括与我国临近的日本和韩国生育率极低,这一现象使部分学者开始担忧我国的生育情况,进而提出放开生育的意见和建议。我们认为对此要进行辩证分析。早期发达国家的人口零增长和负增长是建立在人口殖民和移民的蓄水池基础上的。当这些国家人口多了可以对外殖民和移民,人口少了可以贩奴和吸引移民。如北美洲、拉丁美洲和大洋洲的许多国家人口早期为移民和贩卖来的奴隶。我国人口政策的制定要慎重,要建立在中国人口国情和人口文化基础之上,既要审时度势,又要脚踏实地。

二 本文的研究方法

研究方法的科学性是研究成果可信度的基础。我国人口统计和人口研究中存在过多的通过调整和推测确定人口信息的问题，如2000年人口普查数据显示当年生育率仅为1.22，但却被人为地调高到1.8。针对这些问题，我们采取了接地气的研究方法，我们不能做到"顶天"，但我们至少能"立地"，核心数据要从脚踏实地的调查研究中提取，并做到准确无误。首先，我们选择翼城县有代表性的4个村子，带领20余名硕士研究生深入到每家每户填写问卷，共发放问卷1610余份，收回有效问卷1555份，对问卷进行统计分析。其次，在我们所选择的4个村子中，有3个是课题组硕士研究生出生的村，他们及其亲戚对本村农民的生育意愿和生育情况了如指掌。调研前我们对调查员进行了深入的人口学知识培训，要求他们引导农民客观、准确地填写问卷，并顺便进行深入的访谈。再次，在深入农户调研的基础上，我们深入该县一些农村、乡镇和县相关部门，对各级主管干部进行了访谈，并拿到第一手的相关报表和统计资料，与问卷调研情况进行对比研究。最后，我们与在本校工作的翼城籍农村出身的6位教工进行了研讨。根据他们所掌握的情况检验问卷资料和一些报表的客观性和可信度，同时做一些补充说明，使研究工作建立在客观基础之上。

进行了深入的理论研究。对近年来有关人口研究、农村人口研究，特别是对翼城县农村放开二孩生育研究的材料进行了综合研究，并尽可能做到对上述材料的"穷尽"研究。综述了一些专家学者的相关理论观点，引用了一些研究成果的理论和数据，质疑了一些专家的理论、方法，在此基础上提出我们的人口政策主张，做到推陈出新。如人口学界许多专家学者主张立即放开全国二孩生育，我们认为不妥，存在风险和隐患。我们主张先放开农村二孩生育，因为农民更需要生育两个孩子，而且事实上在很大程度上，要生育二孩的农民已经生育了两个孩子。农村放开二孩后，总结了经验教训，然后可根据情况再全面放开二孩生育。从方法论的角度讲，就如同我国改革开放首先从农村开始一样，在总结农村成功经验的基础上，再在全国全面推开。

进行全面的比较研究。首先，对发达国家和地区，特别是对受儒家文化影响较大的发达国家和地区的人口理论和实践同中国的进行了比较研究。发达国家和地区人口发展的共同特点是随着人们文化水平的提高和社保制度的完善等，人口呈现零增长和负增长状况，由此，提出了全面放开农村二孩生育的思想。其次，对翼城县、临汾市、山西省乃至全国的人口发展情况进行了比较研究，根据翼城县经验和全国840万人的实践经验，指出放开农村二孩生育具有可行性，翼城县经验具有可推广性的建议，并提出了具体的实施方案。

三 山西省翼城县二孩试点成功的实践依据

长期以来翼城县是计划生育先进县。1984年春节，当时山西省委党校青年教师梁中堂向胡耀邦写信建议，用晚婚晚育加延长间隔和允许生育二孩的政策在农村代替一胎化政策。中央把梁中堂的《把计划生育工作建立在人口发展规律的基础上》的报告批转给国家计生委，当时梁中堂的报告被否决了。后来中国人口情报中心马瀛通和国家计生委张晓彤按照梁中堂提的办法重新测算并给中央写报告建议实行这一办法。1985年春，梁中堂建议中央批准他在北方地区选择一两个县进行试验。1985年经国家计生委和山西省委、省政府批准，翼城全县农村开始实行"晚婚晚育加间隔"可生育二孩的政策。具体地说就是农村妇女初婚年龄23岁，生育年龄24岁，生育二孩的年龄30岁。[①] 人称翼城县为人口特区。现在30年过去了，翼城县农村生育二孩试点的结果表明是成功的，而且具有在全国农村扩大试点和全面推广的可行性。

出生率是人口计划生育的基本指标之一。出生率低，表明人口增长较为缓慢。翼城县在放开农村二孩生育的情况下，人口出生率没有出现井喷式发展，其间翼城县人口出生率呈现一种马鞍形状态，即在农村放开二孩生育的前十年出现了一个生育高峰，十年之后逐年下降，并下降至远低于山西省和临汾市的人口出生率。这就说明，只要计划生育工作做得扎实，放开农村二孩生育，生育率也不会升高（详见表3-1）。

表3-1 翼城县、临汾市、山西省人口出生率情况

单位：‰

	1985年	1990年	1995年	2000年	2005年	2010年
山西省	21.36	22.54	16.60	13.25	12.02	10.68
临汾市	14.09	17.99	12.63	13.83	13.04	10.80

[①] 梁中堂：《我对2009年3月28日经济观察报发表的对我的采访的几点声明》，《经济观察报关于翼城生育试点的采访》，http://liangzt.blog.soho.com/120337954.html，2009年7月11日。

续表

	1985 年	1990 年	1995 年	2000 年	2005 年	2010 年
翼城县	10.84	15.85	14.37	12.18	9.44	8.56

资料来源：①国家统计局：《中国人口和就业统计年鉴》，中国统计出版社，2012，第8~13页。②杜玉林：《临汾五十年》，中国统计出版社，1999，第766页。③《临汾年鉴》，临汾年鉴编委会，2011，第88页。

人口自然增长率是考察人口增长情况的综合性指标。翼城县人口自然增长率，在农村放开二孩生育之初，由于规定一孩和二孩之间要有5年左右的生育间隔，所以人口自然增长率没有立即升高，而是到了1995~2000年之间升高的，2000年之后就开始平稳地下降了，下降到低于山西省和临汾市人口自然增长水平之下。这说明翼城县放开农村二孩生育的试验是成功的，翼城县落实试点政策是到位的，放开农村二孩生育没有造成人口的快速增长。

出生人口性别比是考察人口结构的重要指标。正常的出生人口性别比应该是105±2。翼城县出生人口性别比在1985年至1990年刚放开农村二孩生育之初有所升高，1990年之后回落到正常范围内，从2008年至2010年3年间，其出生人口性别比分别是99.55、100.2和99.54。说明翼城县农民的生育观念发生了一定的变化，对于孩子性别并不会进行刻意的人为选择（详见表3-2）。

表3-2 翼城县、山西省、全国出生人口性别比

	1985 年	1990 年	1995 年	2000 年	2005 年	2010 年
全国	107.04	106.27	104.21	106.74	106.30	105.21
山西省	110.48	108.51	109.20	107.28	105.10	105.56
翼城县	112.36	109.2	102.65	106.51	107.84	99.54

资料来源：①《中国人口和就业统计年鉴》，2012，第4页。②1984年10月~2011年9月翼城县出生性别比分析表。③2000年第五次人口普查分县数据。④卢建明：《山西统计年鉴》，中国统计出版社，2012，第39页。

翼城县在放开农村二孩生育的情况下，坚持生育一胎的人数逐年增加，其中农民领取独生子女证的人数在1998年以前处于领先地位，1998年之后农民领取独生子女证的人数占全县近一半。说明翼城县农村计划生育工作做的扎实有效，翼城县农民的生育观念发生了根本性变化，少生优生成了翼城县农民的共识（详见表3-3）。

表 3-3 翼城县领取独生子女证情况

单位：人，户，%

时间	期末领证人数	期末领证户	其中农业人口领证数	领证率	本期领证人数	本期领证户
1985	65	43	43	0.13	14	9
1990	86	57	56	0.17	0	0
1995	113	71	67	0.22	7	4
2000	177	105	88	0.32	25	14
2005	6635	3486	3242	10.57	749	413
2010	12433	6542	6111	21.83	1298	738
2011	15502	8200	7649	28.91	956	530

资料来源：1984 年 10 月~2011 年 9 月翼城县计划生育综合情况表。

总之，翼城县农村放开二孩生育试点工作的成效显著。人口的自然增长率有所降低，人口的受教育程度有所提高，人口的身体素质有所提高，人口的性别比逐渐趋于正常，翼城县农村经济发展、人均生产总值在全市 17 个县（市、区）中处于中等水平，农民人均纯收入 2012 年达 7141 元。[①] 翼城县计划生育试点的成功，促进了各项事业的发展，在试点过程中形成了翼城独特的计划生育模式。

在 30 年的计划生育试点实践中，形成了翼城县计划生育模式，其特点如下：第一，有中共翼城县委强有力的领导和"四大班子"的高度重视。早在被选为放开农村二孩生育试点县之前，翼城县就是计划生育工作先进县。翼城县党委和"四大班子"积极支持放开农村二孩生育的试点工作，请专家讲解试点工作的意义、原则和方法，健全计划生育基层组织，配备强有力的计生干部，制定一系列的计生制度，落实计生奖扶和管理经费，把好事办好。第二，农民积极配合。作为放开二孩生育试点主体的翼城县农民拥护试点政策，落实试点要求。因为放开农民二孩生育基本满足了农民的生育意愿，尊重了主体对生育权的选择，农民自觉执行，干部负责任的监管，众志成城，形成了合力。翼城县农民在放开二孩生育的情况下，农民领取独生子女证的人数同市民相当就充分证明了这一点，从而使翼城县农村放开二孩生育有了坚实的群众和社会基础。第三，核心制度设计科

[①] 临汾市年鉴编纂委员会编《临汾年鉴》，2013，第 446 页。

学。梁中堂教授在给中央的报告中提出试点单位要坚持"晚婚晚育加间隔"的思想科学合理。这一制度既满足了农民的生育意愿，又符合中国人口发展的规律，还适应了经济社会的发展要求。翼城县农民放开二孩生育30年，人口出生率、性别比和人口自然增长率均好于临汾市、山西省，或与临汾市、山西省的数据持平。第四，监管得法。翼城县在放开农村二孩生育的试点中，坚持思想政治工作开道，翼城县积极进行宣传教育引导，把党和政府的相关政策普及到群众，做到家喻户晓、人人皆知；行政监管随后，计划生育干部深入农村了解计生信息、指导妇女采取计生措施、帮助农民脱贫致富；法律制度殿后，奖罚分明。对违反计划生育规定的给予处罚，对坚持独生子女的农民给予奖励。第五，工作方法科学。在计划生育试点工作中翼城县做到"四个三"。一是三种承包方法，即县、乡、村三级承包责任制，乡干部向县委县政府实行计划生育承包责任制，村干部向乡党政领导实行计划生育承包责任制，村里负责计划生育工作的干部向村支部和村委会实行计划生育承包责任制；二是严把三关，即把好婚姻关、上户关和分地关；三是三前服务，试点中翼城县将计划生育从以管理为主转向优质服务，做到婚前服务、孕前服务和产前服务全到位；四是奖励三生，即奖励晚生、少生和优生。① 第六，让制度说话。试点工作开始的当年，翼城县委县政府制定实施了《翼城县计划生育试行规定》，翼城县计生委同年制定实施了《翼城县计划生育试行规定实施细则》，指导试点工作的开展。后于1991年、2003年和2007年对计划生育试点制度作了调整。做到了依法依规展开试点，二孩生育有序进行。

四 八百万人实践的佐证

放开农村二孩生育的试点始于山西省委党校梁中堂给中央的建议报告，1984年春节，梁中堂向当时中央领导胡耀邦写信建议，用"晚婚晚育延长间隔"和"允许生育二孩的政策"代替"一胎化"政策。1984年初召开的全国计划生育委员会主任会议提出要抓好试点工作。1984年12月，国家计划生育委员会在北京召开了试点工作情况交流会，会议发起成立试点县协作项目，目的是建立和加强试点地区之间的横向信息交流，推

---

① 后三个三是顾宝昌总结的，见顾宝昌《八百万人的实践》，社会科学文献出版社，2009，第7页。

动计划生育工作。到 1985 年底为止，参加协作项目的试点县有山西省翼城等 45 个县,① 1987 年调整为 13 个,② 1988 年国家计生委将上述 13 个单位调整为 7 个。1989 年政治风波后，除山西省翼城县以外，各地都把试点收了回去。1998 年甘肃省人大在酒泉地区（现为酒泉市）党委和政府的强烈要求下，通过决议批准该市恢复许可农民生育二孩。广东省人大曾通过决议，从 1986 年 6 月开始全省的农民普遍放开二孩生育，1998 年又改为"女儿户"实行的政策。与翼城县相近的有酒泉市的生育政策。③ 顾宝昌主编的《八百万人的实践》④一书所报告的内容中，除山西省翼城县外，其余地区试行的农村放开二孩生育政策的执行是断断续续的。尽管如此，这些地区在试验期间人口发展趋势出现了好转，也可以作为放开农村二孩生育的佐证。这里主要介绍三个地区放开农村二孩生育的人口发展情况。

甘肃省酒泉市试点期间的人口情况。酒泉是少数民族自治县，少数民族家庭允许生育三个孩子。酒泉市 1985 年至 2004 年间人口平均增长 12.4%，这一比例低于甘肃省全省同期平均水平，高于全国同期平均水平。酒泉市的人口出生率在 1985 年刚放开农村生育二孩时出现了持续 5 年的增长，1985 年为 12.9‰，1990 年为 16.81‰，此后出现了持续的下降，2004 年为 9.71‰。1985 年以来的 20 年间，酒泉市人口出生率和自然增长率均低于甘肃省和全国的水平。其间酒泉市的育龄妇女总和生育率一直保持在世代更替水平之下，低于政策生育率。酒泉市性别比失衡问题不突出。2004 年 "21 世纪中国生育政策研究"课题组专家认为根据翼城和酒泉试点，在农村类似地区逐步实行生育两个孩子的政策是可行的。

河北省承德市试点期间的人口情况。1983 年河北省人大常委会决定对承德等贫困山区的生育政策由统一的一孩调整为农村居民生育二孩的政策。自 1984 年到 2006 年，承德地区妇女总和生育率低于 1.6，农村也低于 1.8。试点期间十多年人口自然增长率一直处于 8‰ 以下的水平。农民的生育意愿发生了变化，在被调查的 841 份问卷中，理想的孩子数为一孩的占 25.74%，二孩的占 70.30%，希望生育三孩及以上的仅为 3.8%。但是，承德婴儿出生

---

① 彭珮云：《中国计划生育全书》，中国人口出版社，1997，第 702 页。
② 丰艳等：《"发展型"或"政策型"生育率下降?》，《人口学》2013 年第 2 期。
③ 梁中堂：《我对 2009 年 3 月 28 日经济观察报发表的对我的采访的几点声明》，《经济观察报关于翼城生育试点的采访》，http://liangzt.blog.soho.com/120337954.html，2009 年 7 月 11 日。
④ 我们介绍的酒泉、承德和恩施三地的材料均主要取材于顾宝昌的《八百万人的实践》。

的性别比偏高。承德试点的结论之一是，在相对宽松的二孩生育政策下，实际生育水平并不一定会超过政策要求的水平，这与人们的生育意愿以及政策执行情况有着密切的关系。

湖北恩施试点期间的人口情况。恩施出生人口数从1985年的55348人下降到2005年的37549人，减少了32%。总和生育率逐年下降，1985年为2.83，1990年为2.17，1995年为1.7，2000年为1.48，2005年为1.47。近年来人口性别比保持在108左右。在被调查的641份问卷中，被调查人员的生育意愿分别是，一孩的占50.4%，二孩的占39.7%，三孩及以上的占3.5%。恩施境内居住着土家、苗、侗、蒙古等28个少数民族，少数民族占全市总人口的52.6%，少数民族家庭一对夫妇可以生育三胎。可见，农村放开二孩生育的试点在恩施的效果很好。

从以上三个试点地区的人口状况看，甘肃酒泉情况很好，出生率、自然增长率和性别比均好于全国，或在正常的比例范围内，人口发展持续向好。河北承德和湖北恩施的各项指标均超过了全国的水平。河北承德和湖北恩施的三项指标均超过了全国的水平，这是放开农村二孩生育的必然，不过从出生率看超越的比例不高，分别为0.76‰和0.14‰（详见表3-4）。

表3-4 2012年全国及三市（州）人口状况

	甘肃酒泉	河北承德	湖北恩施	全国
出生率	9.83‰	12.86‰	12.24‰	12.10‰
自然增长率	4.61‰	8.24‰	6.82‰	4.95‰
性别比	106.74	107.13	109.58	105.67

资料来源：①《酒泉市2012年国民经济和社会发展统计公报》，《酒泉日报》2013年4月1日。②《承德市2012年国民经济和社会发展统计公报》，承德新闻网，2013年4月2日。③《2012年恩施州国民经济和社会发展统计公报》，湖北省统计局，2013年4月25日。④《中国人口年鉴》，中国社会科学出版社，2014，第324、339页。

总之，上述三个地区放开农村二孩生育的试点是比较成功的。其人口指标总的发展趋势是人口总数、出生率、自然增长率处于下降的趋势。人口的结构、性别比和抚养比比较正常。更主要的是三地农民的生育观念普遍发生了变化：独生子女政策被普遍接受，希望生育三个孩子及以上的农民是极少数的；优生优育受到了重视，农民普遍提高了对子女的教育投入。如果说山西省翼城县是我国农村放开二孩生育的"理想类型"的话，上述三个试点地区则是在"理想类型"和计生政策要求幅度的取值范围内波动，表明近期内我国可以依法有序逐步放开农村二孩生育。

五 发达国家人口下降趋势难以逆转的警示

发达国家主要分布在北美、欧洲和东亚，北美的加拿大和美国因是两个以移民为主的年轻国家，虽然出生率不高，但因其丰富的资源、发达的经济，每年吸引大量移民涌入，基本上不存在严重的劳动力短缺问题，这两个国家较为特殊。欧洲的发达国家普遍存在老年抚养比过高、生育率下降的问题。深受儒家传统生育思想影响的东亚发达国家和地区，特别是日本与韩国亦然。这就说明随着经济发展、人们受教育程度的提高、社会保障制度的完善，人口出生率下降是共性，是一般规律。

第二次世界大战之后，西欧主要国家的人口发展缓慢。法国在战后由于实施了一系列鼓励人口增长的措施，出生率曾有所上升，但总的发展趋势是出生率一路走低。英国在二战后也曾经出现过生育高峰，但此后出生率一直下降，1977年仅为11.3‰，跌至低谷。战后欧盟主要国家人口出生率普遍处于下滑的状态，[①] 而且是长期处于下滑的状态（如图3-1）。

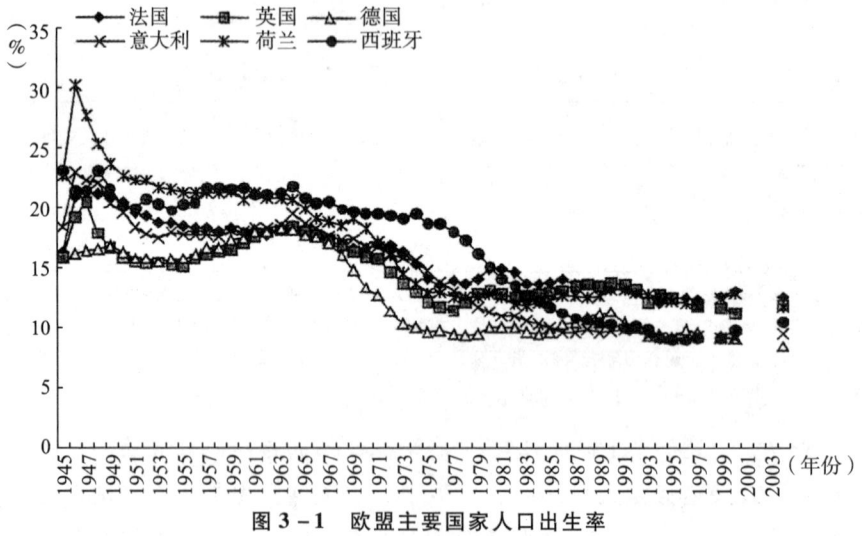

图3-1 欧盟主要国家人口出生率

资料来源：李仲生：《发达国家的人口变动与经济发展》，清华大学出版社，2011，第143页。

[①] 李仲生：《发达国家的人口变动与经济发展》，清华大学出版社，2011，第143页。

进入20世纪90年代以后，欧盟各国人口增长速度普遍趋向缓慢态势。法国由于采取鼓励人口增长的措施，成为人口增长数在欧洲领先的国家。德国、希腊、比利时等国人口出现了负增长；英国和意大利等国人口增长相对比较稳定，但都呈现长期低增长的趋势，基本处于低位静止的状态（详见表3-5）。

表3-5 欧盟主要国家人口变动情况

单位：万人，%

国别	总人口					人口增长率		
	1990	1995	2000	2005	2010	1991~2000	2001~2005	2006~2010
德国	7943	8166	8221	8249	8211	0.3	0.1	-0.1
法国	5674	5814	5889	6074	6380	0.4	0.6	1.0
英国	5756	5861	5872	6020	6179	0.4	0.4	0.2
意大利	5672	5730	5769	5747	6039	0.2	-0.1	0.9
西班牙	3884	3921	4050	4339	4520	0.2	1.3	0.8
荷兰	1495	1545	1592	1663	1650	0.6	0.5	0.2
希腊	1016	1045	1056	1109	1108	0.2	0.3	-0.22
比利时	997	1014	1025	1047	1036	0.3	0.4	-0.22
葡萄牙	990	992	1001	1085	1085	0.1	0.6	0.5
瑞典	856	884	887	902	911	0.4	0.3	0.2

资料来源：李仲生：《发达国家的人口变动与经济发展》，清华大学出版社，2011，第145页。

人口老龄化和劳动力不足是发达国家的共同人口经济特征。随着经济发展、生活水平的提高、医疗卫生事业的发展、人口死亡率大幅下降、人口寿命普遍延长，老年人口越来越多。而随着经济和城市化的发展、市场机制的深入和社会保障能力的提高，人口出生率下降，人口老龄化凸显。1851年法国60岁及以上老年人口比重达10.1%，率先进入老年型人口国家，随后欧洲许多国家相继进入老年型人口国家的行列。1950年欧洲65岁及以上老年人口比重上升到8.7%。随后美国和日本也进入老年型人口国家的行列。随着老年人口增加，老年抚养比的提高，发达国家的劳动力不足，经济和社会发展缺乏动力和活力（详见图3-2）。

儒家文化影响下的东亚发达国家和地区人口发展情况。日本的人口发展特点：战后初期日本人口曾出现负增长，但战后数年间日本的人口增长较为迅速，加上战后人口死亡率降低，日本政府提倡计划生育，制定相应

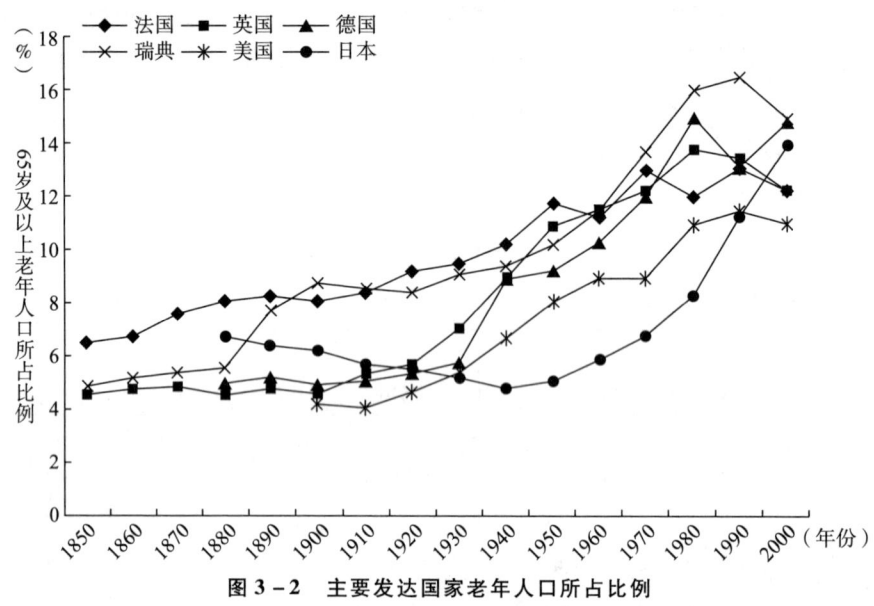

图 3-2 主要发达国家老年人口所占比例

资料来源：李仲生：《发达国家的人口变动与经济发展》，清华大学出版社，2011，第163页。

的人口政策，在控制人口数量，提高人口素质等方面收到了效果，促使人口发展的转变。日本在人口转变的降低速度方面与一般发达国家相比极其快速，一般发达国家人口转变使用了15~40年的时间，而日本仅用了10多年时间。日本的出生率下降发生在经济高速增长之前。因此，其人口转变不是经济发展的直接结果，而是促进经济增长的动力，日本的人口转变和经济增长是同时并进的。1974年日本人口下降到世代更替水平以下。直到近年，日本已进入深度老年社会，2000年日本老年人口占总人口比例的16.3%。日本最大的人口经济问题之一是人口老龄化。而且由于就业竞争压力、孩子培养成本增加、社保体系的建立和完善、生育观念的转变，人口生育下降处于不可逆的状态。①

儒家传统生育文化影响下的东亚其他国家和地区为曾提倡二孩生育而后悔。新加坡政府曾实行家庭计划，提倡"两个就够了"的生育模式。新加坡生育率从1960年的5.45急剧下降，1975年人口生育低于世代更替水平，1984年只有1.62。韩国在1962年开始提倡一对夫妇生育两个孩子，随着经济的发展，生育率从5.5不断下降，1983年开始低于世代更替水平，

---

① 李仲生：《发达国家的人口变动与经济发展》，清华大学出版社，2011，第163页。

1995年降到1.65。中国台湾1965年开始实行"家庭计划",提倡"一个不算少,两个恰恰好"的政策。生育率从1963年的5.47不断下降,到1984年开始低于世代更替水平。后来推行鼓励生育政策,但仍难阻挡生育下降的势头。2010年生育率只有0.895。[1] 经济发展、素质提高、社会保障体系完备,使人口生育率不断下降。可见,儒家生育文化影响下的较发达的国家和地区的人口发展状况与欧美发达国家是殊途同归的(详见图3-3)。

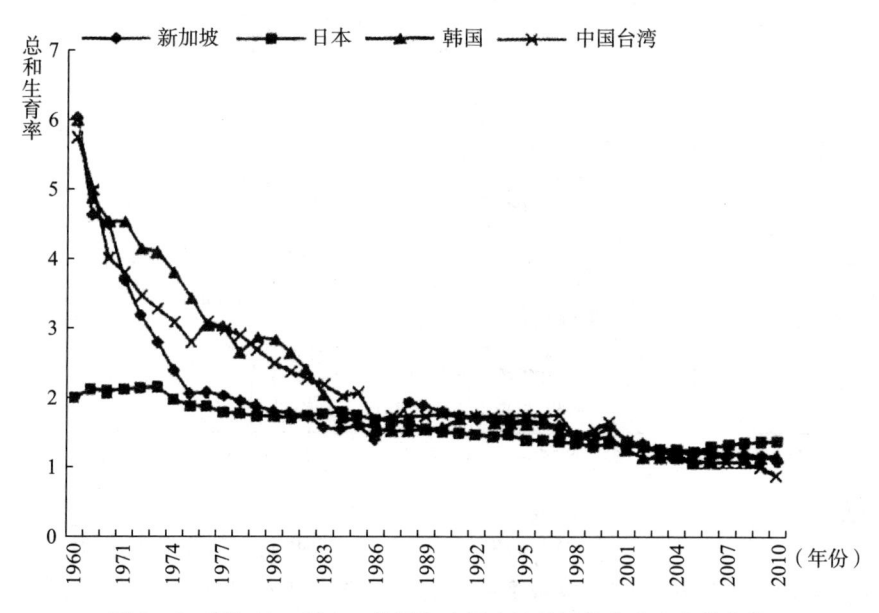

图3-3 新加坡、日本、韩国和中国台湾地区总和生育率的变化
资料来源:汤梦君:《中国生育政策的选择:基于东亚、东南亚地区的经验》,《人口学》2014年第2期。

针对人口生育水平下降的问题,上述国家和地区的人口政策经历了从计划生育到达到世代更替水平后政策调整的发展阶段,再经过一个中立政策时期转向了鼓励生育的政策。韩国在达到世代更替水平后至调整政策的期间经历比较长,达14年之久。中立政策时期,即在这一时期政策不鼓励也不阻止人们生育。新加坡经历了一个双向生育政策的过渡期,新加坡从1984年起,开始实施双向的生育政策,即限制低教育水平的人群生育,鼓励受过高等教育的妇女生育。日本和中国台湾地区的中立政策期间比较长,而新加坡的中立政策时期只有3年。在实施计划生育到鼓励生育的过

---

[1] 易富贤:《大国空巢》,中国发展出版社,2013,第242~243页。

程中,新加坡转向非常迅速,日本较为渐进,韩国和中国台湾地区转变得比较慢。① 由此可见,人口政策需随着经济社会的发展和人们生育观念的转变而及时做出调整(详见表3-6)。

表3-6 新加坡、日本、韩国与中国台湾地区生育政策
调整时间与生育水平的比较

国家和地区	开始控制人口年份	降至世代更替水平年份	调整生育政策的年份	调整政策时总和生育率	达世代更替水平后至调整政策的时长(年)	中立政策的时长(年)
新加坡	1965	1975	1984年转为双向;1987年转为鼓励生育	1.57 1.62	10	3
日本	1950年代	1957	1960年代转为中立;1990年转为鼓励生育	2.0左右 1.57	8	约25年
韩国	1962	1982	1996年转为中立;2005年转为鼓励生育	1.60 1.12	14	9
中国台湾	1960	1984	1990年转为中立;2008年转为鼓励生育	1.80 1.10	6	18

资料来源:汤梦君:《中国生育政策的选择:基于东亚、东南亚地区的经验》,《人口学》2014年第2期。

总之,发达国家平均生育率在20世纪70年代中期低于世代更替水平,2005~2010年只有1.66。发展中国家的生育率也从60年代后期的6.0左右下降到2005~2010年的2.6的水平。随着养老社会化,养育孩子的成本增高,离婚率升高,就业和生活压力加大,妇女教育水平和劳动参与率的提高,婚龄、育龄的推迟,性生活减少,不孕不育比例升高和计划生育政策的实施等,使得世界人口难以维持发展。② 这一情况也向中国提出了警示,我们应对计划生育政策进行总结和调整。

六 中国未来人口发展的取向

人口发展的取向要以资源、环境和经济对人口的承载能力为基础。人口承载能力由一系列的影响因素决定,这些因素本身也是一个变量,随着

---

① 汤梦君:《中国生育政策的选择:基于东亚、东南亚地区的经验》,《人口学》2014年第2期。
② 易富贤等:《大国空巢》,中国发展出版社,2013,第16~19页。

人类开发利用资源、环境的能力和水平而变化。人口承载力是指在一定时期内人口与资源、环境和经济保持平衡、协调和可持续发展的最大能力。中国目前资源的人均占有量低于世界平均水平，环境的容量不足，2012年人均GDP处于中等水平，全球有29.6%的人口生活在GDP高于中国的国家，[1]人口对经济、资源和环境的压力将长期存在。孙本文认为8亿人口是中国最适宜的人口数量，蒋正华认为中国的最大人口容量为16亿左右。宋健以人均每年拥有的粮食为标准，认为中国达到人均拥有1000公斤粮食的美国标准，能承载8.3亿人口，中国达到人均拥有500公斤粮食的标准，最大可承载16.6亿人口。我们认为8亿~16亿人口是中国争取实现的人口承载能力的取值范围，在这个范围内人口数量越少、人口结构越优越好。

中国未来人口政策发展的取向。

第一，要以人为本。即在尊重人口规律的基础上基本满足群众的生育权。人口规律是人口在发展过程中，各种人口现象和人口要素之间的内在联系及其发展变化的必然趋势，人口规律的本质是社会发展规律。具体地包括两种生产协调发展的规律，科学的人口再生产的调控机制，适当的人口数量，合理的人口结构等。在尊重人口发展规律的基础上，要基本满足群众的生育权。现阶段我国的总和生育率已降到1.8左右，意愿生育一孩和二孩的人已经是群众的绝大多数。双独和单独夫妇生育二孩放开之后，再依法有序放开二孩生育，可以说我们已经基本满足了群众的生育愿望，保障了群众的生育权。有序放开二孩生育可以说是党和政府生育政策调整的预先安排。早在1980年的《公开信》中就曾指出：要根据中国人口国情的变化，"到30年以后，目前特别紧张的人口增长问题就可以缓和，也就可以采取不同的人口政策了"[2]。

第二，要做到人口与资源、环境和经济协调发展。生育权与生存权、发展权是内在辩证统一的，而且生存权和发展权是生育权的实现基础，也是制定人口生育政策的前提。若人口生育数量超过经济、资源和环境承受能力，会造成人口、经济和社会的灾难。所以群众生育权的实现要在经济发展、社会良性运行和人民幸福安康中实现。根据预测，近期放开二孩生育，我国的资源、环境和经济具有支撑能力。

---

[1] 梁建章等：《再看中国人口形势》，《今日中国论坛》2013年第20期。
[2] 彭珮云：《中国计划生育全书》，中国人口出版社，1997，第16页。

第三，综合运用人口生育调控手段。过去我们更多地运用计划的方法、行政的手段实现对人口生育的调控。世界上大多数国家的人口是以市场调控为主的。我们在严格执行40多年计划生育政策，人口数量得到有效控制的情况下，现阶段应该给市场机制调节人口生育留有一定的余地。要坚持计划和市场相结合的人口调控机制。市场既是人口生育的动力，也给人口生育以压力。完全的计划调节会引发一系列的人口问题，如性别比高和老龄化问题等。完全的市场调控也会引发一系列的人口问题。要做到计划和市场的有机结合。

第四，在生育率在1.8及以下的情况下，我国的计划生育工作应从对人口数量的控制转向人口素质的提升、人口结构的优化和提供优质服务上。留下0.2左右的指标用于放开农村二孩生育，留下0.1左右作为因生活和医疗条件的改善而延长寿命的那部分老年人的人口指标。在20年左右的时间内，实现人口的自然世代更替。此后，人口数量逐渐回落。未来我国经济的发展，主要靠提高人口素质参与国际竞争，而不是牺牲低端产业就业人口利益的人口红利，要通过创造和创新推动经济社会的发展。

第五，以不引发大的人口问题为原则。我们所说的中国人口数量的上限为16亿左右是理论上的，而在实际调控中人口发展的峰值应以15亿为界，并逐步使其下降。现阶段有三个方面的人口问题应引起我们高度重视：一是安排好近250万户失独家庭的生活、医疗和精神慰藉事宜，[①]使其安度晚年，并采取措施防止这一情况继续扩大。二是关注人口性别比偏高的现象，关心社会上长期存在的3000多万单身男子的生活起居问题，采取措施平衡人口的性别比。[②]三是及早采取措施解决老年抚养比过高的问题，稀释人口中老龄人口过高的比例，给经济和社会发展注入动力和活力。密切注视可能出现的新的人口问题。

七 放开农村二孩生育中国人口不会反弹

从全国的范围看，中国人口数量的总体走势是生育率逐步降低。2000年人口普查数据显示，当年的生育率仅为1.22，后被人为地调到1.8。2010年人口普查数据显示，当年的生育率仅为1.19，而国家统计局的数据显示

[①] 周伟等：《中国失独家庭规模估计及扶助标准探讨》，《人口学》2014年第1期。
[②] 《中国2010年人口普查资料》，中国统计出版社，2012，第132、2页。

2011年和2012年的生育率仅有1.05和1.25,即使这些数据被调高到1.4,也依然代表不可持续的极低生育水平。① 我国的人口自然增长率从1980年的11.87‰降到2010年的4.79‰,下降了近3/5。而我国的人口出生率从1980年的18.21‰降到2010年的11.90‰,下降了1/3还多。这就说明我国人口已进入了极低的生育率和自然增长率的状态。

从农村的生育情况看,放开二孩生育,人口生育率和自然增长率也不会出现大的反弹。1984年以来,全国一直执行的是有地域差别的计划生育政策。大体的情况是:一孩生育政策覆盖全国35.4%的人口,1.5孩生育政策覆盖53.6%的人口,二孩生育政策覆盖9.7%的人口,三孩及以上生育政策覆盖1.3%的人口。② 农村放开二孩生育主要是指已放开1.5孩生育的农民的二孩生育。在这53.6%的可生育1.5孩的农民中,约有25%的农村一对夫妇可以生育两个孩子(按农村一胎生育人口的性别比为112估算)。也就是说,放开农民生育二孩实际指的是放开农民中余下的28.6%左右人口生育二孩。在这28.6%的农民中,由于超生所征收的社会抚养费很少,而且所罚的款的很大一部分社会抚养费很难征收到。所以,在这28.6%左右的农民中,强烈要求生育二孩的基本都生了。由此可见,放开农民生育二孩不会出现大的人口反弹。放开农村二孩生育工作做得扎实,农村人口甚至还会下降。山西省翼城县农村放开二孩生育,人口总数有所下降,二孩以外生育人口数趋向于零(详见表3-7)。

表3-7 山西省翼城县二孩以外生育人口数

单位:人

时间	1985年	1990年	1995年	2000年	2005年	2010年
超生人口	72	82	120	25	3	0

资料来源:翼城县1984年10月~2012年9月人口自然变动情况表。

农村的生育能力在下降,一是农村有3000多万男性单身汉,无法结婚生子;二是每年有350万左右的农村青年考上大学,毕业后进城工作,执行的是一胎化政策;三是农村常年有1.5亿左右农民工流动于城镇,流动农民工由于受就业、住房和社保问题的困扰,总和生育率只有1.4;③ 四是农村

---

① 梁建章等:《再看中国人口形势》,《今日中国论坛》2013年第20期。
② 顾宝昌:《八百万人的实践》,社会科学文献出版社,2009,序言。
③ 郭志刚:《中国的低生育水平与被忽略的人口风险》,社会科学文献出版社,2012,第358页。

妇女受教育程度提高后,自觉地坚持计划生育,六普调查资料的结果充分证明了这一点;五是不孕不育的比例升高,不孕不育家庭抚养孩子一般不会超过两个。可见,农民中超计划生育的潜力很小(详见表3-8)。

表3-8 六普全国乡村按受教育程度分的育龄妇女生育情况

单位:%

未上过学	一孩 30.2%	二孩 38.6%	三孩及以上 31.2%
高中毕业	一孩 72.2%	二孩 24.4%	三孩及以上 3.4%
大学本科毕业	一孩 91.5%	二孩 8.3%	三孩及以上 0.2%

资料来源:《中国2010年人口普查资料》,中国统计出版社,2012,第2086~2096页。

人口专家多数倾向于中国近期全面放开二孩生育。翟振武发表《立即全面放开二孩政策的人口学后果分析》一文指出,假设2012年立即放开二孩生育政策,会有1.06亿育龄妇女,多出生1.06亿个孩子。[1] 曾毅认为,普遍允许生育二孩与提倡适当晚育方案下,我国人口总数在2029年达到14.45亿的峰值,这一峰值远低于15亿人左右的国家人口战略目标,然后平缓下降,2050年和2080年总人口分别为14.2亿和12.4亿,绝对不会造成人口失控。[2] 王广州发表《到底能生多少孩子?》一文指出,如果2015年全国统一放开二孩生育,总人口高峰将在2029~2031年出现,高峰期总人口估计均值为14.39亿。[3] 易富贤希望中国立即停止计划生育工作,全面放开人口生育,并对中国21世纪人口总数作了低、中、高三个预测方案,他预测的高方案是,中国人口在2043年达到13.91亿的顶峰后开始负增长,到2050年、2100年分别只有13.8亿、13.5亿人口,[4] 即中国人口不可能达到14亿了。按翟振武的预测,我们认为若2015年放开农村二孩生育最多可能多出生3760万个孩子(根据前述,以农村放开二孩生育约有28.6%的育龄妇女可能生育二孩估算),中国的人口空间完全有能力容纳这些孩子。曾毅和王广州的预测,在放开二孩生育后人口高峰形成的时间和人口高峰时的人口总数方面基本吻合,有一定的科学性。易富贤人口思想的形成深受欧美人口思想和人口发展实况的影响,确定中国的人口战略应更深入贴近

---

[1] 翟振武等:《立即全面放开二孩政策的人口学后果分析》,《人口研究》2014年第2期。
[2] 曾毅:《关于中国现行人口政策的若干思考》,《人口学》2013年第5期。
[3] 王广州等:《到底能生多少孩子?》,《人口学》2013年第1期。
[4] 易富贤:《大国空巢》,中国发展出版社,2013,第292页。

中国的实际,要审慎。中国不能立即停止计划生育工作,不能全面放开人口生育。

原华荣发表的《缩减人口还是稳定人口?》一文,主张中国应缩减人口,认为小规模的人口将从根本上转变"人口多、底子薄"的基本国情,保障国家粮食安全,增加选择机会和维护发展的可持续性;而维护一个15亿的稳定人口,必将使我们陷入"规模泥潭"而断送中华民族的未来。[①] 我们认为缩减中国人口的愿望是美好的,也应该是人口学界和政府的共同期盼,但中国的人口问题是历史形成的,我们在确定人口发展战略时既要考虑人口多的压力,也要考虑资源环境的承载能力,更要考虑经济社会的发展,而不是一味的只考虑较少的人口数量。我们认为,在放开双独和单独二孩生育的情况下,依法有序放开二孩生育,基本满足群众的生育愿望,优化人口结构,维持经济社会的可持续发展,逐步缩减中国人口数量,提高人口素质,才是我国人口发展战略的正确选择。

八　指导农村依法有序放开二孩生育

做好全面放开二孩生育的准备工作。首先,创造实施计划生育、放开二孩生育的条件。大力宣传计划生育的政策、法律和法规,转变人们"多子多福、养儿防老,不孝有三无后为大"的生育观念("后"指的是生育有男孩)。宣传山西省翼城县计划生育的经验。坚持"晚婚晚育加间隔"的生育制度。宣传科学育儿知识,提高生育质量,加强计生优质服务。加大对独生子女家庭的奖励扶持力度,特别是失独家庭的生活保障。提倡男女平等,维护妇女权益。加强社会保障事业,特别是医疗保障和养老保障事业。其次,加强计划生育组织建设。国家卫生与计划生育委员会的组建是为适应计划生育工作的新特点而进行的组织调整。要理顺国家卫计委的组织体系,处理好卫生与计划生育委员会系统和省、市、县、乡原人口与计划生育组织的关系。强化农村基层计划生育工作的组织建设。要巩固已有的计划生育组织,重建处于瘫痪状态的计划生育工作组织,新建应该建但原来没有的计划生育组织。建设开展计划生育工作的场所,给予办公经费支持,配备有威信和感召力的干部从事计划生育工作,给他们一定的经济补贴和政治荣誉。打好放开二孩生育的组织管理基础。最后,完善放开二孩生育

---

① 原华荣:《缩减人口还是稳定人口?》,《人口学》2013年第1期。

的制度建设。要修改和完善相关的计划生育法律法规，增加放开二孩生育的内容；要依法维护独生子女，特别是失独家庭的权益；依法严惩人为进行胎儿性别鉴定的行为，从源头上转变新生儿性别比过高的问题。要像翼城县那样，每个计划放开二孩生育的县都要制定相应的法规政策及其实施细则，形成放开生育二孩的法律制度体系。

探索人口生育监管的新机制。世界上大多数国家人口生育处于自由放任的状态，即使有管理也主要是政府出台一些相关的指导和引导性的政策。我国实行严格的计划生育政策已经近40年，近40年的计划生育工作对控制我国人口过快增长起到了积极的作用。随着人口生育回到世代更替水平，我们应逐步探索人口监管的新机制，现阶段应逐步探索计划监控和市场调控相结合的人口监管机制，给市场调控人口生育留出一定的空间。到2035年人们的生育观念和行为彻底转变，我国人口数量的峰值过后，可尝试全面放开人口生育限制。给市场调控人口生育留一定的空间：首先，要学会在市场经济条件下准确地掌握人口信息的能力，如对人口总数、总和生育率、性别比要及时准确地把握，不能靠推测和估算。其次，在一定的范围内允许人们自由选择生育胎数。再次，发挥市场对人口生育倒逼机制的作用。引导群众识别市场释放的人口生育信息，指导群众适应人口生育市场化的要求。现阶段要向群众讲清楚市场机制下所生孩子就业难、住房贵、孩子的培养成本高等问题。最后，在掌握市场经济条件下实现对人口有效监管的能力，要依法依规监管人口生育、人口流动等事宜。

以解决突出的人口问题为导向，启动人口问题的专项治理，促进人口、经济和社会的良性运行和协调发展。一是建立失独家庭生活保障制度。失独家庭为实行计划生育政策做出了贡献，起到了榜样引领作用，失独不仅对失独家庭，而且对准备只生育一个孩子的家庭有很大影响。为了不使失独家庭成员伤心，不让准备只生育一个孩子的家庭成员灰心，不让全社会面对失独家庭成员的心酸，政府要采取切实有效的政策措施，给予失独家庭成员社会帮助，特别是对农村失独家庭成员给予特别关注，使其生活达到当地居民中等生活水平。对农村失独家庭成员，在其丧失劳动能力的情况下让其享受低保待遇；当地政府和民政部门应给予专项资助；指定志愿者或当地养老机构在其同意的情况下，为其提供生活服务和精神慰藉，并养老送终。这应成为今后计划生育工作的一项重要工作任务。二是解决好我国新生儿和少年性别比过高的问题。我国人口的性别比长期居高不下，农村更甚。这与我国传统的生育观念、社会保障条件差、计划生育政策的实施等有关,特别是近年来对胎儿进行性别鉴定使我国的性别比升高得到了强化。我们要努力改变我国性别比过高的状况,要大力宣传、主张和实现男女平等。要依法维护妇女的各项权益,政府要带头支持男女平等,如在公务员招聘和职位安排中,逐步实现男女数量对等;再如对公务员以外的妇女产假期间由政府补贴一定的工资等。全面放开二孩生育,将医学性别鉴定行为入刑,使我国新生儿和少年的严重性别比失衡的状况逐步得到扭转。三是解决好老年抚养比过高的问题。老年抚养比过高,加大了社会保障的压力;社会因劳动力结构失衡,在一定程度上失去了发展的活力和动力。要总结发达国家的相关经验教训,预测和监察我国老龄化发展状况,找到我国老龄化的高峰期,提前采取措施应对。放开生育二孩,稀释我国老龄化的比例;适当延长劳动人口的退休年龄,缓减政府的社保压力,平稳地度过我国的老龄化高峰期。四是关注我国的劳动力问题。人口年龄中位数的提高和老龄化的出现,使我国劳动力结构失衡、数量减少。短期内,我们一方面可以通过延长劳动人口退休年龄,另一方面通过开发妇女劳动力,特别是农村妇女劳动力,维持我国劳动力的总量。

第二编 分报告

第二编由四章组成，主要运用问卷调查和访谈所获得的材料，对一个工商业发达的村，两个以农业经济为主的村和一个贫困村放开农村二孩生育30年来的人口生育情况和社会影响进行了分析研究。四个村的一个共同特点是农民支持和遵守二孩生育试点政策，计划生育成了多数农民的共识和自觉行为。同时这四个村的人口生育呈现出三种不同类型的特点：工商业发达的村在人口生育方面具有城市的一些特点；以农业经济为主的村受传统生育观念的影响比较深，如有一定的偏男倾向；贫困村农民对孩子的期望比较低。

第四章　翼城县 A 村二孩生育政策实施情况研究

一　绪论

（一）研究意义

要促进我国经济社会的可持续发展，在经济又好又快增长和节约资源、保护环境的同时，必须解决好我国的人口问题。人口政策在解决我国人口问题过程中发挥着重要的作用，其中计划生育政策在控制我国人口增长的过程中发挥了关键性的作用。但是在计划生育政策实行 40 多年之后，我国出现了新增劳动力减少、人口老龄化和新生人口性别比失衡等问题。因此，对计划生育政策进行调整成为必然选择，而翼城县的 A 村二孩生育试点具有典型的代表性。翼城县 A 村属于工商业比较发达的村。

第一，对 A 村人口问题进行研究是我国人口类型转变的必然要求。在计划生育政策的作用下，我国初步完成了人口的转型，由人口的剧增转变为低生育率、老龄化加速的类型。与发达国家相比，我国人口死亡率和出生率迅速下降，老龄化速度不断加快，西方国家的老龄化历程经历了 100 年左右而我国的老龄化历程只经历了 30 多年。在此背景下，对我国农村的二孩生育政策进行研究，调整我国的人口政策，可以缓解老龄化问题及出生人口性别比失衡的问题。因此，这一研究有利于我国实现人口转型。

第二，对 A 村人口问题进行研究对于我国人口政策的调整具有重要的现实意义。随着我国城市化进程不断加快，我国城乡分割的局面得到了改善，为了与经济社会发展形势相适应，我国不断调整城乡政策。最近几年，一些学者已经认识到我国计划生育的弊端，都希望对计划生育政策进行调整。目前，我国很多学者都对计划生育政策进行了研究，但是很少有学者对"农村二孩"政策进行全面系统的研究，而翼城县 A 村是"农村二孩"

生育政策的试点之一，因此在梳理相关资料的基础上，对A村人口问题进行研究，总结翼城县农村二孩生育的成功经验，并发现翼城县农村二孩生育试点政策中存在的问题，为政策的调整提供有针对性的建议，可以促进我国人口政策的尽快调整。

第三，对A村人口问题的研究可以进一步完善人口领域的相关理论。A村是一个工商业比较发达的村，市场经济机制在A村全面发挥作用，A村二孩生育管理的经验有利于探索中国特色的人口理论，并促进人口领域相关理论的完善。

第四，对A村人口问题进行研究对我国政治领域产生了一定程度的影响。人口控制在我国政治领域有着重要的影响作用，我国很多公共政策领域的学者对其进行了研究。计划生育政策作为我国人口政策的重要组成部分，与我国政治改革息息相关，与我国每个社会成员的利益息息相关。因此，对A村人口问题进行研究会对我国政治产生一定程度的影响。

（二）研究思路和研究方法

1. 研究思路

在梳理A村人口问题相关文献资料和对相关政策进行解读的基础上，结合对翼城县"农村二孩"生育试点调查的结果，本文从微观的、动态的视角出发对翼城县A村"农村二孩"试点政策的实施情况、取得的成效、存在的问题及启示进行了深入的研究，并提出了相关的对策建议。

2. 研究方法

本文综合运用人口学、社会学的研究方法，具体运用的方法如下。

文献研究法。从研究的目的出发，笔者从书籍、期刊、报纸、网络等载体上收集了大量的关于人口学和"农村二孩"试点政策的研究成果、相关理论和相关政策，充分了解了"农村二孩"试点政策的演变和发展，为研究工作的开展奠定了基础。

调查研究法。在对相关文献和相关政策进行了解的基础上，设计了问卷，并进行了试调查，共发放270份问卷对A村村民进行了调查，回收有效问卷250份，并对问卷进行了统计学的分析，从而为研究工作的开展提供了实证依据。

比较研究法。笔者在研究的过程中，注意将A村的"农村二孩"实施情况与翼城县其他村的情况进行比较研究，还与全国其他地区及国外的相关情况进行比较，在此基础上针对 A 村的人口问题提出了有针对性的政策调整建议。

(三) 相关概念的界定

1. 人口政策

人口政策是指为了在一定的社会、经济、政治、资源和环境条件下保持适度的人口规模，政府对本国的人口状况所采取的态度、手段和措施的总称。人口政策的内涵可以从广义和狭义两个角度来理解。从广义上来说，人口政策是指政府为了促进本国经济社会的发展而通过各种措施对本国人口的生育率、死亡率、人口结构、人口素质、人口文化水平、人口的道德水平、人口的地区分布和人口迁移进行控制和调节。从狭义的角度来看，人口政策主要是指政府为控制和调节生育率变化所采取的各种措施的总和。

2. 生育政策

生育政策是指一个国家或地区从社会的、经济的、政治的、资源的和生态环境的综合战略角度出发，同时考虑到大多数群众的接受程度，对其人口的生育行为所采取的政府态度。[1] 2016 年前，我国的生育政策主要包括以下几个方面：我国政府通过政策和法律手段对晚婚晚育的行为予以鼓励，我国政府提倡一对夫妇生育一个孩子，只有在符合相关法律和政策规定的情况下才可以生育二孩。在宏观法律和政策框架内我国各个地方可从本地实际出发制定符合本地区实际的生育政策。

3. 计划生育

计划生育是指为了实现人口与社会、经济、资源和环境的协调发展，政府通过各种措施对人口的生育、增长等予以调节和控制。它是经济发展到一定阶段后，基于具体国情而通过各种措施提倡整个社会进行节育的理论、政策和措施的总称。

4. 生育率

总出生数与相应人口中育龄妇女人数之间的比例，称育龄妇女生育率。[2] 从分析的不同目的出发，可以将生育率分为不同的类型。

---

[1] 冯立天、马瀛通、冷眸：《50 年来中国生育政策演变之历史轨迹》，《人口与经济》1999 年第 2 期。

[2] http://baike.baidu.com/link? url＝tqGN－5i4y2J1jY5iU7kKvIIesBU3khNpPpy77rD4X4y65RJcNHRKxRnAe1－kicHIF4siSjUqi_TBObXooPdv－q.

5. 出生人口性别比

出生人口性别比是指活产男婴数与活产女婴数之比，一般将活产女婴数视为100，计算出相应的活产男婴数。如果不受其他因素的干扰，只在生物学规律的作用下，人口的出生性别比一般在 105±2 之间。

（四）翼城"农村二孩"生育政策

1. 政策要点

翼城县的二孩政策主要由以下内容构成。

（1）当地政府通过各种方式鼓励当地夫妇晚婚晚育，少生优生。

（2）当地政府通过各种方式提倡一对夫妇只生一个孩子。

（3）当地政府规定在一般情况下国家干部和职工、城镇居民，一对夫妇只能生育一个孩子。

（4）符合下列条件的农村夫妇经过相关部门批准之后，一对夫妇可以生育两个孩子。

首先，"自愿"晚婚，晚婚是指晚于结婚法定年龄3年；

其次，"自愿"晚育，女性24岁第一次生育，6年之后有生育二孩的权利（2007年当地政府规定晚育女性4年之后可以生育二孩）；

再次，在生育一胎之后采取措施长时间节育，在生育二孩之后采取措施永久性避孕。

（5）每对夫妇终身最多可以生育二孩，禁止生育三孩或者更多孩子。

（6）通过多种方式奖励农村独生子女家庭（主要包括经济方面的奖励、医疗方面的奖励和教育方面的奖励）。

（7）计划外生育需要向当地有关部门缴纳社会抚养费，并在招聘工人、提干、社会保障等方面受到限制。

（8）有关乡（镇）、村出现多胎生育情况的，对乡（镇）、村主要领导和直接负责人所应负的责任进行追究，采取一票否决制。

2. "农村二孩"政策的解读

在理解翼城县"农村二孩"政策的过程中，首先应该看到，该县政策的出发点是控制人口规模的增加，是我国计划生育政策的一部分。在对"农村二孩"政策进行宣传的过程中，翼城县政府反复指出"农村二孩"政策并没有违背我国计划生育的基本国策，与我国计划生育政策的基调——"鼓励一孩、控制两孩和杜绝三孩"是不谋而合的，都是为了完成我国控制人口规模的目标。以我国人口控制总目标在2000年为12亿计算，届时翼城县的总人口数应该是30万。梁中堂是翼城县农村二孩生育试点的主要设计者，从梁中堂的报告中可以看出，如果翼城县制定的相关政策可以被严格执行，翼城县农村二孩政策的推行并不会造成翼城县人口规模的迅速增加。从这个意义上来讲，翼城县所实施的"农村二孩"政策与翼城县的人口控制目标相一致，与我国实行计划生育政策的目标相一致，只是选择了更适合当地实际的，更符合农民心理的措施来对当地的人口进行控制。

其次，要全面理解翼城县"农村二孩"政策，就必须详细了解其关于计划生育政策的限制性规定。在推行"农村二孩"政策的过程中，翼城县政府采取了"政策"和"指标"两种方式限制了二孩生育的范围、资格和配额，以达到控制人口规模的目的。第一，翼城县政府对计划生育政策做出了明确的限制性规定。只有拥有农村户籍的夫妇才可以生育两个孩子，将二孩生育限制在农村范围内；通过各种措施严格禁止生育多胎；生育二孩的夫妇必须满足晚婚、间隔以及二孩后绝育的措施。第二，要想生育二孩除了符合限制性条款之外，还要获得生育名额才可以凭证生育。第三，在计划生育政策实施的过程中最初采取"奖励轻惩罚重"的原则。在奖励方面，有晚婚奖、晚育奖、符合生育二孩条件但退回二孩指标奖，还有对独生子女家庭入托、入学、划分宅基地等优先安排的优惠。在惩罚方面，对早婚、早育、超间隔规定生育、超计划生育等进行罚款。还有一系列限制：入党和被提名为村干部候选人受到限制；在应聘国家工作人员和工人的过程中受到限制；在享受国家有关优惠政策的过程中受到限制。第四，从翼城县"农村二孩"政策的形式和性质上看，翼城县"农村二孩"政策进一步加强了20世纪70年代的计划生育政策，目的相同，但是采取了更严格的限制措施。因此，如果严格执行翼城县"农村二孩"的相关限制措施，即使A村村民允许生育二孩，也可以达到人口控制的目标。

二　翼城县A村计划生育实施情况

（一）调查研究的设计

调查以翼城县A村为主，共发放问卷270份，经统计成功回收并有效的问卷共250份，得到了A村来自不同性别、不同年龄阶段、不同婚姻状况、不同受教育程度人群对于生育二孩的生育意愿的多方面数据。

在此次调查中，男性为106人，占调查总数的42.4%，女性为144人，占调查总数的57.6%。从年龄的角度看，30~49岁人口占相对较高的比重，占调查总人数的60%左右，18~29岁以及50岁及以上的人分别占18.8%和19.6%。从婚姻状况来看，大部分为婚姻稳定家庭，所占比例为96.8%，丧偶和离婚的调查对象所占的比例相对较低，分别为2.4%和0.8%。从学历来看，具有初中、高中或中专学历的调查对象占较高的比重，具有初中学历的调查对象所占的比例为40%，具有高中或中专学历的调查对象所占的比例为36%，具有大专学历的调查对象所占的比例为13.2%，初中以下和具有本科学历的调查对象所占的比例比较少，分别为8.4%和2.4%。从政治面貌来看，大部分受调查者属于群众，所占比例为72.4%，共青团员和共产党员占有一定的比重，分别为15.6%和10.4%，民主党派占的比例最小，为1.6%。从民族类型来看，88%为汉族，10.8%为少数民族。从职业构成来看，个体经营者所占的比例最高为43.6%，农民所占比例为15.6%，工人所占比例为16.4%。从宗教信仰的情况来看，无宗教信仰的调查对象所占的比例为82.4%，信仰伊斯兰教的所占比例为10%，还有一定比例的受调查对象信奉佛教、基督教和道教，所占比例分别为4.0%、1.2%和0.8%。从是否是独生子女的情况来看，调查对象大部分不是独生子女，只有一少部分是独生子女（详见表4-1）。

表4-1 样本的基本特征

单位：人,%

样本特征	变量	频数	比例
性别	男	106	42.4
	女	144	57.6
年龄	18~29岁	47	18.8
	30~39岁	78	31.2
	40~49岁	75	30.0
	50岁及以上	49	19.6
	缺失值	1	0.4
婚姻状况	已婚	242	96.8
	丧偶	6	2.4
	离婚	2	0.8

续表

样本特征	变量	频数	比例
学历	初中以下	21	8.4
	初中	100	40.0
	高中或中专	90	36.0
	大专	33	13.2
	大学本科	6	2.4
政治面貌	共产党员	26	10.4
	共青团员	39	15.6
	群众	181	72.4
	民主党派	4	1.6
民族类型	汉族	220	88.0
	少数民族	27	10.8
	缺失值	3	1.2
职业	农民	39	15.6
	个体经营	109	43.6
	工人	41	16.4
	待业人员	27	10.8
	其他	34	13.6
宗教信仰	佛教	10	4.0
	道教	2	0.8
	伊斯兰教	25	10.0
	基督教	3	1.2
	其他宗教	4	1.6
	无宗教信仰	206	82.4
是否为独生子女	是	21	8.4
	否	229	91.6

注：除年龄 N = 249 之外，民族 N = 247，其余 N = 250。

（二）翼城县 A 村生育的基本情况

1. "农村二孩"政策下的生育行为

生育行为是指在生育动机支配下的有意识、有目的生产和再生产他人生命的活动。生育政策主要体现在生育行为中，生育行为在衡量生育政策作用大小的过程中发挥着重要的作用。为了了解"农村二孩"政策在 A 村的实行情况，我们对调查对象的实际生育行为进行了调查。主要包括三个指标：一是生育过的子女数，二是现有的子女数，三是第一个孩子出生时的年龄。

从生育过的子女数来看，有126个调查对象生育过两个孩子，占调查总数的50.4%；有102个调查对象生育过一个孩子，只有很少一部分调查对象没有生育过或生育过三个及以上的子女，所占的比例分别为3.6%、3.2%和2.0%，生育两个以上孩子的一般在计划生育政策开始时和二孩生育试点初期。由此可以看出，翼城县A村"农村二孩"政策对于受调查对象的已有的生育行为起到了很好的指导和约束作用（详见图4-1）。

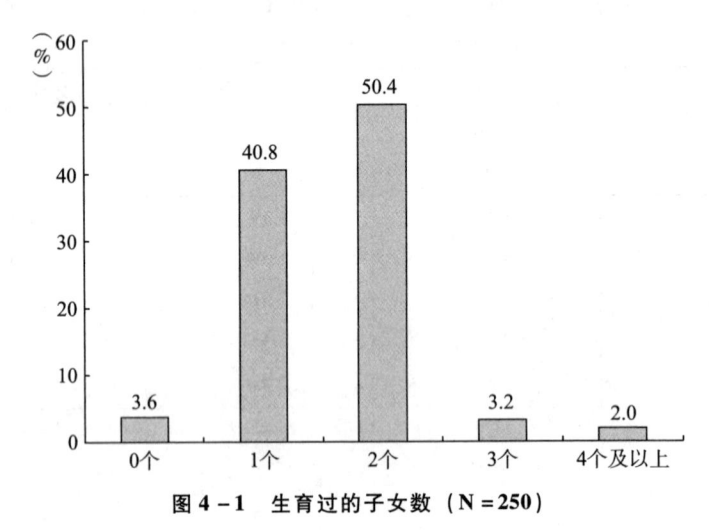

图4-1 生育过的子女数（N=250）

从现有的子女数来看，与生育过的子女数相对应，有122个受调查对象现在有两个孩子，占调查总数的49%；有108个调查对象现在有一个孩子，占调查总数的43.4%；只有很少一部分调查对象现在没有或有三个及以上的孩子，所占的比例分别是2.4%、3.2%和2.0%。由此可以看出，翼城县A村"农村二孩"政策对于维持现有的生育水平发挥了重要的作用（详见图4-2）。

从第一个孩子出生时的年纪来看，第一个孩子出生时年纪为23~26岁的受调查对象最普遍，占66.3%的比重；第一个孩子出生时年纪为27~30岁的受调查对象为17.5%；第一个孩子出生时年纪为20~22岁的受调查对象为13%。这说明"农村二孩"政策中晚婚晚育政策对于人们的生育行为发挥了重要的调节作用，翼城县A村"农村二孩"政策从农村实际出发，适当提高结婚的年龄对于控制人口实际增长发挥了重要的作用（详见图4-3）。

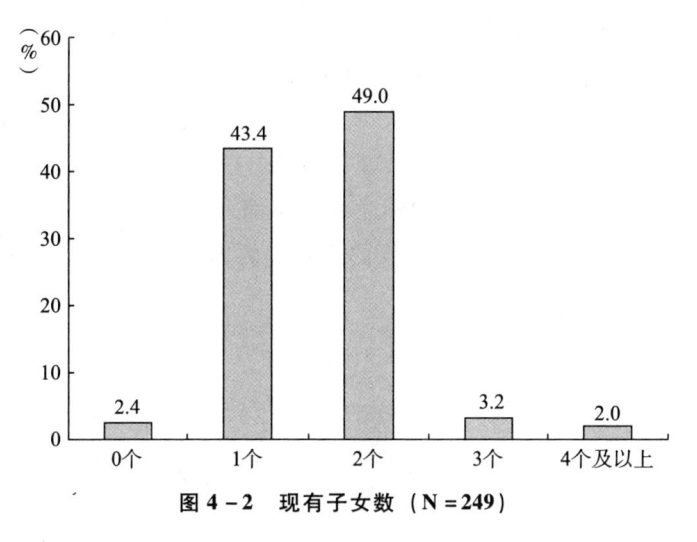

图4-2 现有子女数（N=249）

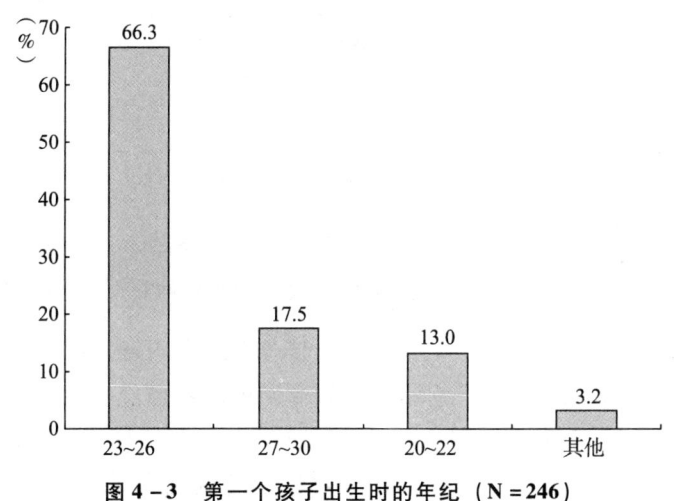

- 0个：2.4
- 1个：43.4
- 2个：49.0
- 3个：3.2
- 4个及以上：2.0

图4-3 第一个孩子出生时的年纪（N=246）

- 23~26：66.3
- 27~30：17.5
- 20~22：13.0
- 其他：3.2

2. "农村二孩"政策下的生育观念

生育观念主要是指在特定社会的经济、政治和文化因素的长期作用下，人们逐渐形成的关于生育的看法，主要包括生育意愿、生育动机和生育需求三个方面，它影响着人们的生育行为。因此，要对生育行为进行更深入的研究，就必须了解"农村二孩"政策影响下的生育观念。

（1）生育意愿

生育意愿主要是指人们关于是否生育、生育数量、生育子女性别以及生育时间的主要愿望。主要包括希望生育子女的数量（零生育不被包括在内）、人们希望生育子女的性别、人们希望生育子女的时间间隔等。笔者对翼城县A村村民的生育意愿进行了详细调查。

在希望生育子女数量方面，大部分被调查对象都希望生育两个子女，占调查总数的60%以上；一部分被调查对象希望生育一个子女，约占30%。只有很少一部分被调查对象希望不生育或生育三个及以上子女。这说明随着经济的发展和"农村二孩"政策的实行，翼城县A村村民"多子多福"的观念开始转变（详见图4-4）。

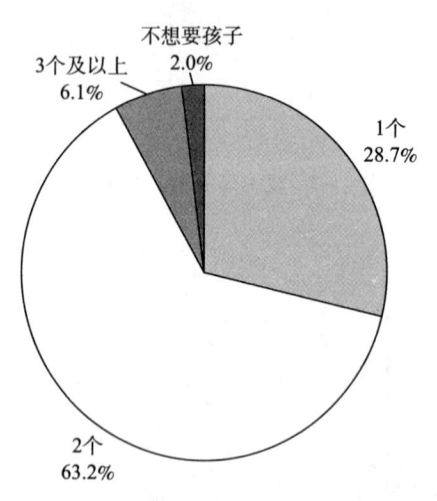

图4-4 希望生育子女数量（N=247）

在符合条件是否生育二孩方面，有33.5%的受调查对象回答在条件符合的情况下选择生育二孩，有25.4%的受调查对象已经生育了二孩，二者的比重相加约占到调查总数的60%；有23.8%的受调查对象即使在条件符合的情况下也不希望生育二孩，有16.5%的受调查对象没有明确的态度。这说明有相当一部分村民希望和已经生育了二孩，二孩政策符合农村的实际（详见图4-5）。

生育子女性别方面，在传统文化的影响下，我国一些地区的居民中存在生男的偏好，但是在调查过程中我们了解到，随着翼城县A村二孩政策的不断推进，当地村民在生育的性别偏好方面有较大的转变。有接近七成的受调查对象认为生男生女一样，有17.6%的受调查对象认为应该儿女成双，有很少一部分受调查对象有生男或生女偏好，分别占总数的8.0%和6.8%（详见图4-6）。

在生育时间间隔方面，我们可以看到与上文的生育政策相一致，一半

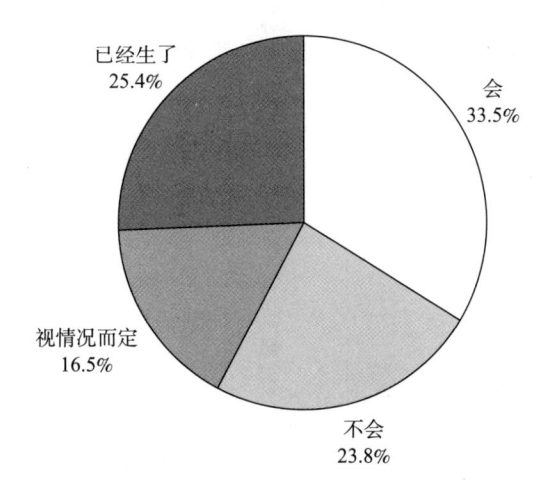

图 4-5　如果符合条件，是否会生二孩（N=248）

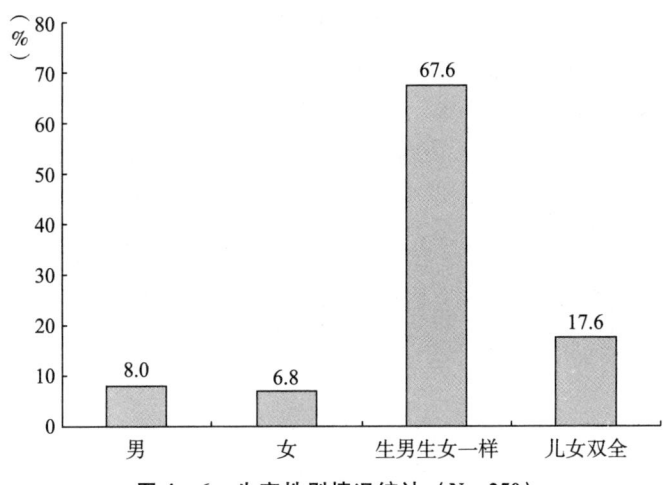

图 4-6　生育性别情况统计（N=250）

多的村民认为两胎之间的时间间隔以 3~5 年为最好；有 24% 的村民认为两胎之间的时间间隔以 6~8 年为最好；有一少部分村民认为两胎之间的时间间隔为 1~2 年或顺其自然，分别占 8.5% 和 11.8%；只有很少的村民认为两胎之间的时间间隔为 8 年以上。这说明生育政策影响了人们对于生育时间间隔的看法（详见图 4-7）。

（2）生育动机

生育动机是指人们出现某种生育意愿的原因或目的。生育动机和生育意愿具有密切的关系，生育动机在生育意愿产生的过程中具有决定作用，生育动机不同，生育意愿就不同。例如，在我国传统观念中有"多子多福"

113

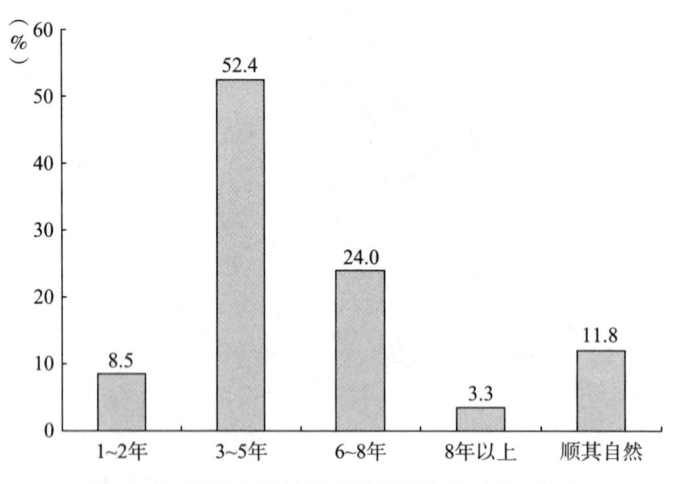

图 4-7 两胎之间最佳时间间隔统计（N=246）

和"养儿防老"的观念，这些观念既包含了生育意愿，也包含了生育动机，多生育子女的原因是多福，希望生育男孩的目的是防老。在调查过程中我们发现，不同的生育意愿主要出于以下的生育动机。

不想要孩子的原因主要包括两个方面：一是想先稳定工作，再生育孩子，占到调查总数的 36.2%；二是因为经济原因不想要孩子，占到调查总数的 36.2%。还有不想太早生育和身体原因也占到一定的比重（详见图 4-8）。

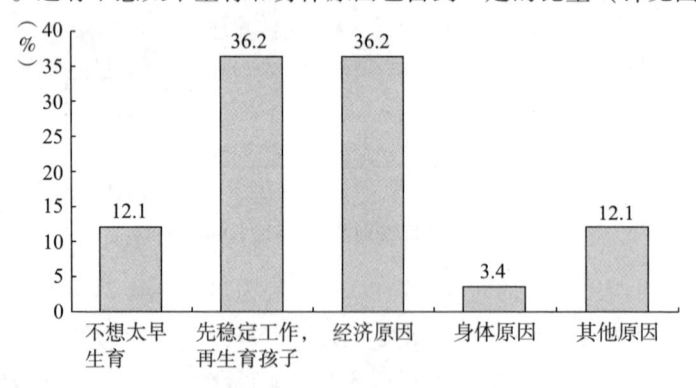

图 4-8 不想要孩子的原因（N=58）

要一个孩子的最主要原因是为孩子提供更优越的成长条件，有接近一半的受调查对象持这种观点；有接近两成的受调查对象出于经济条件有限要一个孩子；还有部分受调查对象出于工作忙、压力大和坚持计划生育基本国策的原因只要一个孩子，分别占调查总数的 10.9% 和 13.9%。由此可见，很多村民的生育动机有所改变，优生观念得到普及（详见图 4-9）。

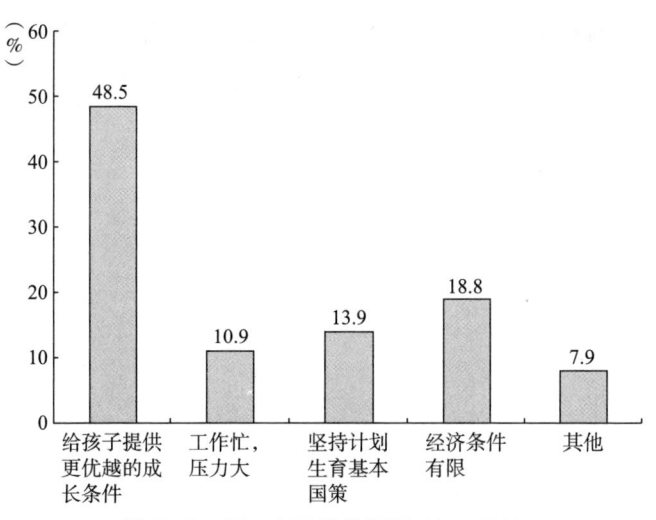

图 4-9 要一个孩子的原因 (N=101)

从父母的角度来看，有两成左右的受调查对象希望通过生育两个或者多个孩子来使自己在老年时多个依靠；从孩子的角度来看，有接近三成的受调查对象希望通过生育两个或者多个孩子来减轻孩子的赡养负担；有两成左右的受调查对象希望通过生育两个或者多个孩子给孩子找个玩伴。同时还有很少一部分受调查对象因为想要男孩、认为多养孩子没有很大负担和喜欢孩子而生育两个或者多个孩子（详见图 4-10）。

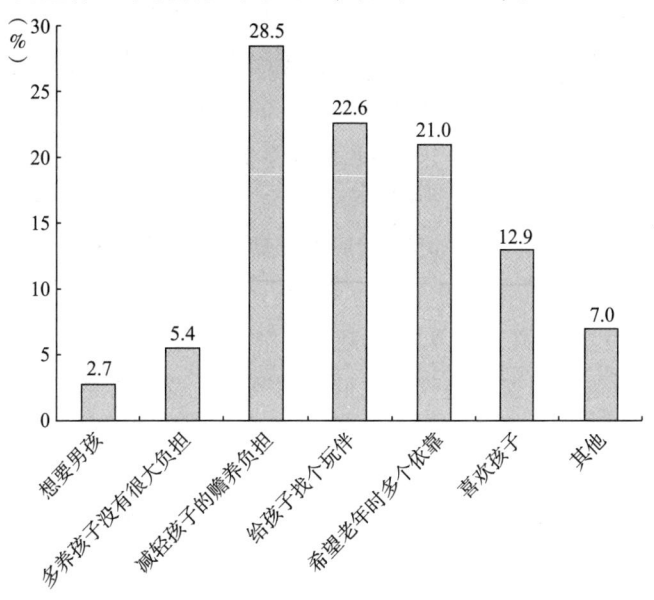

图 4-10 要两个或多个孩子的原因 (N=186)

生育孩子的影响因素，有相当一部分村民认为生孩子是天经地义的事，没有想过原因，占到受调查总数的40.9%；有26.7%的村民把孩子作为自己的情感寄托；有21.6%的村民认为生孩子考虑最多的因素是养老送终；只有很少的受调查对象认为生孩子是为了传宗接代。由此可见，人们的生育动机有了很大程度的改变，多数人不再认为生孩子是为了传宗接代（详见图4-11）。

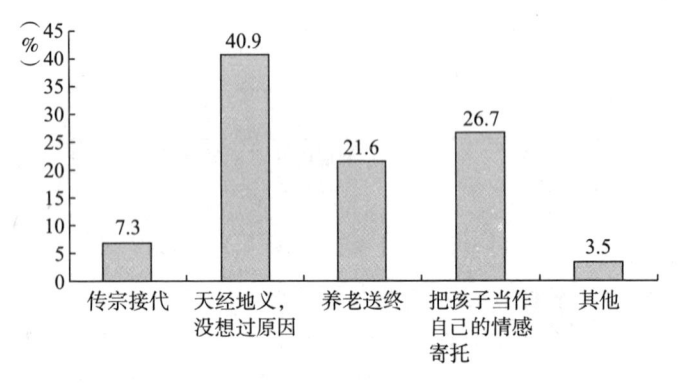

图4-11 对于生孩子考虑最多的因素（N=250）

（3）生育需求

生育需求是指从深层次的物质和精神层面来看，生育动机产生的原因。生育动机来源于生育需求。生育需求在人们参与社会生活的过程中产生，是外界的经济、政治、文化、社会等因素对人们作用的产物，生育需求离不开外界因素。例如，随着经济社会的发展，物质财富不断增加，社会养老制度建立并不断完善，"养儿防老"的生育需求逐渐淡化；随着教育水平的不断提高，"传宗接代"的生育需求也逐渐淡化，人们对生育质量的要求越来越高。因此，可以说是生育需求为生育动机的产生提供了基本动力。

现在，人们的生育动机具有多元的特征，相应地生育需求也具有多元性。在对A村进行调查的过程中我们了解到，生育需求主要分为经济型和文化型两类。经济型主要是指通过增加家庭劳动力来满足家庭经济的需求，通过养育子女来满足养老的需求，通过养育子女来扩大家庭的势力，以此促进家庭地位的提高。文化型主要是指通过养育子女来完成传宗接代和家族延续的任务，在养育子女的过程中享受天伦之乐和增加夫妻之间的情感，通过养育子女来实现自己人生的价值，承担自己的责任。

三 翼城"农村二孩"生育政策的成效、问题及启示

(一) 翼城"农村二孩"生育政策取得的成效

1. 政策目标的实现

翼城县在制定"农村二孩"生育政策之初,就制定了宏观和微观两个层面的目标。从宏观角度来说,是要在增加政策宽松性的基础上实现控制人口规模的目标;从微观层面来看,就是要从群众的实际需求出发,使群众真正拥护计划生育试点政策,使广大干部更好做工作。随着翼城县"农村二孩"生育政策的不断推行,20世纪80年代以后政策取得了一定的效果,20世纪90年代效果更加明显,国内有一部分学者开始对翼城县的"农村二孩"政策进行关注。从搜集到的资料来看,有很多学者都认为翼城县"晚婚晚育加间隔"的政策非常成功。

在调查过程中我们也发现翼城县"农村二孩"政策取得了很好的成效。主要表现在以下几个方面。

首先,在政策放宽的基础上,人口总数被控制在既定的范围内,人口规模控制的目标得到实现,翼城县人口增长具有少量、低速和缓慢的特征。统计数据显示,翼城县现有人口32万多,翼城县人口数占山西人口总数的比例呈现不断下降的趋势;随着"农村二孩"政策的推行,翼城县人口实现了向"低出生率、低死亡率和低增长率"的转变;近年来翼城县的人口自然增长率保持在3‰左右。

其次,在翼城县人口增长类型转变的过程中,与其他实施过"农村二孩"政策的地区相比,翼城县"农村二孩"政策的实施效果走在其他地区前列。翼城县被选为"农村二孩"试点县的前提是比较低的人口出生率,是计划生育先进县,实行"农村二孩"政策的基础比较好。从这个角度来看,翼城县"农村二孩"政策要取得较好的效果就必须有效地控制翼城县人口数量和人口增长速度,确保人口增长速度不会出现反弹,并且保持翼城县人口出生率和自然增长率持续平稳降低,并不断拉大与其他县(区)的差距。

再次,生育政策取得了明显的效果,多胎出生现象不断减少。有些学者通过对翼城县20世纪八九十年代多孩现象的调查,认为翼城县多孩生育现象不断减少。笔者在对翼城县A村人口问题研究的过程中,了解到翼城县多孩生育现象在近年来不断减少,妇女生育水平与政策要求生育水平之间的差距不断缩小。

最后，翼城县"农村二孩"政策的实施从当地的实际出发，满足了群众的要求，使广大农民真正拥护计划生育政策，使广大干部更好做计划生育工作。事实上，在"农村二孩"政策开始实施之前，翼城县相关部门调查了该地群众的生育意愿，调查结果显示，翼城县"晚婚晚育加间隔"政策符合广大农民群众的意愿。在对翼城县 A 村调查的过程中，我们也了解到，随着计划生育政策的不断推进，A 村村民更加拥护政府的计划生育政策。这就为人口和计划生育工作的开展营造了宽松的社会环境，可以改善计生干部和群众关系（详见图 4-12）。

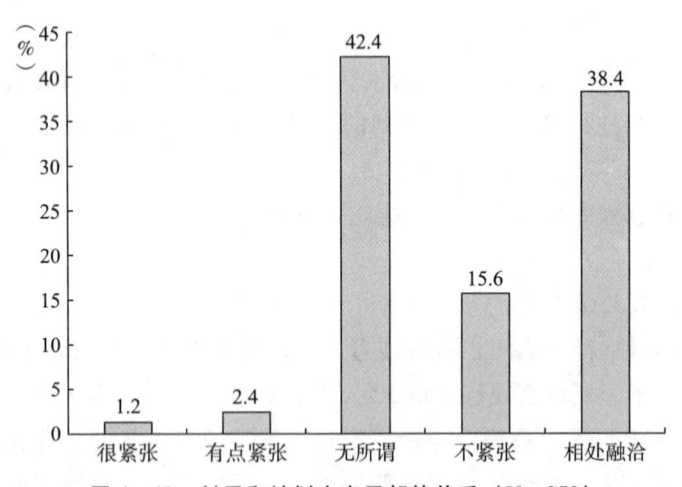

图 4-12　村民和计划生育干部的关系（N=250）

很紧张	有点紧张	无所谓	不紧张	相处融洽
1.2	2.4	42.4	15.6	38.4

2. 家庭经济的改善

二孩政策的实行，在客观上控制了家庭的人口规模，使传统的大家庭向中小型家庭转变，这就减少了家庭劳动力的负担，使家庭的收入更多地用在发展性消费上，从而促进家庭经济状况的改善和家庭生活水平的提高。在调查过程中我们了解到，大部分家庭的经济状况良好，大部分村民对自己的生活主观感受良好。与上一代相比，家庭经济状况有了较大的改善，家庭的生活支出多元化，用于满足基本生活需求的消费较少，用于娱乐性和发展性的消费支出增加。大部分村民都认为计划生育政策可以促进家庭经济的改善，对现有的生活状况感到满意。

在调查过程中我们发现，A 村家庭的人均收入与父辈相比有较大程度的提高，很多村民都表示，由于二孩政策的实行，他们可以将更多的时间用在工作上，在家务上投入的时间相对减少，尤其是对于女性来说。有 1/4 以上的家庭人均收入是父辈的 4 倍,有 1/5 的家庭人均收入是父辈的 3 倍,有 1/4 以上的家庭收入是父辈的 2 倍,只有 11.4% 的家庭人均收入与父辈的家庭人均收入持平(详见图 4-13)。

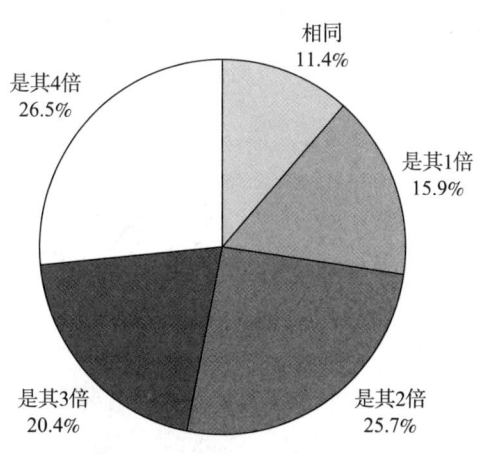

图 4-13　家庭人均收入与父辈在相同年龄段的比较(N = 245)

在生活基本支出方面,生活支出逐渐多元化,除了日常生活支出外,在生意投资、教育投入和银行储蓄方面占一定的比例。在调查过程中发现,虽然有接近六成的支出为日常生活支出,但是生意投资、教育投入和银行储蓄的比例有所增加,尤其是生意投资,占到接近二成。同时,在调查过程中我们发现,村民的医疗支出和房子支出相对较少,这说明村民的经济状况虽然得到一定程度的改善,但是还不足以承担大病、买房等重大支出,风险应对能力仍较差(详见图 4-14)。

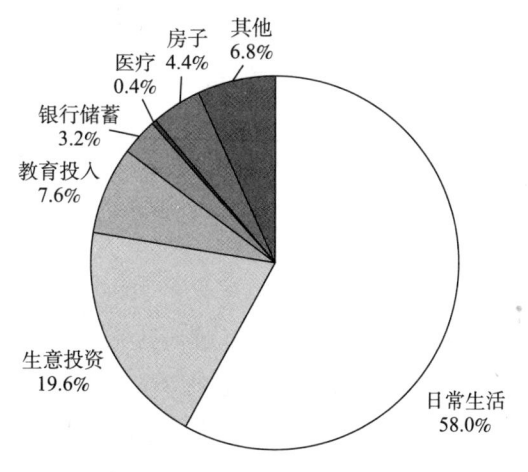

图 4-14　主要支出方面统计(N = 250)

从主观方面来看，村民对现有的生活状态感到一般的所占的比重较大，占到调查总数的51.2%；感到满意的所占的比例也比较高，为40%；感到非常满意和不太满意的所占的比重比较少，分别为4.8%和4.0%。这说明随着计划生育政策的不断推进，村民对于生活的满意感不断增加（详见图4-15）。

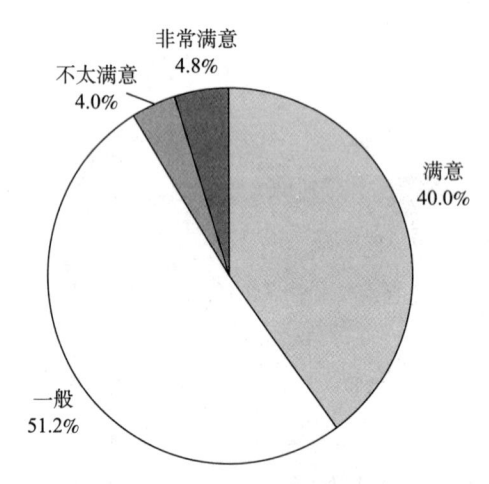

图4-15 您对现在生活水平的评价（N=250）

3. 产生良好的社会效益

各项社会政策的制定和实施，除了会实现政策的直接目标外，还可能对整个社会的发展产生深远的影响。在A村，"农村二孩"政策实施除了实现了计划生育的直接目标、人口规模得到控制外，从对整个社会发展的影响来看，一是实现了出生性别比的均衡，二是有助于农村养老问题的解决，三是"招赘婚"普遍化。

从翼城县与临汾市其他人口大县的出生性别比指标的对比来看，"农村二孩"政策对平衡翼城县人口出生性别比起到了重要作用。统计资料显示，翼城县的人口出生性别比不断下降，相比之下，临汾市其他县的人口性别比不断上升。临汾市翼城县是唯一一个出生人口性别比不断向均衡发展的县城。不过，在研究的过程中，笔者发现2000年以来翼城县人口出生性别比超过110的有两年（可能是二孩扎堆所致），但以后不久又出现了下降的态势。从总体上看，相关的统计数据和访谈资料显示，"农村二孩"政策在保持翼城县人口出生性别比的平衡和稳定中起了重要的作用。

生育政策在影响人们的生育行为的同时，还对整个社会的发展产生了深远的影响。翼城县的"农村二孩"政策在平衡人口出生性别比的同时，也有助于解决农村的养老问题。A 村农民基本都加入了新农合，40 岁以上人口大多数参加了农村养老保险。

翼城县"农村二孩"政策的实行，还促进了翼城县"招赘婚"的日益普遍化。翼城县的"农村二孩"政策在客观上造成了拥有两个女孩子的家庭数量的增多，这就为"招赘婚"的实现创造了条件：生两个男孩的家庭可以"嫁"出去一个，生两个女孩的家庭可以"招"进来一个。调查数据和访谈数据都证明了这一点。翼城县的干部和群众对这一现象持肯定的态度。这一现象的出现既是"农村二孩"政策作用的结果，也是农村养老模式变迁的结果，同时还是农民婚俗观念改变的一种表现。

4. 女性角色的变化和地位的提高

"农村二孩"政策使家庭人口数量减少，导致女性可以将更多的时间用在工作上，从而实现角色的转变，由传统的"女主内"转变为内外兼顾，可以在更大的程度上实现自我，促进女性收入的增加和女性在家庭中地位的提升。

在调查过程中我们了解到，86.4%的受调查对象认为现在妇女的经济收入与之前相比有所提高；有 12%的受调查对象认为现在妇女的经济收入与之前相比没有变化；只有 1.6%的受调查对象认为现在妇女的经济收入与之前相比下降了，这部分妇女可能是由特殊原因所致（详见图 4-16）。

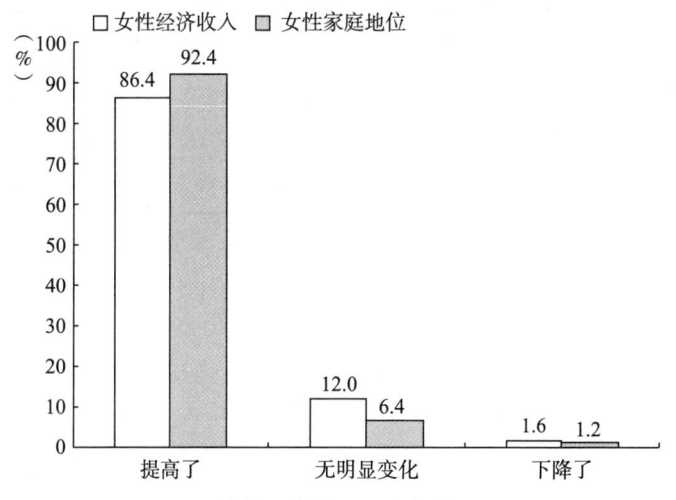

图 4-16　女性的经济收入和家庭地位（N=250）

在经济收入增加的同时,女性的家庭地位也有所提升。有九成多的受调查对象认为妇女的家庭地位较以前相比有所提高,有6.4%的受调查对象认为妇女的家庭地位与之前相比没有明显的变化,只有1.2%的受调查对象认为妇女的家庭地位与之前相比下降了(详见图4-16)。

5. 有利于孩子的成长和成才

由于家庭生育孩子数量的减少,父母可以把更多的精力用在孩子的成长和成才上,有利于少生优生目标的实现。在主观上父母更重视孩子的教育,希望孩子可以接受更好的教育,同时读书的目的也更趋于理性,对孩子的培养更加全面。在客观上,由于经济条件的改善,孩子可以到更好的学校去读书。这些都为孩子的成长提供了更加优越的条件,有利于孩子的健康成长和成才。

从主观方面来看,主要包括以下几个方面。首先,在对教育的重视程度方面,年轻一代70%的家长都非常重视对孩子的教育,25.6%的家长重视对孩子的教育,只有不足5%的家长一般、不重视或非常不重视孩子的教育。与上一代相比,父母对孩子教育的重视程度明显提高。其次,在对孩子的期望方面,有64.8%的家长希望孩子可以接受本科以上的教育,有24.4%的家长希望孩子可以接受大专或者本科的教育,4%的家长希望孩子接受九年义务教育,3.2%的家长希望孩子可以上技校或者中专,3.6%的家长希望孩子可以上高中。在读书目的方面,与上一代相比,读书目的更趋于理性,为了学知识明道理所占的比重增长了30%左右,占到受调查总数的64%;为学一技之长所占的比重也略有增加,占到受调查总数的15.6%;为了更好挣钱、为了完成九年义务教育、为了出人头地等所占的比重均有所下降。最后,对孩子的培养也更加全面。在文化知识方面的教育投入占到总投入的52.8%,在思想品德和为人处世方面的教育投入也有所增加,分别占到投入总数的21.6%和22.8%(详见图4-17、4-18、4-19、4-20)。

从客观方面来看,孩子的就学条件有所改善,有超过80%的孩子都在公办学校读书,有9.6%的孩子在民办学校读书,只有很少一部分孩子在农民工子弟学校读书。同时,与上一代相比,家庭经济对孩子教育的影响有所减少,下降为31.6%,乡村学校设备以及师资落后、周围的环境、孩子自身对学习的态度对孩子教育的影响有所增加。这说明虽然乡村的经济条件有所改善,教育环境有所改善,但是与城市相比还有很大的差距,还需要进一步改进（详见图 4-21、4-22）。

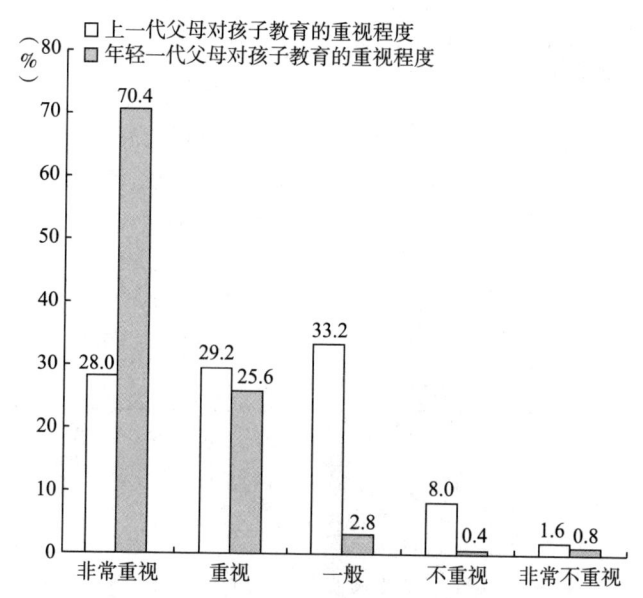

图 4-17 两代之间教育重视程度对比（N1=250，N2=250）

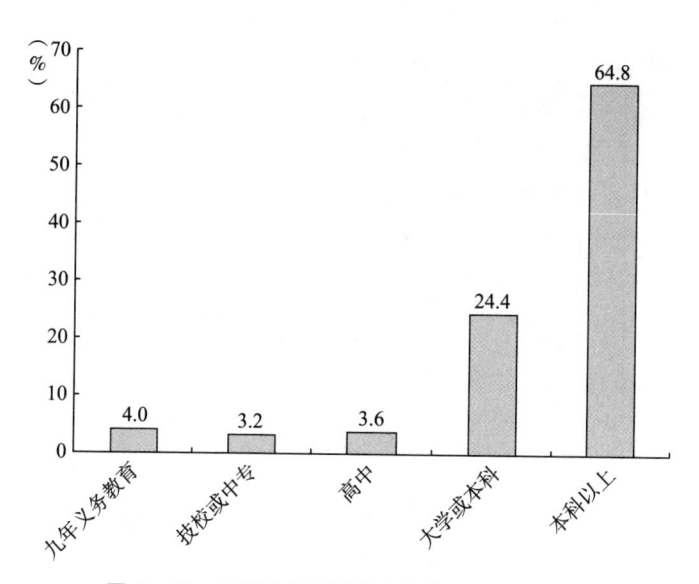

图 4-18 父母对孩子受教育的期望（N=250）

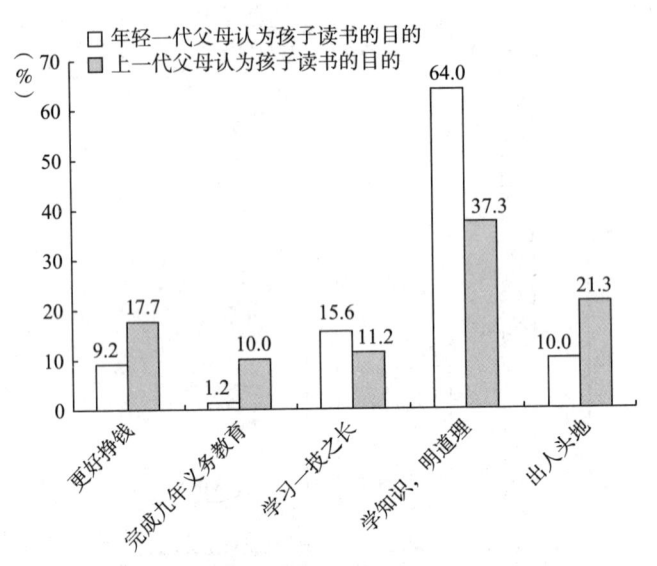

图 4-19　两代之间读书目的对比（N=250）

说明：上一代父母在数据统计时有缺失值。

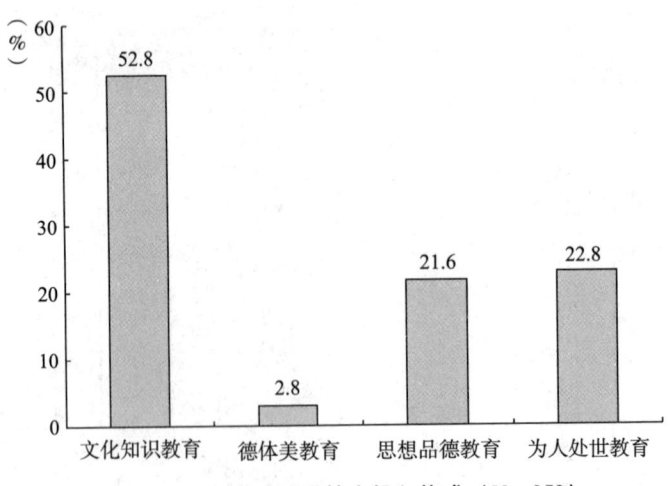

图 4-20　父母对孩子精力投入构成（N=250）

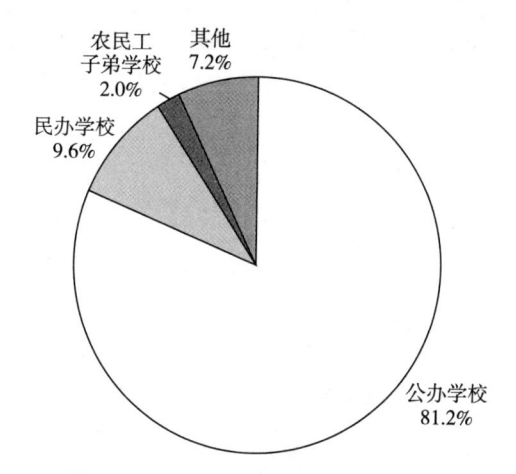

图 4-21 孩子的就学条件（N=250）

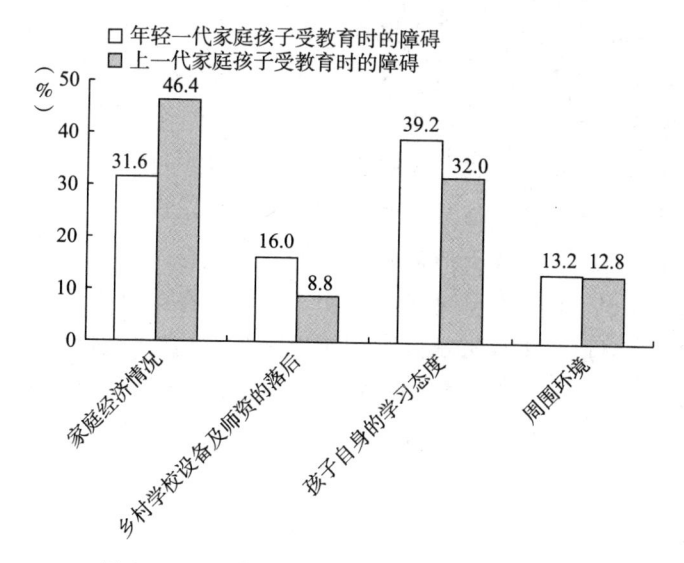

图 4-22 两代之间受教育障碍对比（N=250）

（二）翼城"农村二孩"政策在执行过程中遇到的问题

1. 目标管理责任制存在一定问题

人口与计划生育目标管理是指"运用科学原理，在一定地域范围内，将某一时期的计划生育工作任务化，制定科学的目标体系，进行最优化的治理，力求取得最佳效果的群体管理活动"[①]。人口与计划生育工作目标管

---

① 萧爱国：《新时期人口与计划生育工作研究与实践》，人民日报出版社，2003，第301页。

理责任制是指在计划生育政策实施的特定时期和区域内，采取明确责任、及时检查、量化考核等方式，将人口和计划生育工作目标管理的责任落实到相关部门。

我国计划生育工作的管理制度是党政"一把手"负总责，首先由省（自治区、直辖市）政府确立计划生育工作的总目标，然后将目标传达给市（区）、县、镇（乡）政府，再由各级政府将计划生育的相关任务下达给各级计划生育委员会及有关部门，上下级的责任层层捆绑，同级责任逐渐扩散。计划生育工作的这种执行体制具有"上面一根针，底下万条线"的特征。这种体制有利于各级领导和有关部门更加严格地控制人口规模，有利于有关部门将做好计划生育工作作为自己的责任，定期进行考核，可以明确相关部门的责任，调动相关部门工作的主动性，但是目标管理责任制也有其弊端。主要表现为以下几个方面：首先，上级部门掌握了计划生育方面的过多职权，但是我国不同地区有不同的情况，上级部门不能从不同地区的实际出发下达具体的解决措施。其次，导致很多基层计划生育工作无法开展。在调查过程中，我们了解到，在翼城县A村计划生育工作开展的过程中，基层很多工作往往需要领导亲自下达指示和进行指导，有一些领导由于要承担各种工作没有时间对基层的计划生育工作进行亲自指导，这就导致基层计划生育工作效率不高，很多计划生育工作无法开展。与此同时，在编人员一般不愿从事基层计划生育工作，基层计划生育工作一般都由无编制的"临时工"负责。无编制的人员一般专业知识和专业技能缺失，相关法律知识缺失，在处理各种突发性事件的过程中，要么通过强制措施解决，要么不管不顾。计划生育基层队伍能力不强，影响了很多计划生育工作的开展。

目标管理责任制的弊端，造成翼城县A村基层计划生育工作执行过程中出现种种问题。首先，上级部门目标任务下达的不合理，造成基层计划生育工作执行的困难，长期以来，为了应对上级的考核和检查，基层执行的主动性缺失，甚至出现了做表面文章的现象。其次，基层工作人员素质不高，造成基层计划生育工作执行程序和执行手段不合理，基层计划生育工作难以落实。最后，目标管理责任制的弊端造成各部门之间不能进行很好的配合。人口和计划生育工作的相关信息不断变化，加之近年来我国人员流动频繁，只有计划生育、劳动管理和民政等相关部门相互合作才能及时掌握有关计划生育工作的相关信息，但是由于相关部门不能进行很好的配合，出现了新生儿的信息不能及时更新，也不能及时对超生现象进行处罚等现象。

2. 流动人口管理困难

A村地处翼城县县城附近，遇到了流动人口计划生育管理的问题，这些问题主要有以下几点。

首先，流动人口计划生育工作管理和服务对象不明确。以下几种人员是流动人口管理和服务的主要对象：一是"现居住地不是户籍所在地"，主要针对居住地变化的人口，一般主要是指跨乡（镇）以上的地域流动，分为跨乡（镇）、县（市）和省（自治区、直辖市）三级。近年来，我国流动人口不断增加，但是人口和计划生育管理工作很难在这部分人员中开展，这就导致这部分人口可能违反计划生育政策进行多胎生育。二是"可能生育子女的妇女"的界定模糊，对这部分妇女可以从主观和客观两个层面对其进行理解。从客观的层面来看，主要是指处于育龄期，同时又具有生育能力的妇女。从主观层面来看，主要是指从心理上有生育愿望的妇女，但是这部分人员界定困难，人员复杂，尤其是已经进行了节育但仍希望继续生育的那部分妇女。界定的模糊造成了计划生育工作的困难，不能及时发现流动人口的超生现象。同时还存在流动人口收买计划生育工作相关人员的隐患。三是"已婚育龄人员"的隐婚、隐孩难识别和应对。《婚姻法》规定："男不得早于22周岁，女不得早于20周岁结婚。"[1] 也就是说男性年满22周岁，女性年满20周岁才会成为我国流动人口计划生育工作管理的对象，但是从医学上看，我国女性年满15周岁即进入育龄期，49周岁才会结束。因此，这一规定就造成了对"隐婚""隐孩"管理的缺失。

其次，流动人口计划生育法规不能与其他工作部门的职能相衔接。比如，《流动人口计划生育工作管理办法》规定："公安、工商和劳动就业等部门在审批成年流动人口暂住证、营业执照、务工许可证等证件时，应核查其《婚育证明》，无《婚育证明》的，不得批准。"[2] 但是在具体执行的过程中，相关部门往往从专门法律出发，不对《婚育证明》进行审查，因此，造成在执行计划生育政策的过程中，相关部门不予积极配合，从而影响了计划生育政策的执行。

---

[1] http://www.gov.cn/banshi/2005-05/25/content_847.htm.
[2] http://www.gov.cn/zwgk/2009-05/20/content_1320203.htm.

再次，计划生育工作经费不足，装备陈旧，没有建立完善的治理机制。表现为：一是在计划生育工作中由于经费不足，影响了计划生育工作的宣传、避孕药具的购置以及节育技术的改进。二是由于装备陈旧，影响了计划生育工作效率的提高。三是没有建立完善的治理机制。在我国对流动人口计划生育管理过程中，流入地和流出地之间没有及时进行交流和沟通，成为影响计划生育工作的"瓶颈"。虽然我国全部免除流动人口计划生育工作费用，但是相关部门之间却相互推诿不能及时支付流动人口的计划生育费用，流入地和流出地相互推诿，不能密切配合，影响了完善的治理机制的构建。

最后，计划生育政策在各个地区的不同，影响了基层计划生育工作的开展。虽然为了对全国的计划生育工作进行管理，我国制定了《中华人民共和国人口与计划生育法》，而各个省、自治区、直辖市都从本地的实际情况出发，制定了《人口与计划生育管理条例》等地方性的法规对本地区的计划生育工作进行管理。但是流动人口来自我国的不同地区，对他们进行管理的法规也各不相同，这就造成了对其进行管理的困难。现居住地计划生育部门无法对流动人口是否是政策外生育进行准确定位，或者对其违法生育行为进行准确定位，更为特殊的是流动人口中那些夫妻户口不在同一地区的，具体执行更为困难。

3. 财政投入不能及时落实

我国人口和计划生育的经费主要由以下几个方面构成：一是国家的财政投入，主要由人口和计划生育事业费、基本建设投入和科技经费投入三部分组成。二是社会投入，主要是指在计划生育政策执行过程中由各部门、企事业单位所承担的费用。三是社会抚养费和计划生育乡统筹费，主要是指超生家庭所缴纳的费用和乡（镇）合作经济组织在不违反法律的前提下向有关单位和个人征收的用于计划生育工作组织和实施的费用。四是在计划生育方面，国际社会提供的资金支持。其中我国计划生育工作经费的主要来源是政府的财政投入，我国各级财政部门必须保证提供充足的资金用来开展计划生育工作。但是在计划生育政策执行过程中，有些财政投入往往不能落实到位。

随着我国经济、社会转型的加速，对计划生育工作的要求越来越高，我国政府也将更多的经费投入到计划生育工作中，以推进计划生育工作进一步向前发展。但是，我们在对翼城县计生工作进行调查的过程中发现，一些经济发展比较慢的乡镇,在我国取消农业税之后,收入来源减少,资金投入不能及时落实,导致不能及时对计划生育政策进行宣传、不能及时改善与计划生育相关的设施和技术,从而导致有些计划生育工作不能落实到位。

4. 计划生育工作服务效率低

第一,宣传工作不到位。人口和计划生育宣传是指为了对民众的生育意愿和生育行为进行引导,通过媒体、张贴标语等形式向民众宣传党和国家在计划生育方面的方针和政策。虽然近年来我国采取了许多措施对计划生育工作进行宣传,如我国计划生育部门建立了专门的网站宣传计划生育的政策,同时我国政府还通过相关媒体、书籍、演出等方式宣传计划生育方面的法规、专业知识、健康的生育观念等;我国不仅在机关单位对计划生育工作进行宣传,同时还在社区、农村对计划生育工作进行宣传。但是我国计划生育工作还有很多问题亟待解决,没有从当地的实际出发进行宣传,宣传工作缺乏针对性和可操作性,从而导致一些宣传工作重视形式而忽视实际效果。

第二,计划生育技术服务不到位。随着我国改革开放的不断深化,我国居民的物质生活水平进一步改善。因此,人们对下一代越来越重视,这就要求不断提高计划生育的服务水平。一方面计划生育技术服务在抓好查孕补救、查环补环、查病治病等工作的同时,更要将工作的重点向孕前检查、优生优育、避孕节育、生殖健康指导等方面转移;另一方面提高计划生育服务质量,就需要不断提高计划生育工作队伍的专业化水平。但是,在调查过程中我们了解到,有相当一部分基层计生工作人员专业水平较低,没有考取医师资格证书;一些计生工作人员由于年龄偏大,同时文化素质较低,接受新的技术相当困难。因此,这就使得部分群众不信任计生工作人员,怀疑计生服务的效果,对计生服务抱有消极的态度。

第三,陈旧的计生服务设备。随着我国经济社会的发展,群众的需求进一步提高,群众对计生服务提出了更高的要求。但是在调查过程中我们了解到,翼城县Ａ村的计划生育服务所使用的设备有相当一部分是20世纪90年代购置的。随着技术的不断更新,这些设备的问题不断暴露,例如老化严重、服务功能不全面、操作缺乏规范等,严重影响了计划生育服务工作的开展。同时受到翼城县资金和技术的制约,翼城县不能及时对这些设备进行更新换代。这就导致群众不信任检查的结果,怀疑计生设备的功效,从而影响了计生工作的有效开展。

(三) 翼城县二孩政策的启示

1. 二孩政策的潜在风险

(1) 人口素质逆淘汰

英国优生学家弗朗西斯·高尔顿 (Francis Galton) 最先提出了"人口素质逆淘汰"这一概念,认为达尔文的进化论也适用于社会领域,他提出由于科学技术、法律和社会道德等因素的影响,一些本应生存下来的强者却被社会所淘汰,而一些不适应社会环境的弱者却没有遭到淘汰。这种现象的实质是由于低素质人口对高素质人口挤压而出现的与进化论相反的人口逆向选择。"人口素质逆淘汰"是指在社会总人口中,高素质人口所占的比例随着时间的推移不断减少,低素质人口所占的比例随着时间的推移不断扩大的情况。

20世纪80年中后期,由于独生子女政策的全面推行,我国"人口素质逆淘汰"现象明显,已受到了社会各界的广泛关注。在我国计划生育政策执行过程中,很多地方城市计划生育政策较紧,只准生育一个孩子,农村则相对较松,在条件满足的情况下可以生育两个孩子,这样做的结果是造成农村的生育率高于城市,生育率在城乡之间明显不同。这种城乡不同的生育政策,有"福利"性质,从政策制定的目的来看,农村实行相对宽松的计划生育政策是为了对农村贫困家庭、残缺家庭和少数民族家庭进行照顾,解决其生活生产中遇到的问题。但是孩子首先是一个生命个体,与福利有很大的差别,在生命的早期阶段需要消耗一定的物质财富和精力,这在一定程度上增加了贫困家庭的负担,同时生命的诞生并不能说明他一定会成长为高素质的劳动力,而为社会所需要。

当然,与城市家庭、富裕家庭的孩子相比,农村家庭、贫困家庭的孩子不是先天素质就低。但是,后天环境在个人成长过程中发挥着重要的作用。一般来说,与城市、富裕家庭的孩子相比,农村、贫困家庭的孩子在自身成长环境、教育条件方面相对较差。而我国一般对老少边穷地区、农村家庭实行相对宽松的计划生育政策。在这一政策背景下,在我国社会总人口中,素质较低的人口在总人口中可能占相当的比例。从联合国的统计资料中可以看到,我国人口素质与世界各国相比相对较低,我国人口健康水平、人均受教育程度、人类发展指数等都在世界平均水平之下,这在一定程度上将会影响我国的发展。

(2) 生育权不平等问题

从我国申请二孩的条件可以看出我国生育权不平等主要表现为以下几个方面。

首先,生育权在民族方面的不平等。我国相关文件规定,在夫妻双方都是少数民族的条件下,可以生育二孩。虽然我国是一个多民族的国家,由汉族和55个少数民族构成,各民族的人口总数各不相同,但是这并不应作为对少数民族实行宽松的计划生育政策的理由。同时我国也制定了平等的民族政策:我国各民族一律平等,没有民族可以享有特权。因此,我国应该在民族之间实行平等的计划生育政策。我国不应从各个民族人口总数出发,对汉族夫妻的生育行为进行严格控制,这与民族平等这一政策是相悖而行的。

其次,生育权在地区之间的不平等。虽然我国长期实行计划生育政策,但是并没有制定具体的标准。2001年《中华人民共和国人口与计划生育法》第十八条规定,"提倡一对夫妻生育一个子女;符合法律、法规规定条件的,可以要求安排生育第二个子女。具体办法由省、自治区、直辖市人民代表大会或者其常务委员会规定"[①]。由此可以看出,生育二孩的条件是由各地政府从本地实际出发自主决定的,对生育二孩的细节并没有进行具体的规定,这就为各地政府提供了自由裁量的权力,影响了各个地区生育权平等的实现。

2. 翼城县农村试点二孩政策的启示

要对翼城县二孩政策进行总结和借鉴,最主要的问题是要明确"应该学习什么"和"如何学习"的问题。虽然翼城县二孩政策的经验可以运用到其他地区,但是在学习和借鉴的过程中,要避免照本宣科,要重点领会翼城县二孩政策的精髓。

第一,尊重群众的生育意愿。我们认为农村大多数群众的最低生育愿望是一对夫妇生育两个孩子。与一孩政策和一孩半政策相比,二孩政策更符合我国群众的愿望,更符合我国农村的实际,因此受到了广大农村群众的欢迎。实行二孩政策,将我国控制人口增长的目标与家庭的生育愿望结

---

① 《中华人民共和国人口与计划生育法》,http://www.gov.cn/banshi/2005-08/21/content_25059.htm。

合在一起，在控制我国人口规模的同时满足广大群众的生育愿望，体现了党一切从实际出发，实事求是的思想路线，是落实科学发展观的具体体现，定会受到广大人民群众的拥护。因此，在实行计划生育的过程中，要"以人为本"，充分考虑广大人民群众的生育愿望，将人民群众的利益作为计划生育工作的出发点和落脚点。计划生育政策的制定不仅要从我国社会经济发展情况出发，更要从群众的基本需求出发，尊重和维护广大群众的基本权益，在计划生育政策执行过程中赋予群众选择的权利，只有这样才能有效应对各种人口问题，才能为我国经济社会的发展提供必要的人力资源。同时，从我国现有的实际出发，群众想要生育二孩的要求应该说是合理的。一方面，我国人口数量问题并没有预估的严重；另一方面，我国经济社会的发展需要适当调整人口政策，应从实际出发允许农民生育二孩。

第二，借鉴翼城县农村二孩生育的经验，要从地区发展的实际出发，切忌生搬硬套。如果脱离了当地的实际，一味地模仿，是不可能成功的。"政策越接近群众的生育意愿，越接近群众的需要，群众越能自觉地遵守和维护这个政策，干部的工作也好做一些。"①

第三，借鉴翼城县农村二孩生育的经验，要树立"以人为本""以群众需求为本"的计划生育工作理念，要构建完善的计划生育工作机制。只有从群众的需求出发，才能营造更和谐的计划生育工作环境，才能更有效地开展计划生育工作。只有建立健全计划生育工作机制，才能不断促进计划生育工作的规范化、标准化，才能提高计划生育工作的效率。

四 全面放开农村二孩生育的建议

（一）评估农村"全面"放开生育二孩的生育环境

"全面"二孩是指全面放开农村二孩生育，每对农民夫妇都可以生育两个孩子。要推进二孩生育的法治化，为二孩政策的推行提供法律依据。

随着全国范围计划生育政策的推行，20世纪70年代以来我国生育水平有了较大幅度的下降，随着计划生育政策的进一步推行，20世纪90年代初我国生育水平开始低于人口世代更替水平，到目前为止，我国已经有20年左右的生育水平低于人口世代更替水平。要实现一个国家的人口得以世代

---

① 刘爽：《农村地区"晚婚晚育加间隔"二孩试点生育政策研究——山西省翼城县调研报告》，中国人民大学人口与发展研究中心"二孩地区人口态势"课题研讨会论文，2007-9-16。

延续，平均每对夫妇需要生育 2.1 个孩子。一个国家生育水平在人口世代更替线以上还是以下是对一个国家生育水平和人口增长速度进行评价的重要标志。

我国二孩政策的实践表明，实行二孩政策并不会造成人口的过快增长。1985 年刘日任石家庄县委书记时，在调研计划生育的过程中发现了一个现象——"2 小于 1"，即假如实行二孩政策，比实行一胎政策的人还少。[①] 笔者在对翼城县 A 村进行调查的过程中也了解到，与独生子女政策相比，二孩政策为广大群众提供了更大的选择空间，这一政策是村民生育意愿的反映，满足了群众的生育需求。生育政策从当地的实际出发，将国家整体利益与村民的利益结合在一起，在实施的过程中得到了广大群众的大力支持，从而减少了计划生育政策执行的阻力，可以提供高质量的计划生育服务，促进计划生育工作的顺利开展。同时，在调查过程中我们还了解到，与周围地区相比，翼城县 A 村的妇女生育率相对较低，并没有超过世代更替水平，也没有出现人口过快增长的现象和三胎以及多胎生育的现象。翼城县的农村二孩政策开始于 30 年前，经过 30 年的改革开放和市场经济的推行，我国经济发展水平不断提高，群众的受教育水平得到很大程度的提高，群众的思想观念发生了很大程度的转变，这就为我国二孩政策的实行提供了条件。因此，我国应逐渐放开农村二孩生育。

我国已经经过了人口增长的高峰期，同时我国妇女生育水平已处于世代更替水平以下，虽然受到人多惯性的影响，我国总人口数会继续增加，但是增长的速度在减慢，之后几年我国可能进入人口零增长和负增长阶段。同时随着我国市场经济的不断推进、群众受教育程度的不断提高、养育子女成本的不断提高和生活节奏的不断加快，越来越多的年轻人不愿意生育二孩或者更多孩子，甚至在我国一些地区出现了"丁克"家庭增多的现象。

因此，随着我国城市化的推进，我国农村居民的生育意愿和生育行为也在不断转变，我国独生子女政策已经不适应我国经济社会发展的要求。但是过快地对计划生育政策进行调整，可能导致生育潜能的集中释放，可能带来利益格局的过快转变，所以，应该分步骤、分阶段地实施农村二孩生育政策。

[①] 国家统计局：《2011 年农村居民人均纯收入比上年增长 17.9%》，http://www.cnstock.com/index/gdxw/201201/1805379.htm#，2012 年 1 月。

(二）提倡"晚婚晚育加间隔"生育二孩

我国妇女的生育水平已经低于人口世代更替水平，我国人口增长速度开始下降，我国农村居民的生育意愿和生育行为也发生了较大程度的转变。因此，我国应该对现有的计划生育政策进行调整，逐渐放开农村二孩生育。但是为了避免农村二孩政策的实施造成农村生育潜能的过快释放和农村利益格局的过快转变，应通过晚婚晚育和间隔生二孩的方式对农村妇女的二孩生育进行调控。

在调查过程中我们了解到，翼城县A村通过"晚婚晚育加间隔"的二孩政策很好地控制了人口的增长速度，使生育水平和人口增长率与周边地区相比较低，同时也没有造成人口出生性别比的失衡。因此，可以将翼城县A村的经验向其他地区推广。

实现晚婚晚育，一方面可以控制人口数量的过快增长，实现控制人口增长的目标，可以在满足群众二孩生育需求的同时达到控制人口规模的目的；另一方面可以提高人口素质，实现优生优育的目的。实行间隔生育，首先，可以促使生育潜能逐渐得到释放，可以减少随着出生人口增多而带来的教育和就业压力，可以在一定程度上减轻社会负担。其次，间隔生育可以使计划生育二孩的夫妇有时间为二孩生育提供充足的物质基础，可以使计划生育二孩的夫妇有时间和精力照顾第二个孩子，同时有利于农村妇女身体的恢复和健康。

随着我国一胎化计划生育政策一些弊端的不断暴露，实行晚婚晚育加间隔的二孩生育政策应该是我国计划生育政策调整的必然选择。虽然在调整的过程中可能会遇到困难，但是我国政府必须从实际出发，借鉴现有的二孩生育地区的经验对现有的生育政策进行调整。

(三）加快创新计划生育长效机制

1. 创新选人机制，激发队伍内在活力

首先，促进"网底"的稳固，保持低生育水平。我国村级计生主任采用两委推荐、统一考试、乡镇聘用、村级使用的方式进行选聘，其工资由乡（镇）财政予以拨付，其奖励在年终可以得到及时兑现，其退休按照国家规定进行，这一制度在实践的过程中不断完善，有利于发挥村级计生人员的主动性。在坚持这一政策的前提下，有些乡镇从本地的实际出发，根据村的规模和集中程度，实行"联村主任制"和"村级计生主任职业化"的计生人员管理改革，人口较少、相距不远的几个村子由同一个计生主任负责，这就可以减少政府计生工作人员、提高计生工作效率。

其次，通过"三三制"改革，促进乡级计生队伍的优化。在乡镇计生队伍建设中，改变原有的级别、资历、身份的限制以及原有的不同乡镇之间的界限，实行"三三制"——人员聘用制、责任承包制和绩效工资制改革，在人员选聘的过程中实现公开竞争、双向选拔和择优聘用。选聘方式的转变，将提高乡镇计生队伍的素质，有利于计生队伍积极主动性的发挥。

最后，实行协管干部制，加强计生领导班子建设。通过协管干部制度对计划生育工作进行领导。在一个好的班长的领导下可以形成一个好的班级；在一个良好的班级影响下，可以形成高素质的班级成员、良好的班风。计生部门应协助下级党委管理计生工作。计生部门协助下级党委管理计生工作是指上级计生部门在进行深入调查的基础上，要及时向下级党委反映所发现的情况，及时向下级党委提供有关计生干部任免、调动、奖惩、交流等方面的意见；下级党委在决定对计生干部进行任免、调动、奖惩和交流时，要先征求上一级计生部门的意见。这一制度的推行，可以充分发挥上级计生部门的指导作用，可以增强计生系统的合作与交流，为计生干部的成长提供很好的平台，有力地推动计生工作的开展。

2. 进行制度创新，增加队伍活力

首先，通过量化的方式对计生工作人员进行考核。从乡到村实行计生干部全员目标责任制，把每个计生人员的工作进行量化。在每年工作的开始，计生人员要签署《责任书》，该责任书要具体规定计生人员在本年度应该完成的具体任务。在年终以《责任书》为依据对相关人员进行量化考核。这就可以调动计生工作人员的积极性和责任心。

其次，全面推行绩效工资制。在工资的发放过程中，要将按劳分配和按生产要素分配相结合，效率与公平相结合，通过各种方式不断促进内部分配自主权的扩大，从岗位出发确定酬劳，将分配进一步搞活，在确定工资的过程中充分考虑工作绩效。同时要将工资分为固定工资和流动工资，把流动工资作为再分配的一部分，适当拉开员工收入的差距，从而调动员工工作的积极性。

再次，不断加强监督。进一步拓宽监督的渠道，使广大群众和社会可以对计生工作进行监督。设立专门的监督电话，对群众的来电进行及时解答和处理；制定完善的举报制度，对群众的举报行为进行奖励；设立专门的访问接待日，接受群众来访；设立专门的计生监督员，由社会各界人士担任；开展"上级评价"和"行风评议"①活动。通过以上方式对计生工作人员进行监督，及时发现计生工作中存在的问题，并及时予以调整和改正。

最后，建立完善的激励制度。第一，我国政府要定期召开计生工作奖励大会，奖励在计划生育工作中做出贡献的部门和人员，惩罚在计划生育工作中失职的人员。第二，我国各级计生部门应以年度考核和"上评下"的结果为依据，对相关人员进行奖励和惩罚。第三，我国计生部门要定期对计生干部进行考察和民主测评，对综合考评靠后的干部给予警告，将屡次考评都靠后的干部调离。

---

① 行风评议（全称为民主评议行风，2005年起称为民主评议政风行风），是指在各级党委和政府的领导下，依靠来自社会各界的群众代表，对与人民群众生活关系密切的行政执法、经济管理和公共服务等部门和行业风气，在全面深入的调查、分析、归纳的基础上，进行公开评议，做出评价。

第五章　翼城县 B 村二孩生育政策实施情况研究

一　绪论

(一) 研究的问题与意义

1. 研究的问题

1979 年以来开始实施的计划生育有效控制了中国的出生人口数量，并与其他因素一道，在一定程度上提高了妇女的社会地位，改善了新一代人口的素质。自 20 世纪 80 年代初中国开始实行严格的计划生育工作，在全国范围内推行一胎化生育政策。在这一政策框架中，我国各地区的生育政策大体可分为四类：一类是严格限制生育二孩的条件，绝大部分人口只能生育一个孩子；第二类是在农村地区第一胎为女婴的夫妇可以生育二孩，即所谓的 1.5 孩政策；第三类是农村地区普遍可以生育二孩；第四类是对少数民族、归侨等采取更加宽松的生育政策。从全国来说，实行一胎政策所覆盖的人口大体占到全国总人口的 35.4%，1.5 孩政策覆盖到 53.6% 的人口，二孩政策覆盖到占全国 9.7% 的人口。[①]

现行的多数地区所采用的一胎生育政策 (One-child Policy) 对于中国的较高生育率起到了一定的遏制作用，从 1992 年到 2010 年这 18 年间，中国的人口总和生育率保持在低于 2.1 的水平。但经过 30 多年有效的人口规模控制和十多年的持续低生育水平，伴随现行的生育政策出现了一些不可忽视的、消极的社会和人口后果。在利弊共存的情势下，未来的生育政策何去何从成为当前政府和学界共同关注的焦点问题。虽然在当今社会，人们对于生育政策是否需要调整尚有诸多争议，但除少数不同意见外，对调整

[①] 易富贤：《大国空巢：反思中国计划生育政策》，中国发展出版社，2012，第 121 页。

现行生育政策的必要性，已经达成基本的共识。尽管如此，学界在何时调整政策、如何调整政策等问题上还存在分歧，存在多种声音。其主要原因在于，我们未能明确掌握生育政策与诸多相关问题之间的关系，包括政策与生育水平的关系。换言之，政策放宽后，生育水平是否会出现反弹现象？一方面，我们要巩固现行生育政策的成果，继续稳定低生育水平；另一方面，我们也必须尽量避免、努力克服与政策相伴生的诸多社会人口问题。复杂的人口情势给政府和学界提出了严峻的挑战。那么，按照中国目前的社会和经济发展水平，允许不允许将严格的一胎生育政策调整为二孩生育政策呢？如果允许，什么时间调整合适，调整后会产生什么后果，会不会出现生育率水平的大幅度反弹呢？要回答这一系列问题，需要进行深入的调查。

当学界及政府部门对这些问题争论正酣之时，山西省临汾市翼城县迎来了"晚婚晚育加间隔"二孩生育政策的第30个年头。山西省临汾市翼城县作为首个持续坚持放开农村二孩生育政策的试点成为了人口学家和国内外媒体关注的焦点。

对翼城县实行的二孩生育模式所产生的地区人口效益，许多学者也提出了疑问：翼城县现有的生育行为和生育意愿是社会经济发展的结果吗？如果是这样的话，那么翼城县实行的"晚婚晚育加间隔"的人口政策对翼城县当地社会、政治、经济以及文化等方面的影响如何？如果不是的话，那么翼城县所表现的生育行为是政策干预的结果，还是什么？

2. 研究的意义

带着以上问题，本文对翼城县B村进行了实地调研，B村是翼城县一个贫困农村。研究B村二孩生育情况的意义在于以下几点。

第一，选择更为合理的人口政策是中国社会发展的客观趋势。优化我国人口结构、进一步凸显"人口红利"刻不容缓。目前，越来越多的学者和人口专家认为，我国当前的人口政策导致"4-2-1"家庭代际结构，会使得我国加速进入老龄化，人口结构中的"老中青"结构不合理，劳动力锐减。当前和今后相当长一个时期，我国应将制定和选择更为合理的人口政策作为一项重要任务，加快优化人口结构进程，改变老龄人口比例过大的情况、解决出生人口性别比失调等方面的问题。翼城县实行的二孩生育经验，对人口结构的缓慢转变、缓解老龄化趋势提供了新的模式和具有政策参考的价值。

第二，人口政策的"更换"是实现和谐社会的重大战略选择。人口政策对于社会、政治、文化、经济的影响是不可忽视的，合理的人口政策有利于促进社会的协调发展。人口数量、教育程度、性别、年龄结构等方面的合理化为和谐社会发展提供了有利的助推器。

二孩既满足群众的生育意愿，又达到了控制人口的目的。翼城县"晚婚晚育加间隔"的人口政策不仅达到了政策的目标效果，而且解决了干部与群众的矛盾关系问题，民众拥护这一生育政策，生育政策达到了当初设想的要求。过去"强制型"控制人口增长实施起来难度相对较大，尤其是在农村，这一现象更为明显，超生、偷生的现象屡禁不止。现在情况则相反：首先，由于"晚婚晚育加间隔"的生育政策，使得民众的抵触心理相对降低。其次，早婚早孕，多胎生育，以及人工流产在一定程度上降低，对于女性的心理健康和身体健康都有着非常重要的意义，为今后国家制定人口政策提供了参考和导向。翼城县试点避免了一孩政策的种种弊端。

第三，翼城县二孩生育试点的成功为今后制定人口政策提供了蓝本。首先，样本村是中国农村一个很普通的村，从空间上来讲，具有很大的代表性。其次，翼城县从1985年实施试点政策以来，在不断与时俱进、不断完善管理条例，尽管有不少条款未必适宜全国，但是也能提供一定的借鉴意义。需要推广的是能承载核心价值和优势的二孩政策本身，这种核心价值就是"和谐"，是人口数量控制与结构的优化，而这种优化和和谐又是人口与社会经济等一系列关系"和谐"的必要前提。从这个意义上来讲，推广二孩政策就是要彻底打破当前计划生育工作中依然"以数为中心"的紧箍咒，打破围绕现行生育政策修修补补的怪圈，去除不和谐之源。再次，在全国农村推广"翼城经验"，也不会出现大面积的人口反弹。虽然，有不少政府官员和一些学者认为目前中国人口低生育水平依然存在反弹的现实风险，但我们认为，经过30多年的努力，正如过去人口和计划生育部门所宣传的那样，计生工作取得了很大的成就，其表现之一，就是计生宣传工作促使广大人民群众的生育意愿和观念发生了根本的转变；此外，20世纪80年代以来中国社会经济的巨大变化，完全动摇了传统生育模式的基础。人们更加注重生育质量而不是生育数量，今天形势完全不同于20世纪80年代中期。调查结果显示，三孩及以上的"多育"选择基本上没有了市场，而试点县的诸多研究显示，有相当一部分家庭即便是有了二孩指标，也选择了主动放弃，而放弃的原因不是因为政策提倡，而是生育观念发生了变化或者其他社会经济因素的作用,如教育和抚养成本增加等。依然坚持"反弹"论的官员、学者,其观点不仅自相矛盾,而且也背离了客观事实。

第四,翼城县"晚婚晚育加间隔"的人口政策不仅达到了政策的目标效果,而且解决了干部与群众的矛盾关系问题,民众拥护这一生育政策,生育政策达到了当初设想的目的。

(二) 研究设计

1. 理论视角

本章在人口学和社会学的视角下,从中观和微观的角度,对B村二孩政策实行的效果进行定量和定性分析。在此基础上,从宏观的角度,对中国实行二孩政策的可能性进行分析和预测。

就宏观理论而言,根据经典的人口转变理论,生育率下降是由于工业化和城镇化进程引起的。人口转变理论已经被广泛应用于分析揭示发展中国家的人口变动,而且大量的宏观人口学分析也表明了社会经济发展对生育率强大的影响力。在这些研究中,许多宏观层面的经济和技术变革,其中包括大众传播、公共卫生改善、大众教育等都与生育率下降有关。在翼城县B村的调查过程中,通过查阅翼城县年鉴和当地的计生工作指南,了解翼城县整体的经济变化、社会文化发展以及教育重视程度的变化,在这种情况下,能更为全面地从翼城县整体来观测B村的特殊性以及B村所具有的代表性,观测B村与翼城县整体的偏差,以及相吻合程度,对于未来的预测和评估可以提供重要的测量标准。

微观的研究方面,本文借鉴了年龄—时期—批次分析(Age-Period-Cohort),该分析是社会人口学研究中很重要的分析方法。分析探索与这三个人口特征相关的作用是社会人口学研究中的主要题目。所有人口分析都需量化在人口总体内的不同人口行为的年龄作用、时期作用和批次作用。George(1993)指出,年龄是一把生命的标尺。年龄不但代表了生理上的成熟和生命的不同阶段,也代表了社会规范对年龄的期望。不同的年龄段表明一个人要承担不同的社会角色。当然不同社会的不同时期,对不同年龄的人的社会规范是不一样的。这样就需要研究时期对人口现象的作用。比如旧社会,男人弱冠之年就要结婚,女子十五六岁就要嫁人。

时期一般表明特定历史时期和历史背景。常见的时期表现在劳动力就业率的变动、死亡率的变动等方面。但时期只是一个概括或总结,而不是真正的作用原理和动力。社会人口学的研究不仅要满足发现和量化这些人口学的年龄作用、时期作用，而且要真正去探索这些作用背后的机制和动力是什么。在本文中，将调查对象的年龄以10年为一组，分为4组，即20~29岁，30~39岁，40~49岁，50岁及以上，这样就能考察出一个时期内社会的经济、文化、政治变化对于人口的影响，进而分析每10年中国社会的哪些社会因素、经济因素或文化因素对婚姻和生育产生了作用。

批次，特别是每一个不同的出生批次都代表了一段独一无二的社会历史。出生批次的成长更替表现了一个社会人口的新陈代谢。批次这一概念，自 Ryder（1964）的经典文章发表以后，在社会人口学的研究中就被广泛使用。

在统计分析上，年龄—时期—批次之间需要建立完全线性关系，即：

$$y = a + b_1 \times Age + b_2 \times Period + b_3 \times Cohort + e \qquad 式（5-1）$$

但是由于这三者之间的完全线性关系，上面这个模型是无法证明出来的。因此在设计问卷和分析数据过程中，本文将年龄—时期—批次与生命历程研究方法相结合，取两个研究方法的长处，综合考虑研究方法的可操作性。

总体而言，年龄—时期—批次的研究视角在很大程度上已经触及了生命历程研究的核心。可以说，在总体层次上进行的生命历程研究会发现许多以年龄、批次或时期为特征的规律。在设计问卷和分析数据时，我们将平均初婚年龄和平均初育年龄在不同时期的转变当做生命历程研究的一种方法。从微观上来看，大多数生命历程研究，是在个体层次上进行的。所以在设计问卷时，我们考虑到个人生命历程的变化，将被调查者所拥有的兄弟姐妹和自己生育的孩子进行综合来看，发现其中个人生命历程的变化过程，以父母对于被调查者的教育和生育态度来分析被调查者对于自己孩子的生育态度和教育观念。

按照 Elder（1985）的说法，生命历程不仅仅是一个个体生命的发育、成长、衰老的过程，更重要的是它是一个社会过程。在这一过程中，社会因素和历史因素在个体层面上交互作用，造就了个体的生命轨迹。所以生命历程在不同的群体、不同的时空条件下会展示出不同的规律性和特点。生命历程的研究侧重于以年龄为基础的有序的生命事件。转变和轨迹是生命历程研究中两个重要的概念。转变一般指发生在较短时间内个人社会状态的变动,但其影响可能是持久的。轨迹是由多个转变构成的一种长期的动态或稳定的模式。两者互相关联,密不可分。

本章对于生命历程研究方法的运用,主要侧重在以下几个方面。

(1) 个体所处的时代背景及经历的历史事件对生命转变的作用。这种背景当然是多方面的,比如政治、社会、经济、文化等。特别是大的社会运动会给人带来这样或那样的影响。在问卷设计的过程中,也考虑到了计划生育政策(一胎政策)和"晚婚晚育加间隔"的二孩政策对于两代人不同的影响。两种政策的实施对于人们生育观念的变化起了至关重要的作用。

(2) 个体早期经历或生命事件(life transition on life trajectory)的作用。生命历程是由大量的生命事件构成的。所有生命事件在个人的生命历程中具有相当重要的意义,被社会人口学家称为转折点(turning points)。常见的包括结婚、离婚、上学、就业、失业等。比如说通过生育孩子的数量与现有孩子的数量的调查,可以发现子女的死亡,父母离异,以及妇女的经历,如早孕、未婚同居、离婚及其影响等方面,都会对生育观念产生不同的影响。在生命历程研究中,"生育一步决策"对于中国农村地区有着重要的影响,其表现在中国许多农村地区对于避孕、生育间隔和计划外生育都有严格的规定,许多人的生育行为决策往往取决于不同的时机和目前的生育状况。因此,运用生命历程的研究思路,把生育进程中不同行为通过事件和顺序联系起来,对于了解生育决策和生育转变有着相当积极的作用。

(3) 个体的社会环境(context)和社会关系(linked lives)对个人的影响。本文所说的社会环境是指小环境,即与个人生活息息相关的小环境,比如家庭社会经济背景、周围的朋友、学校里的朋友圈子等。在最近的生育研究中,越来越多的研究注意把妇女生活的家庭环境和妇女的朋友及社会关系与其生育行为联系起来。

生命历程的研究一般都需要从一个动态、长期的视角来进行。因此,在统计方法上,本文选择了事件史分析(或存活分析,event history analysis/survival analysis)和纵向分析(longitudinal analysis)方法。在问卷设计过程中,考虑到问卷的一次形成性,所以问题的设计也选择了很多关于连续数据的测量和观察。

2. 研究方法及研究过程

(1) 研究地点的选择

1985年,山西省临汾市翼城县成为二孩试点后,2000年,该县城总共人口有 303258 人，其中男性 154157 人，女性 149101 人。翼城县有六个镇和四个乡，总共 211 个村委会。我们选取 B 村为调查地点，原因在于：首先，该村人口比较固定，人口流动性很低，据调查和统计 98.47% 的住户为常住人口，因此适合调查的展开；其次，B 村经济发展相对滞后，人口经济收入来源主要是农业和养殖业，2013 年该村年人均纯收入为 1273 元，是翼城县一个贫困村。

（2）研究对象的选择

为了在现有条件下使得样本具有代表性、调查的数据能够体现普遍性及调查的方式同研究目的和内容的合适性都达到最大值，本项目采用下述方法抽取样本。

调查对象为年龄 24~65 岁的具有农村户口且结婚的人（由于考虑到 24 岁以下的人大多数可能尚未结婚或已结婚而未生育，难以回答我们的一些问题，所以选择年龄为 24~65 岁的具有农村户口且结婚的人士）。选取样本采用简单随机样的方法进行抽取，收回 300 份有效问卷（本问卷只针对户主）。

（3）研究方法

本文以社会学、人口学、经济学等相关理论作为理论基础，始终围绕着我国实行计划生育模式这条主线展开研究。本项目将从翼城县 B 村范围内选取调查样本，以 24~65 岁的具有农村户口且结婚的人为主要研究对象，主要以问卷法来获取数据，并采用定量和定性结合的研究方法来综合地、深入地分析资料。

1）文献法：文献研究是对各种来源的文献资料进行整理、分析和研究，了解已有的成果和研究结论。文献来源包括公开发表的学术论文、与二孩政策相关的期刊文章、翼城县统计年鉴、从翼城县计生委获得的人口数据、计生工作相关指南及政策法规等。有关山西省翼城县 B 村的人口、计划生育、经济社会发展等的相关政策文件和数据资料，主要通过询问翼城县及 B 村相关计生部门和查阅历史资料等获得。

2）实地调查实施

本文实地调查实施的时间是 2013 年 10 月 21 日~2014 年 9 月 30 日，历时一年左右的时间深入翼城县 B 村进行实地调查，本文数据的收集，以问卷调查法为主，同时辅之以与 B 村的计生干部的个案访谈。对匹配要求的被调查者，直接入户调查。

访谈。在实地调查过程中，为了了解翼城县 B 村生育政策的发展和该村人口、社会经济等基本情况，对翼城县、B 村计生单位的相关工作人员进行了访谈。同时向翼城县 B 村的基层计划生育工作者了解当地的实际情况，获得可靠的信息资料。

现场问卷调查访问方式。此次调查研究者以在校研究生的身份独立完成调查，采用一对一的方式进行调查，保证空间密闭，保证被调查者的信息不会泄露。

此次调查均采用进村入户面对面的问卷访谈法。因为考虑到 B 村调查对象平均受教育程度偏低，以及调查对象中有一些是老人，故调查问卷采取读录法完成，即由调查员读出问卷上的问题，由调查对象回答，调查员在问卷上填写答案。这一方法通过调查员与被调查者的直接沟通进行，使得被调查者比较放松，消除了顾虑，因此问卷的回答真实率较高。

3）统计分析方法

对调查数据的分析，本文运用数据分析软件 SPSS 对数据进行录入和分析，对问卷中的相关问题进行量化，采用了描述性统计、频数统计、相关性分析、预测模型等方法来测量被调查者的生育情况，如性别倾向、生育数量意愿等等。

二 样本村的基本人口情况

（一）样本年龄

从年龄结构来看，B 村的被调查者 18~29 岁的有 25 人，占 8.3%；30~39 岁的有 42 人，占 14.0%；40~49 岁的有 137 人，占 45.7%；50 岁及以上的有 96 人，占 32.0%。30 岁以下的人是在二孩政策实施以后出生的，代表着刚结婚和已经生育孩子的年轻群体；30~39 岁的人，是在二孩政策实施之前出生的，并且也是改革开放时期出生的群体，他们是改革开放的第一批受益者。这两个年龄段的人，属于适龄劳动力，在家庭经济生产中扮演着至关重要的角色，也是有可能生育二孩的潜在人群。40~49 岁的人是改革开放前出生的人群，他们深受改革开放的影响。50 岁以上的人是处于新中国成立前后的一个群体，这一年龄阶段的人，膝下有儿孙，对于生育观念的变化有直观的感受（详见表 5-1、图 5-1）。

表 5-1　样本年龄频次分析

单位:%

		频率	百分比	有效百分比	累计百分比
有效	18~29 岁	25	8.3	8.3	8.3
	30~39 岁	42	14.0	14.0	22.3
	40~49 岁	137	45.7	45.7	68.0
	50 岁及以上	96	32.0	32.0	100.0
	合计	300	100.0	100.0	

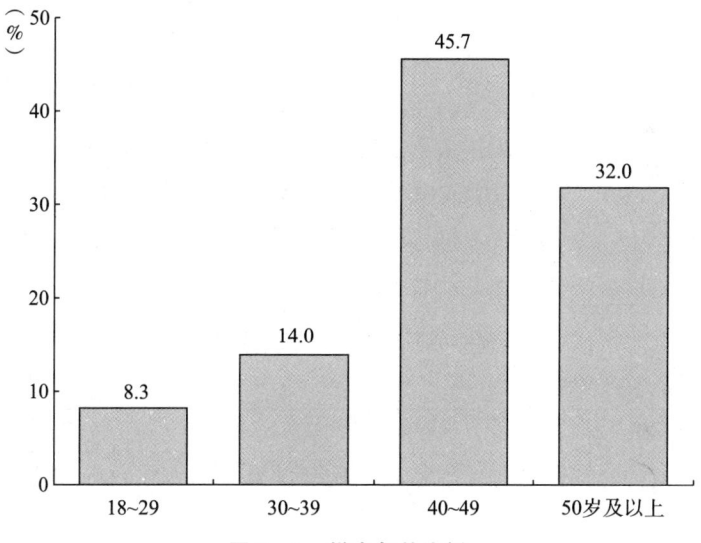

图 5-1　样本年龄比例

（二）样本性别

翼城县 B 村 300 个样本中，有 193 名男性，占 64.3%；有 107 名女性，占 35.7%（详见表 5-2、图 5-2）。

表 5-2　样本性别频次分析

单位：人,%

		频率	百分比	有效百分比	累计百分比
有效	男	193	64.3	64.3	64.3
	女	107	35.7	35.7	100.0
	合计	300	100.0	100.0	

女
35.7%

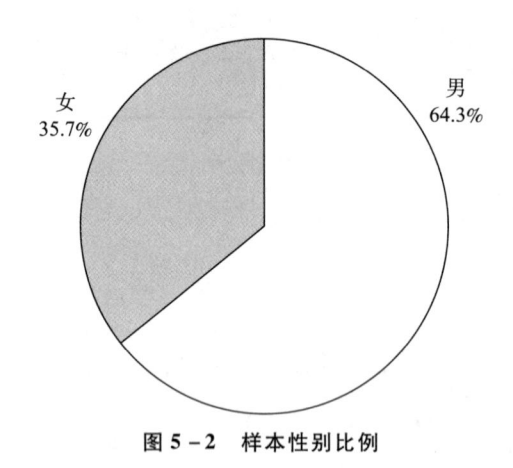

男
64.3%

图 5-2 样本性别比例

（三）样本的学历

在受教育程度上，初中以下学历的有 103 人，占 34.3%；初中学历的有 137 人，占 45.7%；高中或中专学历的有 54 人，占 18%；大专和大学本科学历的有 6 人，占 2%。调查资料显示，男性的受教育程度平均高于女性（详见表 5-3）。

表 5-3 样本性别与学历交叉

单位：人

性别		学历					合计
		初中以下	初中	高中或中专	大专	大学本科	
	男	55	96	38	0	4	193
	女	48	41	16	1	1	107
合计		103	137	54	1	5	300

（四）样本的独生子女情况

在调查对象中，非独生子女的人居多，占到 94%；独生子女的受调查者为 18 人，占到 6%。由于 B 村属于"二孩"政策惠及地，所以独生子女偏少，多数夫妻生育子女数都为两个及以上（详见表 5-4）。

表 5-4 独生子女频次分布

单位：人，%

		频率	百分比	有效百分比	累计百分比
	是	18	6.0	6.0	6.0

续表

		频率	百分比	有效百分比	累计百分比
有效	否	282	94.0	94.0	100.0
	合计	300	100.0	100.0	

三 样本村总体生育行为描述与分析

翼城县 B 村调查的 300 个样本均为已婚，其中仅有 5 人已婚未育。通过分析生育数量，及生育数量与被调查者年龄、受教育程度的交叉分析，了解翼城县 B 村当前的生育状况。

（一）样本总体的生育状况

1. 已婚未育情况

翼城县 B 村收集的 300 份样本中，已婚而未生育的仅 5 人，占样本的 1.7%。在这 5 人当中，有 3 人已婚未生育的原因是不想太早生育，2 人是由于经济原因（详见表 5-5）。

2. 已婚已育情况

样本中，有 295 人为已结婚且生育过孩子。从 B 村的样本数据来看，生育过两个孩子的人占多数，占样本的 69%；生育一个孩子的占样本的 21.3%；生育过 3 个孩子的占样本的 7%；而生育过 4 个及以上孩子的占 1%（详见表 5-5）。

3. 问题分析

第一，B 村中一孩比例达到 21.3%，二孩比例为 69%。之所以如此，一是因为翼城县 B 村实行宽松的二孩生育政策。二是因为 B 村处于山区，主要以农业为主。根据调查发现，该地区生育二孩的主要原因是为了提供更多的劳动力来从事农业生产。B 村较为封闭，农耕技术落后，主要的收入来自于农业，且需要人力劳动来耕作。

第二，B 村中生育 3 个孩子及以上的仅占到总样本的 8%，且超生的孩子一般是刚放开二孩生育时所生的。这表明，翼城县二孩生育政策达到了良好的控制人口的目的。

表 5-5　样本生育数频次分布

单位：人，%

		频率	百分比	有效百分比	累计百分比
有效	0 个	5	1.7	1.7	1.7
	1 个	64	21.3	21.3	23.0
	2 个	207	69.0	69.0	92.0
	3 个	21	7.0	7.0	99.0
	4 个及以上	3	1.0	1.0	100.0
	合计	300	100.0	100.0	

（二）生育状况与各人口特征的交叉分析

1. 年龄与生育数量的相关分析

在翼城县 B 村收集的 300 份样本中，18~29 岁年龄组生育孩子数以一孩为主，占 18~29 年龄组的 56%；30~39 岁年龄组中生育一孩的比例，占该年龄组样本的 47.6%，二孩比例为 52.3%；40~49 岁年龄组生育一孩的比例占该年龄组总体样本的 16.1%，二孩比例为 74.5%，该年龄组生育二孩比例明显增多；处于 50 岁及以上的组别中，二孩生育比例最高，占到该年龄组总体的 80.2%（详见表 5-6）。

表 5-6　样本年龄与生育数交叉

单位：人

		年龄				合计
		18~29 岁	30~39 岁	40~49 岁	50 岁及以上	
生育过几个孩子	0 个	5	0	0	0	5
	1 个	14	20	22	8	64
	2 个	6	22	102	77	207
	3 个	0	0	13	8	21
	4 个及以上	0	0	0	3	3
合计		25	42	137	96	300

从图 5-3 中可以发现翼城县 B 村 40 岁以上的已婚女性生育数出现了 3 个及以上的情况，而 18~29 岁、30~39 岁这两个年龄组，都将生育数量控制在了两个及以内，甚至 18~29 岁这一年龄组，出现了零生育的情况。这

第五章 翼城县 B 村二孩生育政策实施情况研究

充分说明翼城县 B 村新生代人口（指 1980 年以后出生的人口）生育率明显降低，并且保持在了二孩政策规定之内的生育数量。40～49 岁、50 岁及以上这两个年龄组出现生育 3 个及以上孩子的情况，是因为其所处的社会环境、经济水平等因素影响的结果，相比较而言，18～29 岁、30～39 岁这两个年龄阶段出生的人，与 40 岁以上的人的出生环境不同。80 年代以后，社会环境的变化，工作、生活压力的增大，以及养育孩子成本的提高导致这一时代出生的人思想观念的变化，18～29 岁这个年龄阶段的人表现得更为明显。与此同时，通过生育数与年龄交叉分析也说明，翼城县 B 村二孩政策并没有使得生育率升高，反而控制了生育数量。

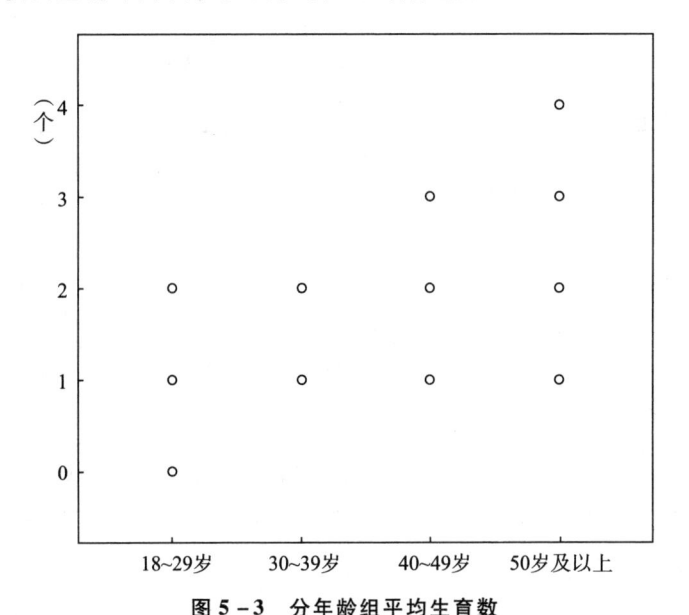

图 5-3 分年龄组平均生育数

同时，根据 Pearson 相关分析来检测相关性得到的结果也一样。样本年龄与生育孩子数呈正相关，相关系数为.462，即年龄越大生育孩子数就越多，年龄越小生育孩子数量也就越少（详见表 5-7）。

表 5-7 年龄与生育数 Pearson 相关性分析

		生育过几个孩子	年龄
生育过几个孩子	Pearson 相关性	1	.462**
	显著性（双侧）		.000
	N	300	300

续表

		生育过几个孩子	年龄
年龄	Pearson 相关性	.462**	1
	显著性（双侧）	.000	
	N	300	300

**. 在.01水平（双侧）上显著相关。

2. 样本家庭年收入与生育数相关分析

对翼城县 B 村 295 个已婚且已生育的样本，进行家庭年收入与生育数的相关分析（详见表 5-8）。

表 5-8　样本家庭年收入与生育数交叉分析

单位：人

		生育过几个孩子					合计
		0 个	1 个	2 个	3 个	4 个及以上	
您家庭的年人均收入是多少	1000~1999 元	0	32	70	8	0	110
	2000~2999 元	5	2	41	5	3	56
	3000~3999 元	0	5	28	0	0	33
	4000~4999 元	0	4	42	0	0	46
	5000~9999 元	0	15	18	8	0	41
	10000~14999 元	0	6	8	0	0	14
合计		5	64	207	21	3	300

在 295 个已婚且已育样本中生育以一孩和二孩为主。在一孩样本中，年收入低于 3000 元的有 34 人，占一孩总样本的 53.1%；年收入超过 3000 元的有 30 人，占一孩总样本的 46.9%。在二孩样本中，年收入低于 3000 元的有 111 人，占二孩总样本的 53.6%；年收入超过 3000 元的有 96 人，占二孩总样本的 46.4%。从一孩与二孩家庭的年收入交叉比较来看，随着家庭收入的提高，生育数量有较为细微的降低，也能证明年收入相对较高的家庭对于生育孩子的数量会有所控制。

3. 样本学历与生育数相关分析

在翼城县 B 村调查中，可以发现高中或中专及以上学历，没有出现超过生育二孩的家庭。而二孩以上主要分布在初中及以下学历范围内。根据 Pearson 相关分析，样本学历与生育孩子数量呈负相关，相关系数为 -.215,

即学历越高，生育孩子数越少。学历能够对控制生育率起到一定的作用，而且这种作用往往是内发的。因为随着学历的提升，夫妻双方对于子女未来发展的期望也会提高，因此与增加生育数相比，夫妻会更偏向于提高子女的质量。与此同时，对于农村人口来说，教育经费是一个家庭非常大的一项支出。也就是说，在家庭年收入一定的情况下，夫妻会将大部分收入投入到子女的教育经费当中，以提高子女的文化水平，而不会太多地考虑生育数的问题（详见表5-9、5-10）。

表5-9 样本学历与生育孩子数交叉分析

单位：人

		学历					合计
		初中以下	初中	高中或中专	大专	大学本科	
生育过几个孩子	0个	0	0	5	0	0	5
	1个	29	16	14	1	4	64
	2个	56	115	35	0	1	207
	3个	18	3	0	0	0	21
	4个及以上	0	3	0	0	0	3
合计		103	137	54	1	5	300

表5-10 学历与生育孩子数Pearson相关性分析

		学历	生育过几个孩子
学历	Pearson 相关性	1	-.215**
	显著性（双侧）		.000
	N	300	300
生育过几个孩子	Pearson 相关性	-.215**	1
	显著性（双侧）	.000	
	N	300	300

** 在.01水平（双侧）上显著相关。

从分析中不难发现，翼城县B村受教育程度普遍较低，上述分析看似有些牵强。但是，该地区位处山区，比较闭塞，经济收入偏低，故而很难接受高等教育。接受了高等教育的人，也离开了这一地区。因此，这更能说明教育程度与生育孩子数量成反比。

（三）样本初婚与初育年龄分析

1. 样本初婚年龄

翼城县 B 村初婚女性样本为 107 人，初婚男性为 197 人，分别占到总样本数的 35.2% 和 64.8%。总样本中，女性初婚的平均年龄为 23.45 岁，男性初婚的平均年龄为 24.76 岁。总样本的平均初婚年龄为 24.1，两性平均初婚年龄都在法定婚龄以上。这说明，被调查者对于国家计划生育政策和婚姻法有很清楚、很深刻的认识，也说明了翼城县"晚婚"政策的贯彻比较到位。

2. 样本初育年龄分析

样本平均初育年龄为 26.78 岁。孕育第一个孩子与第二个孩子之间的间隔时间平均为 3.16 年。在分析初育年龄时存在极值也考虑在内，其中有两名女性均在 37 岁生育第一胎。从平均初育年龄和平均生育间隔来看，翼城县"晚育加间隔"政策的效果非常显著。

3. 问题分析

虽然从调查和统计的数据来看，翼城县生育二孩的家庭很多，但是初婚、初育年龄的推迟以及生育间隔的拉大，有效地控制了人口数量在短期内的快速增长。初婚年龄的推迟保证了夫妻双方身体发育成熟，在这样的前提下，一定程度上为出生人口质量的提高打下了基础。根据国家发布的《社会与人口统计年鉴》可知，父母身体发育的成熟对于新生儿的质量有着至关重要的作用。

同时，初育年龄的推迟缓解了短时间内新生人口增长的速度，在中国人口基数相对较大的情况下，推迟初育年龄，对于人口基数的增大有着缓解作用。生育间隔期的拉长，保证人口在短时间内不会"井喷"式增长，间隔时间的拉大有效地缓解了由于生育二孩造成的人口数量迅速增长的压力。

四 样本村总体生育意愿描述与分析

生育意愿是影响人们生育的主要因素之一，它是指人们思想中对于生育的一个期望。该期望会随着社会变化、经济条件的变化等发生变化。顾宝昌在分析"生育三维性"时指出，任何一次生育行为都包括数量、时间和性别三个方面，三者共同构成了生育意愿的内涵。[①] 由于生育意愿是对生

---

① 周福林：《生育意愿及其度量指标研究》，《统计教育》2005 年第 10 期。

育行为倾向性的一种预测，故而也受到了数量、时间和性别的影响。在调查过程中我们着重调查了被调查者的预期生育数量、生育子女的性别偏好、理想的生育时间、生育间隔等问题。由于生育意愿是影响生育行为的超前变量，故而对生育意愿的调查与分析研究对于未来科学合理地制定人口政策具有重要的意义。

(一) 样本意愿生育数量与原因分析

翼城县 B 村的调查结果显示，在 300 个样本中有 202 人期望生育两个孩子，占到总样本的 67.3%；有 73 人期望生育一个孩子，占到总样本的 24.3%；有 25 人期望生育 3 个及以上孩子，占到总样本的 8.3%。从数据中能看出，大多数被调查者想生两个孩子，这可能与翼城县二孩政策有一定联系。在访谈过程中我们发现，有生育二孩意愿的群众，大多数都是这样认为的：如果第一胎是女孩，那么就会考虑生育二孩；如果第一胎是男孩，那么就不太会考虑生育二孩。在问及原因时，近 95% 以上的群众认为，如果第一胎是女孩，那么生育第二孩时，生男生女都无所谓，女孩婚嫁的经济压力较小；如果第一胎生育的是男孩的话，那么就不太愿意生育第二孩，如果第二孩一旦仍然是男孩，家庭的经济压力会很大（详见表 5-11）。

表 5-11 样本意愿生育孩子数量频次分布

单位：人，%

		频率	百分比	有效百分比	累计百分比
有效	1 个	73	24.3	24.3	24.3
	2 个	202	67.3	67.3	91.7
	3 个及以上	25	8.3	8.3	100.0
	合计	300	100.0	100.0	

从样本中回答"生育一个孩子的原因"的情况可以看出，43.8% 的人认为生育一个孩子能"给孩子提供更优越的成长条件"；由于经济原因受限而生育一个孩子占到样本的 21.9%；因为坚持计划生育基本国策生一个孩子的占到样本数的 17.8%；因为工作压力大的原因而考虑生育一个孩子的占到 12.3%；其他原因的有 3 人，占到 4.1%（详见图 5-4）。

从上面的数据描述来看，选择生育一个孩子的大多数原因是经济因素。

不论是为孩子提供优越的成长条件，还是工作压力大，抑或是直接的经济压力，都说明了经济方面的考虑会影响生育意愿。而在经济投入方面，教育投入占有非常大的比例，其往往占到一个农村家庭收入的 67.8% 左右。就这一问题笔者进行了相关的访谈，现以一名生育了 3 个男孩的受调查者为例。据他陈述，家里的收入主要来自于农产品，粮食收成好的时候一家人吃饭穿衣不成问题，但是三个孩子的教育经费却是家里的一大支出，每次三个儿子要交学费的时候，就成了家里最难的时候。他表示，如果当初能选择，肯定不会生这么多孩子。

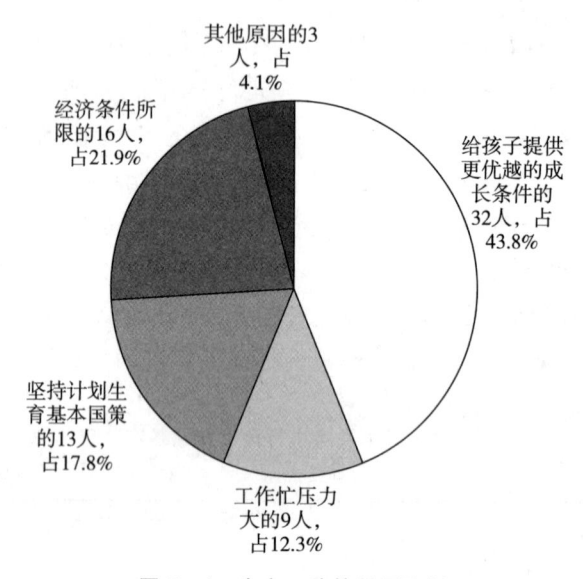

图 5-4　生育一孩的原因比例

就生育两个及以上孩子的原因来看，为了"减轻孩子的赡养负担"的占意愿生育二孩和多孩样本的 30.4%；"希望年老时多个依靠"的占 27.3%；因喜欢孩子而选择多生育的占 17.6%；担心一个孩子孤单，"给孩子找个玩伴"的占 10.1%（详见图 5-5）。

由上述情况可以看出，多数被调查者生育二孩或多孩都是考虑到养老问题。养老问题一直是影响我国生育人数的一个重要因素。因此，一些群众将"多生"认定为"减轻一个孩子的赡养负担"、"年老时多个依靠"等等。导致这一观念形成的原因，依旧可归于社会压力和经济压力。现阶段中国家庭的模式基本以 4-2-1 模型为主，即夫妻二人养育一个子女，同时

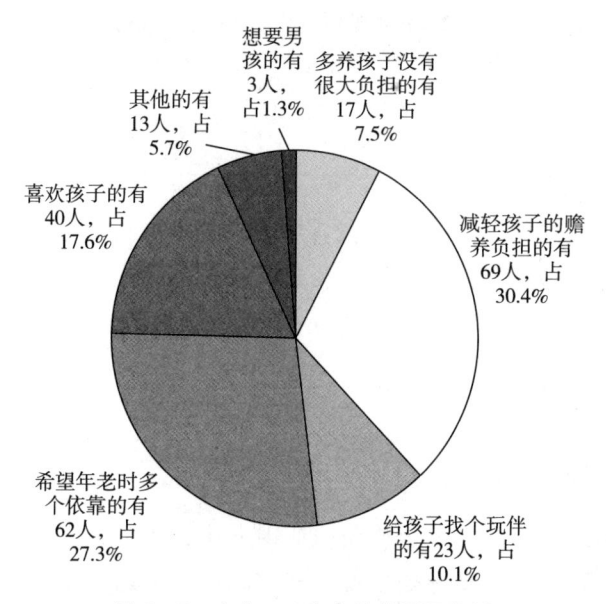

图 5-5 生育二孩和多孩的原因比例

需要赡养 4 个老人。这种模式下，赡养老人成了很大的经济负担。这样巨大的经济负担，促使人们多生。不过，这种生育多子女的想法是存在一定矛盾的：一方面，生育子女数量多，的确可以缓解子女赡养的负担，多了一层赡养保护；另一方面，生育子女数量多，同时也增加了对于子女抚养费用的投入。

（二）生育意愿与样本基本人口特征的相关分析

1. 样本年龄与意愿生育数量相关性分析

样本年龄与意愿生育数量反映了特定年龄阶段对于生育数量的期望，可通过交叉表和相关性分析来观察样本年龄与意愿生育数量之间的关系。

18～29 岁年龄组意愿生育数量为一胎的有 14 人，占到该年龄组的 56%；意愿生育二孩的有 11 人，占到该年龄组的 44%；没有意愿生育三胎及以上的人。30～39 岁年龄组有 24 人期望仅生育一胎，占该年龄组人数的 57.1%，期望生育二孩的有 18 人，占 42.9%；同样，该年龄组也没有期望生育三胎及以上的。40～49 岁、50 岁及以上这两个年龄组出现期望生育三胎及以上的，分别为 15 人和 10 人，分别占到 40～49 岁和 50 岁及以上这两个年龄组的 10.9% 和 10.4%（详见表 5-12）。

表 5-12　样本年龄与意愿生育数交叉分析

单位：人

		如果可能您想要几个孩子			合计
		1 个	2 个	3 个及以上	
年龄	18~29 岁	14	11	0	25
	30~39 岁	24	18	0	42
	40~49 岁	26	96	15	137
	50 岁及以上	9	77	10	96
合计		73	202	25	300

根据 Pearson 相关性分析来看，分析的相关系数为 .366。因此可以说，样本年龄与意愿生育数呈正相关，即年龄越大，意愿生育子女数越多。形成样本年龄与意愿生育数呈正相关的原因在于，年龄大的人受传统思想的影响，认为生育的孩子多好处也就越多。而传统观念对于年轻群体的影响逐渐淡化，他们选择少生的原因：一则是因为精力有限，二则是因为年轻时更多考虑的是工作机会和生活上的享受，不想将全部的时间都投入到生育和抚养孩子上（详见表 5-13）。

表 5-13　样本年龄与意愿生育数 Pearson 相关性分析

		年龄	如果可能您想要几个孩子
年龄	Pearson 相关性	1	.366**
	显著性（双侧）		.000
	N	300	300
如果可能您想要几个孩子	Pearson 相关性	.366**	1
	显著性（双侧）	.000	
	N	300	300

** 在 .01 水平（双侧）上显著相关。

2. 样本学历与意愿生育数量相关性分析

从受教育程度来看，初中以下学历的有 23 人期望生育一胎，占到该受教育程度组的 22.3%；意愿生育二孩的有 61 人，占 59.2%；意愿生育三胎及以上的有 19 人，占 18.4%。

从初中学历来看，有 31 人期望生育一胎，占到该受教育程度组的 22.6%；意愿生育二孩的有 100 人，占 73%；有 6 人希望生育三胎及以上，占 4.4%。

从高中或中专、大专、大学本科这一群体来看，没有人期望生育三胎及以上的孩子。大专和大学本科这两个学历组没有人期望生育一胎，这两个学历组的人都期望生育二孩，分别为1人和5人。而就高中或中专这个学历组而言，有19人期望生育一胎，占到该学历组的35.2%；有35人希望生育二孩，占64.8%。由此可见，从高中或中专这一学历组开始往上，没有人期望生育三胎或以上的孩子，三胎及以上的孩子生育意愿主要出现在初中学历以下的人群当中（详见表5-14）。

表 5-14 样本学历与意愿生育数交叉分析

单位：人

		如果可能您想要几个孩子			合计
		1个	2个	3个及以上	
学历	初中以下	23	61	19	103
	初中	31	100	6	137
	高中或中专	19	35	0	54
	大专	0	1	0	1
	大学本科	0	5	0	5
合计		73	202	25	300

利用SPSS对样本学历与意愿生育数建立模型分析，并利用假设检验的原则，来观测样本学历与意愿生育数之间的关系。

假设检验：

元假设（H_0）：样本学历与意愿生育数无关。

备择假设（Ha）：样本学历与意愿生育数相关。

置信区间为95，置信水平为0.95，显著性水平（α）为0.05。

从模型得出的数据来看，sig值为.602，大于显著性水平（α）的值。因此，拒绝原假设，认为样本学历与意愿生育数之间呈相关关系（详见表5-15）。

表 5-15 学历与意愿生育数模型拟合分析

模型	预测变量数	模型拟合统计量 平稳的 R 方	Ljung-Box Q (18) 统计量	DF	Sig	离群值数
如果可能您想要几个孩子 - 模型_1	1	.022	15.858	18	.602	0

为了验证相关关系是正相关还是负相关,利用 Pearson 相关分析来检验,样本学历与意愿生育数的相关性为 -.149,呈负相关。因此可以说,随着学历的提高,意愿生育数就会随之下降。究其原因是,学历越高对于子女的期待就越高,那么就会更注重生育质量,而不会太在意生育数量。同时,考虑到培养子女所提供的经济支持和精力,也会选择少生,而将更多的精力投入到培养一个子女当中(详见表 5-16)。

表 5-16 样本学历与意愿生育数 Pearson 相关性分析

		如果可能您想要几个孩子	学历
如果可能您想要几个孩子	Pearson 相关性	1	-.149**
	显著性(双侧)		.010
	N	300	300
学历	Pearson 相关性	-.149**	1
	显著性(双侧)	.010	
	N	300	300

**在 .01 水平(双侧)上显著相关。

(三)样本意愿生育性别与原因分析

意愿生育性别指的是人们对于新生儿性别的一种偏好,偏好男孩或是偏好女孩。意愿生育性别大致包括三大类。

第一大类,即在生育一个孩子的前提下,对于生育性别的考虑。分为:一个女孩、一个男孩。

第二大类,即在不考虑生育数量的前提下,对于生育性别的考虑。分为:一男一女、两个女孩、至少有一个男孩、至少一个女孩;

第三大类,没有特别的生育偏好,即生男生女都一样。对于意愿生育性别分析,根据莫丽霞在《当前我国农村居民的生育意愿与性别偏好研究》一文中提出的分析性别偏好时采用的两组指标:一是意愿生育性别比;二是偏好系数,其中包括偏男系数、偏女系数和无偏系数。

就意愿生育性别比而言,其内涵是反映某一人群终生意愿生育孩子中每一百个女孩与男孩数的比例,它反映的是某一人群生育偏好在总体上达到了何种程度,具体公式如下:

$$意愿生育性别比 = \frac{终生意愿生育男孩数}{终生意愿生育女孩数} \times 100\% \qquad 式（5-2）$$

性别偏好系数是用于测算某一群体中偏好男孩、偏好女孩和无性别偏好人群的比例。偏男样本指的是意愿生育女孩数小于意愿生育男孩数，偏女样本指的是意愿生育男孩数小于意愿生育女孩数，而无性别偏好样本则指的是意愿生育男孩数与意愿生育女孩数相等。

偏男系数是指意愿生育偏好男孩的样本占样本总体的比例，其公式如下：

$$偏男系数 = \frac{偏好男孩样本数}{总样本数} \times 100\% \qquad 式（5-3）$$

偏女系数是指意愿生育偏好女孩的样本占样本总体的比例，其公式如下：

$$偏女系数 = \frac{偏好女孩样本数}{总样本数} \times 100\% \qquad 式（5-4）$$

无偏系数是指意愿生育无性别偏好的样本占样本总体的比例，其公式如下：

$$无偏系数 = \frac{无性别偏好样本数}{总样本数} \times 100\% \qquad 式（5-5）$$

从上述三个公式来看，偏男系数、偏女系数和无偏系数的总和应为100%。[①] 因此，从四个方面分析意愿生育性别。

（1）样本总体意愿生育性别比分析

由于翼城县实行二孩生育政策，意愿生育子女数一般为一个或两个，但是存在意愿生育三个及以上的极端样本，本文不分析意愿生育三个及以上的极端样本，依据为：其样本量较少，无法实现统计分析的应有效用；翼城县B村二孩生育政策内只允许生育二孩。

在总体300个样本中，意愿生育一男一女的样本有142个，占到总样本数的47.3%，即大多数人还是希望所谓的"儿女双全"，这与中国传统的生育意愿相一致。意愿生育性别比为112.23，这一数据要优于全国2005年人口普查的119的出生性别比。而终生意愿生育一个孩子和终生意愿生育两个孩子的意愿生育性别比为115.38和109.09，均优于全国水平。

在今天的中国，人口意愿性别偏好是普遍存在的。而人口意愿性别偏好主要表现为对于生育男孩的偏好。调查资料显示，翼城县B村偏男系数

---

① 莫丽霞：《当前我国农村居民的生育意愿与性别偏好研究》，《人口研究》2005年第2期。

为33.72、偏女系数为32.85、无偏系数为33.43。从以上数据可以看出，翼城县 B 村没有强烈的性别偏好问题。

（2）意愿生育子女数为一胎的意愿生育性别比及其原因分析

在对翼城县 B 村意愿生育子女的调查中，有80人意愿生育一个孩子，意愿生育性别为男孩的有15人，意愿生育女孩的有13人，仅生一胎的情况下，无所谓孩子性别的有52人（详见表5-17）。

表 5-17 意愿生育性别频次分布

单位：人，%

		频率	百分比	有效百分比	累计百分比
有效	一个女孩	13	0.7	0.7	0.7
	一个男孩	15	9.0	9.0	9.7
	一男一女	142	47.3	47.3	57.0
	两个男孩	8	4.0	4.0	61.0
	两个女孩	16	3.7	3.7	64.7
	至少有一个男孩	24	8.0	8.0	72.7
	两个孩子无所谓性别	26	8.7	8.7	81.4
	三个及以上孩子至少有一个是男孩	4	1.3	1.3	82.7
	无所谓（如果只能生育一个孩子）	52	17.3	17.3	100.0
	合计	300	100.0	100.0	

在生育一胎的前提下，无偏系数为65，偏男系数为18.75，偏女系数为16.25。由此可见，偏男系数和偏女系数之间相差2.5个百分点，可见意愿生育性别中偏好生育男孩并不明显。

就以上数据描述而言，翼城县 B 村对于一胎生育男女性别的偏好已经弱化，对孩子特定性别期待降低，更多人对于意愿生育性别持无所谓的态度，该态度占到意愿生育一胎样本的65%。访谈中也不难发现，群众认为仅生育一胎时，生育男孩和生育女孩没有明显的差异，男孩女孩都可以为家庭提供劳动力，都应接受教育。因此，该数据表明翼城县 B 村农民生男孩传宗接代的思想已经明显弱化，重男轻女的情况也明显改善。

（3）意愿生育两个子女的意愿生育性别比及原因分析

样本共有216个终生意愿生育两个孩子，其中意愿生育一男一女的有142人，占该样本总数的65.7%。这就说明儿女双全是意愿生育二孩的最优选择。意愿生育两个男孩的明显少于意愿生育两个女孩的，分别为8人和16人，占到意愿生育二孩样本总数的3.7%和7.4%。这也印证了之前分析过的，生育两个男孩要比生育两个女孩所带来的经济压力大，其中主要考虑到了男孩未来婚娶的费用等问题（详见表5-17）。

从上述数据描述来看，隐藏在这些数据背后的启示是，翼城县B村二孩生育意愿所反映出来的数据不仅仅是对于二孩政策的一个反应，也是群众对于整个社会变化而进行的理性选择。在这样的情况下，二孩生育会因为社会环境的变化而有所限制和控制，并不会因为单纯的放宽生育数量而出现迅速的增长。

（四）样本意愿生育性别与基本人口特征的相关性分析

1. 意愿生育性别与年龄的相关分析

样本年龄与意愿生育性别能够反映出特定年龄段对于生育性别的偏好度，同时，这一交叉分析也是一个动态的变化过程，即随着时代的变化，某一特定年龄段的人，所具有的生育性别期待是不同的。

表5-18 样本年龄与意愿生育性别偏好交叉分析

单位：人

		生育性别偏好				合计
		男	女	生男生女都一样	儿女双全	
年龄	18~29岁	0	0	24	1	25
	30~39岁	0	0	42	0	42
	40~49岁	5	5	120	7	137
	50岁及以上	5	0	77	14	96
合计		10	5	263	22	300

从样本年龄与意愿生育性别的交叉分析中可以看出，18~29岁年龄组没有特定的性别偏好，认为生男生女都一样的有24人，希望儿女双全的有1人；30~39岁年龄组也没有特定的性别偏好，认为生男生女都一样的有42人。从这两个年龄组的数据来看，这两个年龄组没有特定的性别偏好，也就是说这两个年龄组对于孩子的出生性别是持顺其自然的态度。20世纪80年代左右出生的人口随着社会环境的变化，对男女性别偏好的差异渐渐淡化（详见表5-18）。

40~49岁年龄组，男女偏好呈现一样的结果，均有5人认为生育男孩好或是生育女孩好，有120人认为生男生女都一样，有7人希望儿女双全；50岁及以上年龄组，出现了生育性别偏好，有5人希望生育男孩，认为生男生女都一样的有77人，希望儿女双全的有14人。从这两个年龄组可以看出，生育性别偏好开始显现，到50岁及以上这一年龄组甚至出现了偏好男孩的生育意愿。这主要是因为这两个年龄组的人受传统观念影响比较深，认为生育男孩能够传宗接代，相较于生育女孩，更偏向于生育男孩（详见表5-18）。

意愿生育偏好性别的原因。18~29岁年龄组主要是因为经济状况原因，19人认为"经济状况"是意愿选择生育性别偏好的主要原因，而该年龄组的样本中没有人根据"传统观念"选择生育性别偏好；30~39岁年龄组有9人因为"经济状况"，12人因为"国家政策"，5人因为受"传统观念"影响而做出生育性别选择；40~49岁年龄组，有12人因"传统观念"，3人因"经济状况"，72人因"国家政策"影响出现意愿生育性别偏好；50岁及以上年龄组，因为"传统观念"而做出生育性别选择的，相较于其他年龄组出现了较为明显的增长，有22人选择该原因。由此可见，随着年龄增长和所处时代的不同，意愿生育性别偏好的结果是不同的。年龄越大，越会受到"传统观念"的影响而选择生育性别偏好，而且偏向男性。年龄较小的组更多地考虑现实情况，因"经济状况"而形成个人的意愿生育性别偏好（详见表5-19）。

表5-19 样本年龄与做出意愿生育性别偏好原因交叉分析

单位：人

		生育性别偏好的原因				合计
		传统观念	经济状况	国家政策	其他	
年龄	18~29岁	0	19	1	5	25
	30~39岁	5	9	12	16	42
	40~49岁	12	3	72	50	137
	50岁及以上	22	22	13	39	96
合计		39	53	98	110	300

在表5-19中，有几个比较凸显的数据需要说明。

在40~49岁年龄组，72人是因为"国家政策"而作出意愿生育性别偏好的。这部分人群处于生育期时,全国正开展计划生育工作,对于全国实行的计划生育的政策和翼城县实行的二孩政策认识得不是很清楚,多数人假设自己只能生育一胎,因此会因为一胎政策,而选择生育男孩,因此在年龄与意愿生育性别偏好交叉分析表中出现了男女生育性别偏好各5人的状况。

18~29岁年龄组,大部分选择"经济状况"这个原因,占到该年龄组样本的76%。这是该年龄组在面临当下社会环境变迁所带来的经济压力时所作出的反应。在以"经济状况"为原因的情况下,重男轻女的观念渐渐淡化,劳动力价值不因男女而产生较大差异。在特定的经济状况下,该年龄组的人不会有明显的生育性别偏好,认为男性和女性劳动力没有明显差别。

50岁及以上年龄组,选择"传统观念"和"经济状况"原因的分别各有22人,分别都占到了该年龄组样本的22.9%。做出这两种选择,一方面是因为该年龄组所处的时代,传统的"传宗接代"、"养儿防老"观念还没有完全消除,更倾向于生育男孩。另一方面,该年龄组部分人出生时或是生育孩子时,没有受到计划生育政策的影响,因此"国家政策"的影响较小。

2. 意愿生育性别与样本学历的相关分析

初中以下文化程度的调查对象15人偏好生育男孩,没有人偏好生育女孩;初中文化程度的受调查对象10人偏好生育男孩,5人偏好生育女孩,112人认为生男生女都一样,10人希望儿女双全,该年龄组一胎偏男系数为7.87,偏女系数为3.94,无偏系数为88.19;高中或中专、大专、大学本科学历组都没有偏男、偏女的生育性别偏好,而且较为明显的是这三组对于"儿女双全"没有明显的期望,换句话说,对于生育二孩没有太大的性别期望(详见表5-20)。

表5-20 样本学历与意愿生育性别偏好交叉分析

单位:人

		生育性别偏好				合计
		男	女	生男生女都一样	儿女双全	
学历	初中以下	15	0	78	10	103
	初中	10	5	112	10	137
	高中或中专	0	0	54	0	54
	大专	0	0	1	0	1
	大学本科	0	0	5	0	5

续表

	生育性别偏好				合计
	男	女	生男生女都一样	儿女双全	
合计	25	5	250	20	300

样本受教育程度与意愿生育性别偏好交叉分析的结果说明,随着学历的提高,生育性别偏好渐渐淡化,二孩生育的意愿也渐渐降低。根据Pearson数据来看,翼城县B村被调查者性别与生育性别偏好相关系数为-.159,表明两个数据之间呈负相关关系(详见表5-21)。

表5-21 样本学历与意愿生育性别偏好Pearson相关性分析

		性别	生育性别偏好
性别	Pearson 相关性	1	-.159**
	显著性(双侧)		.006
	N	300	300
生育性别偏好	Pearson 相关性	-.159**	1
	显著性(双侧)	.006	
	N	300	300

**在.01水平(双侧)上显著相关。

按照假设检验的原则,对于学历和意愿生育性别偏好进行假设检验:

元假设(H_0):样本学历与意愿生育性别偏好无关。

备择假设(Ha):样本学历与意愿生育性别偏好相关。

置信区间为95,置信水平为0.95,显著性水平(α)为0.05。

利用SPSS线性回归和拟合模型来进行分析,Anova得出的sig值为.768,模型拟合得出的sig值为.764。由于两种计算办法sig值大于α,因此拒绝元假设,学历与生育性别偏好呈明显相关(详见表5-22、5-23)。

表5-22 样本学历与意愿生育性别偏好Anova线性回归分析

模型		平方和	df	均方	F	Sig
1	回归	.016	1	.016	.087	.768b
	残差	53.971	298	.181		
	总计	53.987	299			

a. 因变量:生育性别偏好。
b. 预测变量:(常量),学历。

表 5-23 样本学历与意愿生育性别偏好模型拟合分析

模型	预测变量数	模型拟合统计量 平稳的 R 方	Ljung-Box Q (18) 统计量	DF	Sig	离群值数
生育性别偏好-模型_1	1	.014	13.447	18	.764	0

导致相关性背后隐藏的原因是，由于翼城县 B 村处于偏远贫困山区，受教育水平高的人往往会选择外出寻找更多的发展机会，因此面对竞争激烈的社会环境，对于性别生育偏好展现得没有那么明显。与此同时，期望生育二孩的意愿也受到了控制。而学历较低的人，则选择留在本地，从事农业活动来谋生，而且地区环境闭塞，因此更容易受到传统观念的影响，做出偏好男孩的选择。

（五）意愿生育间隔

在 300 个样本中，110 人认为两胎之间的间隔应该控制在 3~5 年，占到总样本数的 36.7%；认为两胎之间间隔控制在 6~8 年的有 98 人，占到总样本数的 32.7%；认为生育间隔时间顺其自然的有 15 人，占到总样本数的 5%；而主张间隔较短（1~2 年）和间隔较长（8 年以上）的分别有 48 人和 29 人，分别占到总样本数的 16% 和 9.7%（详见表 5-24）。

表 5-24 样本意愿生育间隔

单位：人，%

		频率	百分比	有效百分比	累计百分比
有效	1~2 年	48	16.0	16.0	16.0
	3~5 年	110	36.7	36.7	52.7
	6~8 年	98	32.7	32.7	85.4
	8 年以上	29	9.7	9.7	95.1
	顺其自然	15	5.0	5.0	100.0
	合计	300	100.0	100.0	

对于意愿生育间隔，大多数人偏好 3~5 年，而较短的时间间隔和较长的时间间隔都不是主流的观念。拉长生育间隔时间意味着：

第一，为女性身体的恢复提供了充足的时间。在 300 个样本中，有 82

人认为女性生育二孩会对身体有影响。有38人认为生育二孩后身体所受到的影响还好，可以在月子里调养好；有44人认为不好，只会伤害身体。有218人认为女性生育二孩对身体没有任何影响。可以看出，有一部分群众认为生育孩子会对女性身体有所影响，那么间隔3~5年的时间，能为女性提供充足的时间进行身体上的恢复，保证女性如果生育二孩时身体健康（详见表5-25、5-26）。

表5-25 生育孩子对于女性身体的影响的问题频次分布

单位：人，%

		频率	百分比	有效百分比	累计百分比
有效	有	82	27.3	27.3	27.3
	没有	218	72.7	72.7	100.0
	合计	300	100.0	100.0	

表5-26 生育孩子对于女性身体的影响的结果频次分布

单位：人，%

		频率	百分比	有效百分比	累计百分比
有效	好，可以在月子里调理身体	38	12.7	12.7	12.7
	无影响	218	72.6	72.6	85.3
	不好，只会伤害身体	44	14.7	14.7	100.0
	合计	300	100.0	100.0	

第二，缓解了短时间内的经济压力。养育孩子的成本对于一个农村家庭来说是一笔庞大的支出，如果一孩与二孩之间的生育间隔时间较短，那么短时间内同时抚养两个孩子所带来的经济压力是很大的。通过拉长生育间隔，给予家庭在一定时间内进行经济上的规划、预算和储备，可以缓解经济压力。在访谈中不难发现，多数家庭偏好将一孩与二孩之间的生育间隔拉大的原因主要是，在间隔时间内，夫妻双方可以对家庭收入的支出有一个相对宽松的计划，而不会因为短时间内两个孩子的花销叠加而造成很大的经济压力。就访谈的两个案例对比来看，两个家庭都是生育了两个孩子，且都为男孩。其中一个家庭一孩与二孩之间的生育间隔仅为1年，而另一个家庭生育间隔为5年。生育间隔为1年的家庭认为，孩子的成长阶段是近乎一样的，比如同时上高中，那么交付的学费就是一孩家庭的两倍；再

比如说婚嫁，几乎两个孩子同时结婚，给家庭带来的支出是非常庞大的，需要向周围人借款才能满足支出的需求。而对于另一个生育间隔为5年的家庭而言，因为有了一定时间的间隔，所以同时间内所需要支出的费用是不同的，不会造成短时间内两个孩子同时需要支出某项费用，经济压力相对较小。

第三，能为孩子提供更好的成长环境。短时间内养育两个孩子，夫妻双方往往不能很好地同时兼顾方方面面的事，不仅仅是由于经济上的投入跟不上，还因为精力上受限，往往很难将两个孩子都培养好。而将生育间隔时间拉大，在培养孩子方面能够在一定时间内专注培养一个孩子，而不需要同时兼顾相同的问题。再以上面提及的那两个访谈对象来说，生育间隔时间为1年的家庭，孩子的成长阶段几乎是同步的，对于新生儿的照顾也很难兼顾，必须得到父母的帮助。而生育间隔为5年的家庭此类困扰就会相对的缓解，毕竟两个孩子之间相差5岁，当第二个孩子降生的时候，第一个孩子已经5岁，那么对于新生儿的照顾可以很充分，毕竟同时照顾一个5岁的孩子与刚刚出生的新生儿与同时照顾两个间隔很短的新生儿所面临的压力是不同的。因此，拉长生育间隔，减轻了夫妻双方对于孩子培养的压力，能更好地兼顾。

第四，缓解了人口短时间内迅速增长的趋势。就相对增长和绝对增长而言，绝对增长意味着短时间内人口生育率迅速增长；相对增长则表示，通过拉长一孩与二孩之间的生育间隔，人口在较长的时间内增长。人口的相对增长和绝对增长可能在增长人数上并无明显的差别，但是绝对增长使得短时间内人口迅速增长，产生了很大的人口增长压力。而相对增长在拉长生育时间间隔的前提下，可以将人口增长数量在时间上平均下来，从而缓解短时间内人口增长的压力。

人口在一定时间内增长的平均数量可以用下面的公式表示：

$$平均人口增长数 = \frac{新生人口数量 Q}{时间 T}$$

就这一公式具体而言，在测算2010~2014年翼城县B村平均人口增长数时，用2010~2014年新生人口总数除以时间，得出来的结果为2010~2014年翼城县B村平均人口增长数。拉长生育间隔，保证了新生人口数在较长时间内的平均分布，而避免了短时间内平均人口增长数过大的压力，这便是人口相对增长所具有的意义。

（六）结束生育期的女性生育状态调查结果分析

为更明确地反映人口生育政策对于翼城县 B 村人口影响的时间特点，研究随着时间的推进，生育行为、生育意愿等方面的变化，同时为了对比结束生育期的妇女与现在育龄妇女的生育行为和生育意愿，本文同时做了已经结束育龄期妇女的样本分析。结合生命历程理论分析该群体的生育状况。

1. 调查对象的基本情况

300 个样本中，有 18 个 50 岁及以上的女性为受调查者，占总样本的 6%。这 18 位 50 岁以上的女性为结束生育年龄的女性，并且均为已婚，配偶尚在。受教育程度为初中以下和初中学历者分别为 16 人和 2 人（详见表 5-27）。

表 5-27 样本年龄与性别交叉分析

单位：人

		性别		合计
		男	女	
年龄	18~29 岁	5	20	25
	30~39 岁	19	23	42
	40~49 岁	91	46	137
	50 岁及以上	78	18	96
合计		193	107	300

2. 生育行为调查结果与分析

翼城县 B 村结束育龄期的 18 名女性中，有 1 人生育过 1 个孩子，有 12 人生育过 2 个孩子，有 5 人生育过 3 个孩子，分别占到一孩样本的 1.6%，二孩样本的 5.8% 和三孩样本的 23.8%。这些人当中，以生育二孩为主，并且生育的孩子都健在。其中有 3 人的生育偏好为男孩，占到生育偏好为男孩样本的 42.9%（详见表 5-28）。

结束育龄期的女性，多胎生育的主要原因在于，没有合理的避孕措施，避孕意识也不强。有的意外怀孕后，往往都选择顺其自然生下，因此出现了超二孩的生育。

就意愿生育性别偏好而言，偏好男孩是因为结束育龄期妇女所处的时代环境和社会环境影响,"男尊女卑"的观念根深蒂固,男女平等的观念不是很普及,同时,认为生育男孩能够传宗接代、防老。因此会出现偏好生育男孩的意愿。

表 5-28 样本年龄、性别、生育孩子数交叉分析

单位:人

生育过几个孩子			性别 男	性别 女	合计
0 个	年龄	18~29 岁		5	5
	合计			5	5
1 个	年龄	18~29 岁	5	9	14
		30~39 岁	12	8	20
		40~49 岁	18	4	22
		50 岁及以上	7	1	8
	合计		42	22	64
2 个	年龄	18~29 岁	0	6	6
		30~39 岁	7	15	22
		40~49 岁	68	34	102
		50 岁及以上	65	12	77
	合计		140	67	207
3 个	年龄	40~49 岁	5	8	13
		50 岁及以上	3	5	8
	合计		8	13	21
4 个及以上	年龄	50 岁及以上	3		3
	合计		3		3
合计	年龄	18~29 岁	5	20	25
		30~39 岁	19	23	42
		40~49 岁	91	46	137
		50 岁及以上	78	18	96
	合计		193	107	300

3. 结束生育期女性与生育期女性的对比

50 岁以上的女性大多数是在翼城县实行二孩生育政策之初生育孩子的,因此普遍以生育二孩为主。也有 1 个被调查者仅生育了 1 个孩子,主要原因

是因为无法怀孕。影响这些女性生育行为的最重要的原因是国家政策，但是也有5人超翼城县二孩计划生育政策的。因此，可以认为生育政策随着年龄的增加对于育龄期人口的影响在逐渐弱化。

结束生育期女性还受"男尊女卑"观念影响。"男女平等"的概念在生育期人口中比较普及。在结束生育期女性中，仍旧有男孩生育偏好，主要是因为传统观念的影响。因此，通过对比可以看出，生育期人口对于生育性别偏好出现了向好的转变。

结束生育期女性生育孩子的主要目的是"养儿防老"，而生育期女性生育孩子的目的出现了多样化，而不仅仅是出于对养老问题的考虑，更多的是考虑孩子健康的成长和发展。

（七）对二孩生育政策的认知情况

1. 农民对翼城县二孩生育政策的看法

调查资料显示，赞同这一政策的有262人，占到总样本数的87.4%，其中有47人非常赞同这一政策；不赞同的有13人，占到总样本数的4.3%；另外还有25人对于二孩政策持无所谓的态度，占8.3%。可见，群众对于翼城县二孩政策所持的态度还是以赞同为主流（详见表5-29）。

表5-29 样本对翼城县二孩政策态度的频次分析

单位：人，%

		频率	百分比	有效百分比	累计百分比
有效	非常赞同	47	15.7	15.7	15.7
	赞同	215	71.7	71.7	87.4
	无所谓	25	8.3	8.3	95.7
	不赞同	13	4.3	4.3	100.0
	合计	300	100.0	100.0	

2. 农民对晚婚晚育政策的看法

在总样本中有275人赞成晚婚晚育政策，占91.6%，其中有34人非常赞成晚婚晚育政策；有3人不赞成晚婚晚育政策，占1%；有22人对于晚婚晚育政策持无所谓的态度，占7.3%。对于晚婚晚育政策的态度，绝大多数人是持赞成态度的，认为晚婚晚育不仅给个人带来益处，而且有利于社会的发展（详见表5-30）。

表 5-30　样本对晚婚晚育政策态度的频次分析

单位：人，%

		频率	百分比	有效百分比	累计百分比
有效	非常赞成	34	11.3	11.3	11.3
	赞成	241	80.3	80.3	91.6
	没有考虑，无所谓	22	7.3	7.3	99.0
	不赞成	3	1.0	1.0	100.0
	合计	300	100.0	100.0	

就个人而言，推迟初婚年龄和初育年龄，夫妻二人生理发育成熟，思想上也相对成熟。在这种情况下，婚姻是理性的选择，不仅仅是为了繁衍后代而结合。同时，夫妻身体发育成熟，为孕育健康子女提供了基础，从一定程度上避免了新生残疾儿的出现。

就整体社会而言，"中国是人口大国，人口基数大"这一观念已经深入人心，推迟初婚年龄和初育年龄，为延缓整体社会的人口增长提供了有效的支持，可以缓解人地矛盾等问题。

因此，不论是从个人角度，还是从社会整体角度而言，晚婚晚育都是能够带来益处的。

3. 群众对全国开放二孩政策的看法

总样本中，有 280 人支持翼城县二孩生育政策在全国实施，占 93.3%；有 20 人不支持翼城县二孩生育政策在全国实施，占 6.7%。由此可见，翼城县 B 村农民的大多数支持在全国农村放开二孩生育。不仅如此，从访谈过程中也可以看出，大多数群众对于翼城县二孩生育政策是支持的（详见表 5-31）。

表 5-31　样本对翼城县二孩政策在全国范围内推广态度的频次分析

单位：人，%

		频率	百分比	有效百分比	累计百分比
有效	支持	280	93.3	93.3	93.3
	不支持	20	6.7	6.7	100.0
	合计	300	100.0	100.0	

4. 二孩生育的社会影响

一是对家庭稳定的影响，样本中有 286 人认为二孩政策实行以来，家庭稳定，占总样本的95.3%。有14人表示，在实行二孩政策以后，家庭出现不稳定情况，占4.7%，总体来看二孩生育对家庭的影响是积极的（详见表5-32）。

表5-32 实行二孩政策以后，家庭稳定性调查频次分析

单位：人，%

		频率	百分比	有效百分比	累计百分比
有效	是	286	95.3	95.3	95.3
	否	14	4.7	4.7	100.0
	合计	300	100.0	100.0	

二是对农民幸福感的影响，当被问及"实行二孩试点政策以来，幸福感是否上升"的问题时，296人认为幸福感提升，占到总样本的98.7%；有4人认为自己的幸福感没有上升，占1.3%（详见表5-33）。从这些数据中可以看出，翼城县的群众认为翼城县二孩生育试点政策是好的，如果推广至全国的话，产生的效益会惠及更多的人，因此希望翼城县二孩生育政策推广到全国。

表5-33 实行二孩政策以后，幸福感调查频次分析

单位：人，%

		频率	百分比	有效百分比	累计百分比
有效	是	296	98.7	98.7	98.7
	否	4	1.3	1.3	100.0
	合计	300	100.0	100.0	

（八）影响生育行为的其他因素分析

在对翼城县B村调查的问卷设计过程中，考虑到其他因素可能会影响生育行为，故而设定了一些问题，来观测分析这些影响因素。这些问题包括以下几个。

1. 意外怀孕

在300个总样本中，151人倾向于在得知意外怀孕后，选择将孩子生下，占总样本数的50.3%；有93人选择不会生下，有15人选择绝对不会生下，分别占到总样本数的31%和5%；也有41人倾向于看"时间是否合适"，即考虑

到怀孕之后是否有条件生育,占总样本数的13.7%(详见表5-34)。

意外怀孕,往往是由于夫妻避孕失败,怀孕的孩子属于夫妻计划外的。因此,被调查者对于意外怀孕是否顺其自然的生育下来的态度,会影响其生育行为。从上面的数据中可以看出,有36%的人选择不会生下来。B村农村家庭对于意外怀孕后多数采取的是顺其自然地将孩子生育下来,而并非选择引产或是堕胎来阻止生育行为。

表5-34 意外怀孕之后的态度频次分析

单位:人,%

		频率	百分比	有效百分比	累计百分比
有效	会	151	50.3	50.3	50.3
	要看时间是否合适	41	13.7	13.7	64.0
	不会	93	31.0	31.0	95.0
	绝对不会	15	5.0	5.0	100.0
	合计	300	100.0	100.0	

2. 丁克家庭

300个样本中,赞成丁克家庭的有18人,占到总样本数的6%。其中,非常赞成的有11人。不赞成丁克家庭的有254人,占到总样本数的84.7%。其中,非常不赞成的有47人(详见表5-35)。仅仅了解赞成与不赞成丁克家庭,对于了解翼城县B村的生育行为,没有直接的意义。因此,从样本年龄、学历与对丁克家庭的看法进行相关性分析,来进一步说明相关问题。

第一,样本年龄与对丁克家庭的态度分析。通过假设检验来观测样本年龄对于丁克家庭的看法。

假设检验:

元假设(H_0):样本年龄与丁克家庭态度无关。

备择假设(H_a):样本年龄与丁克家庭态度相关。

置信区间为95,置信水平为0.95,显著性水平(α)为0.05。

表5-35 丁克家庭态度频次分析

单位:人,%

		频率	百分比	有效百分比	累计百分比
有效	非常赞成	11	3.7	3.7	3.7
	赞成	7	2.3	2.3	6.0

续表

	频率	百分比	有效百分比	累计百分比
无所谓	28	9.3	9.3	15.3
不赞成	207	69.0	69.0	84.3
非常不赞成	47	15.7	15.7	100.0
合计	300	100.0	100.0	

在进行线性回归分析中，Anova 得出的 sig 值为 0.614。sig 值大于 α，因此拒绝元假设，样本年龄与丁克家庭呈明显相关（详见表 5-36）。

表 5-36　样本年龄与意愿生育性别偏好 Anova 线性回归分析

模型		平方和	df	均方	F	Sig
1	回归	.171	1	.171	.255	.614b
	残差	199.216	298	.669		
	总计	199.387	299			

a. 因变量：对丁克家庭的看法。
b. 预测变量：(常量)，年龄。

同时观测相关性，看是正相关还是负相关，由于 Pearson 相关的前提条件是因变量和自变量都是随机变量，且两个变量呈正态分布。而对于丁克家庭态度的分析中，样本对于丁克家庭的态度并不服从正态分布，因此利用 Spearman 相关进行分析，得出的相关系数为 .106，呈正相关，即年龄越大，越不赞成丁克家庭；年龄越小，对于丁克家庭的态度越包容（详见表 5-37）。

表 5-37　样本年龄与丁克家庭态度 Spearman 相关性分析

			年龄	对丁克家庭的看法
Spearman 的 rho	年龄	相关系数	1.000	.106
		Sig.（双侧）	.	.066
		N	300	300
	对丁克家庭的看法	相关系数	.106	1.000
		Sig.（双侧）	.066	.
		N	300	300

第二，样本学历与对丁克家庭态度的分析。同样利用 Spearman 相关分

析来观测两个变量的相关性。得出的相关系数为 -.116，呈负相关，即学历越低，越不赞成丁克家庭；学历越高，对于丁克家庭的态度越包容（详见表5-38）。

高学历的人大多数对于生育行为持包容的态度。在访谈中，学历高的人普遍认为，生育行为是夫妻两个人的事情，是自己制订生育计划和规划的，因此选择生育孩子或是选择丁克属于夫妻二人的事，如果夫妻二人都同意，那么这种丁克行为是可以包容的。而学历较低的人，更偏向于认为生育行为是所谓的"天理"，夫妻的结合就应当以繁衍后代为责任，选择不生育孩子是没办法理解的。

表5-38 样本学历与丁克家庭态度 Spearman 相关性分析

			对丁克家庭的看法	学历
Spearman 的 rho	对丁克家庭的看法	相关系数	1.000	-.116*
		Sig.（双侧）	.	.045
		N	300	300
	学历	相关系数	-.116*	1.000
		Sig.（双侧）	.045	.
		N	300	300

* 在置信度（双测）为 0.05 时，相关性是显著的。

3. 堕胎

堕胎的问题能够反映出在夫妻计划内还是计划外怀孕时，对于生育行为的处理方法。对于堕胎问题，300 个样本中，有 253 人不能接受堕胎，占到总样本数的 84.4%，其中有 35 人非常不能接受堕胎；37 人认为堕胎是可以接受的，占到总样本数的 12.3%，其中有 3 人完全能接受堕胎（详见表5-39）。

表5-39 样本对于堕胎的态度频次分析

单位：人，%

		频率	百分比	有效百分比	累积百分比
有效	非常不能接受	35	11.7	11.7	11.7
	不能接受	218	72.7	72.7	84.4
	无所谓	10	3.3	3.3	87.7
	可以接受	34	11.3	11.3	99.0

续表

	频率	百分比	有效百分比	累积百分比
完全能接受	3	1.0	1.0	100.0
合计	300	100.0	100.0	

根据 Pearson 相关性分析来看，样本年龄和堕胎态度的关系，相关系数为 -0.135（详见表 5-40）。

表 5-40 样本年龄与堕胎态度 Pearson 相关性分析

		年龄	对堕胎的看法
年龄	Pearson 相关性	1	-.135[*]
	显著性（双侧）		.020
	N	300	300
对堕胎的看法	Pearson 相关性	-.135[*]	1
	显著性（双侧）	.020	
	N	300	300

[*] 在 0.05 水平（双侧）上显著相关。

因此可以说样本年龄与堕胎态度呈负相关，进一步解释为年龄越大，对于堕胎行为越不容易接受；而年龄越小，对于堕胎越能接受。根据访谈，我们得知导致这一相关关系的原因是，年纪大的人对于避孕没有很强烈的意识，怀孕之后不会想要通过堕胎来终止生育行为，而且受中国传统家庭观念的约束，受限于技术原因，没办法做性别鉴定，想要男孩，就会一直生育，直到生育出男孩。

五 研究结论与反思

上文从不同角度对翼城县 B 村收集的 300 份样本的生育行为与生育意愿进行了描述与分析。笔者在此进行归纳总结，并讨论翼城县二孩政策在全国推广的意义和可能性。

（一）研究结论

1. 生育行为

在调查的 300 个样本中，二孩生育率较高，但也不乏一孩生育的家庭。翼城县实施的二孩生育试点政策，允许农村家庭生育二孩。超政策生育的并不多，仅占到总样本的1%，而且超政策生育的往往是年纪大一点的家庭。这说明较为宽松的生育政策，并未造成多胎生育。

在对样本年龄与生育孩子数进行交叉分析中可以看出，生育孩子数与年龄呈正相关，也就是说年龄越大，生育的孩子数越多；年龄越小的农民生育的孩子较少。因此，翼城县B村近年来人口生育率有所降低。

在对样本学历与生育孩子数进行交叉分析表明生育孩子数与学历呈负相关。在这种情况下，学历越高生育孩子的数量就会越少。因此，我们可以说，样本学历高低会影响生育行为。而限于翼城县B村受教育程度偏低，所以这一相关关系也不是特别明显。

翼城县B村300个样本中，平均初婚年龄为24.1岁，初育平均年龄为26.78岁，平均生育间隔为3.16年。可见早婚早育的传统观念在翼城县B村已经淡化，大多数群众是按照翼城县的二孩生育政策要求执行的，执行效果很好。

2. 生育意愿

调查结果显示，尽管翼城县放开了二孩生育政策，但是仍有一部分人还是愿意生育一胎。这表明，随着社会环境的变化，群众会自觉地调节自己的生育观念，而不是以"多子多福"为准则，证明了即使在二孩政策放开的地区，群众也不一定都会生育二孩。

在关于意愿生育性别偏好中，多数被调查者没有特定的生育性别偏好，男女平等观念逐渐深入。在可以生育二孩的前提下，许多农民不刻意生育男孩。翼城县B村意愿生育性别没有特别明显的偏男或者偏女，避免了出生性别比相差较大的情况。

通过样本年龄与意愿生育子女数交叉分析可以看出，意愿生育子女数与年龄呈正相关。即年龄越大，意愿生育子女数就越多。从时间关系上来看，翼城县B村近期达到育龄期的人不会过多的生育孩子。

样本受教育程度与意愿生育子女数交叉分析得到的结果是，意愿生育子女数与样本学历呈负相关。也就是说，学历越高的被调查者，意愿生育子女数就会越少。

样本年龄与意愿生育性别偏好交叉分析得出的结论是，样本年龄越大，表现出对于男孩的偏好性越强。这主要是由于年长者受传统观念的影响较深，认为"传宗接代"是生育的意义，所以男孩的偏好性强。

从样本学历与意愿生育性别偏好交叉分析中可以看出，样本学历越高，表现出对于男孩的偏好性就越低。这主要是因为受教育程度越高，对于"男女平等"的观念就越认同。高学历的人往往对于意愿生育性别持的是顺其自然的态度。

（二）翼城县放开农村二孩生育政策的反思

翼城县的试点经验要想推广到全国除了要考虑政策目标实现以外，还需要考虑该地区人口是否会持续受到有效的控制，以及人们对于该政策的拥护度和赞成度。

翼城县的生育政策将出生率控制在一定程度内并且该生育政策也受到了当地群众的拥护和赞成。根据第三次和第四次人口普查的人口增长状况，翼城县第三次人口普查的人口总数为25.1万人，第四次为27.2万人，人口增长速度为8.37‰，年平均增长速度为10.09‰。翼城县人口增长速度和年平均增长速度均优于全国水平。同时，出生性别比也优于全国水平。因此该政策在控制人口增长和优化人口结构上取得了显著的成绩。

就将翼城县二孩生育试点政策推广到全国而言，尽管从调查的翼城县B村所反映的数据和整个翼城县的数据来看，翼城县的经验是值得借鉴的。但同时需要注意的是，翼城县毕竟仅是一个县级单位，人口相对集中，便于调查和管理。而对于整个国家而言，所面临的问题不仅仅是政策推广的问题，除了政策以外更多还需要考虑全国不同地区、不同人口的特殊性。因此，直接将翼城县二孩生育试点政策推广至全国要慎重。

翼城县是中国一个非常普通的县。虽然该地区早在20世纪80年代就推广了"晚婚晚育加间隔"的二孩政策，但是现如今随着中国人口与计划生育政策工作的不断推进，国家已经放开了单独夫妻二孩生育政策。从这个意义上来看，翼城县试点的意义不能仅仅停留在政策的推广上，而更多地应该考虑到当地群众生育行为和生育意愿所发生的变化，以及影响因素，这样才能更为准确、深刻地认识到翼城县二孩政策的意义。

第六章　翼城县 L 村二孩生育意愿和行为研究

一　绪论

（一）研究背景

新中国成立以来，在不同历史阶段，中国对人口控制的调控政策也不同，大体上分为三个阶段，即鼓励生育阶段、开始控制生育阶段、严格限制生育阶段。中国不论对人口生育政策做出怎样的调控都是为了能够更好地解决人口问题，以期合理化、健康化发展。

新中国成立后，中国人口生育政策一直是以地方性政策为主。20世纪70年代以后，中国才开始执行全国基本统一的生育政策。1985年，在中国实行一胎化大背景下，翼城县成为二孩生育政策的试点。山西省翼城县是全国唯一一个持续坚持农村放开二孩生育的试点县，人称"人口特区"。"自实行'二孩'生育政策三十年以来，翼城县放开农村二孩生育取得了可喜的成效，人口的自然增长率由1985年的13.9‰下降到2012年的4‰。"[1]

翼城县的二孩生育政策是在"晚婚晚育加间隔"的基础上，有着一定限制性条件执行的生育二孩政策。山西省翼城县成为"晚婚晚育加间隔"生育试点县是在1985年得到国家计生委和山西省政府相关部门批准的，中共翼城县委、县人民政府和县人大积极的组织和实施，制定了一系列政策措施，翼城县农民积极配合，使试点工作取得了成功。

生育政策作为一代人的政策，不仅影响着社会经济的发展，也影响着社会历史的进程。在生育政策中更公平、更有效地控制人口的起伏，能够

---

[1] 国家统计局人口和就业统计司：《中国人口和就业统计年鉴》，中国统计出版社，2013，第257页。

让人口更合理、更健康地发展，同时也能够为人类的生存和发展创造一个好的环境。现如今，翼城县二孩生育政策对农民的特殊情况也给予适当的照顾，因为政策不断的调整，更加符合农民的实际情况。翼城县二孩生育试点政策30年坚持下来，最大的成效不仅仅是保持着低生育率的水平，而且还在可持续发展的基础上营造出了和谐的人口环境。

翼城县作为人口和计划生育工作的先进地区，在全国基本执行独生子女生育政策的背景下，试点从其诞生的那一天起就引起了国内外相关学者的高度关注。1985年，"晚婚晚育加间隔"的生育试点政策出台后，各村委会和计生工作人员积极响应政策，做好相关工作，并对村民进行一定生育知识的普及教育。如2002年9月1日上午，翼城县城举行了声势浩大的游行活动，主要是宣传《中华人民共和国人口与计划生育法》，在县城内各地的墙面都粉刷着"女儿也是传后人""严格执行计划生育国策"等标语，在显眼的地方挂着相应的条幅号召农民响应党的号召。翼城县二孩生育试点政策实行30年来，翼城县在控制人口数量方面获得了很大的成功，到现在一直保持着低生育率水平，而且人口素质有了很大的提高。本文以翼城县L村二孩生育情况为研究主题，翼城县L村为以农业经济为主的村。

（二）研究意义

1. 理论意义

自20世纪70年代以来，日益增长的人口数量与有限的自然资源、环境资源和社会资源形成尖锐的矛盾，政府为此执行独生子女政策以期控制迅速增长的人口数量，却又出现了劳动力短缺、人口老龄化及失独等一系列社会问题。因此，关于生育意愿和实际生育行为两方面的关系研究就成为人口学、社会学和经济学的热点问题之一。

自实行计划生育政策以来，人口数量发生了巨大变化，低生育率已持续20多年。虽然人们比较熟悉高生育率下的人口变动规律，但是对于现在低生育率水平下的人口变动规律的探索处于起步阶段，因此，对生育意愿和实际生育行为以及两者之间的关系的探讨是我国当前处于低生育水平下急需回答的基础性问题，可以从理论和实证两方面探索低生育率水平下的人口发展规律。通过研究人们在当今社会条件下生育观念的特点及其变化规律，弄清楚生育意愿和生育行为之间的复杂关系不仅仅有利于我国在低生育水平下更清晰地掌握人口发展规律，而且能够在此基础上制定与我国国情更相适应的生育政策。

笔者以实行 30 多年二孩生育政策试点县的 L 村为调查对象，选择生育意愿和生育行为二者关系为研究主题，通过实证研究，特别是借助科尔曼的理性选择理论和 Icek Ajzen 的计划行为理论来分析生育意愿和生育行为二者的关系及影响因素。笔者希望在运用这些理论分析的同时，能够从中发现适合现在中国生育方面的理论和方法，试图进一步在理论上提升对生育意愿和生育行为两者之间关系的系统研究，并且寻找适合中国人口健康合理发展的道路。

笔者在实证研究的基础上，结合我国国情和国内外研究成果，提出了生育意愿与生育行为的理论框架关系图和二者的动态影响模型，希望缕清理想数量与实际数量、理想时间和实际时间、性别偏好和生育性别、质量偏好和生育质量之间的差异，并对这其中的影响因素进行探索。笔者在调查的基础上提出了两条研究假设，通过实证研究的检验之后，以期为我国合理生育、人口健康发展提供可行的建议。

2. 实践意义

关于生育意愿同实际生育行为这两者之间的关系探讨既是社会现实的需要，也是推动经济社会发展的需要。通过研究有利于为政府相关部门提供决策依据，科学制定人口发展战略，促进社会的和谐发展。

现在政府是否调整生育政策已经成为全社会关注的热点问题，对于独生子女政策究竟是放还是不放，已经成为政策决策者非常关注的问题。因此，通过本次实证研究，以期有利于为我国生育政策调整、确定计划生育的工作走向，为我国政府相关部门制定长期的人口与发展规划提供理论基础。

笔者对 L 村农村女性生育意愿的情况进行问卷调查之后，得到农村家庭的生育子女数量、生育子女性别、生育子女时间等意愿和态度方面的相关具体数据，在此基础上用这些数据同他们的年龄结构、家庭收入、受教育程度等方面进行了交叉分析，从而使我们清楚地了解到 L 村农村女性的生育意愿。

笔者对 L 村农村妇女生育行为的表现状态进行详细的问卷调查之后，得到农村家庭的实际生育子女数量、实际生育子女性别、实际生育子女时间等相关生育行为方面的具体数据，在此基础之上分析二孩人口政策对农村妇女的实际生育行为产生的影响。通过对农村女性生育意愿和生育行为两者的相关数据进行对比，可以看出人们在这两方面存在不少的差异性。笔者尝试从生育政策、家庭收入、受教育程度和育龄女性个体这四个方面来探讨农村妇女在生育意愿和实际生育行为之间存在背离的情况，并分析其中的原因。

（三）研究设计

笔者在查看大量关于生育的理论和搜集 L 村相关资料的基础上，采用自填式问卷法，通过回收的有效问卷进行数据录入和处理，在数据分析方面，笔者采用具有客观性、系统性、定量性和明显性特征的分析方法。经过对 L 村村民的生育意愿和实际生育行为的关系的分析，得出了生育意愿是经过生育计划这个中间变量才能够产生生育行为的研究结论。虽然村民生育意愿严重影响着生育行为，但是这两者之间存在着相背离的情况，笔者从生育政策、家庭收入、受教育程度、女性个体这四个方面分析影响两者背离的因素，最后得出相关结论。

（四）研究方法

1. 资料收集方法

本研究是在人口学、社会学、经济学和统计学等相关理论指导下进行的，在具体研究中，立足于理论研究和实证研究相结合的原则，在实证研究的基础上进行理论总结和概括。

（1）文献法

在本篇论文的题目选定、统计调查和数据处理等一系列步骤之前，笔者阅读了许多有关生育政策、生育制度、生育意愿和生育行为等方面的相关书籍、期刊文献以及与主题相关的会议论文等。笔者还查阅了人口统计年鉴中关于翼城县的相关人口数据、翼城县的人口数量和计划生育工作等相关政策性文件资料。

（2）问卷法

笔者从 2013 年 10 月 5 日至 1 月 20 日开始实施问卷调查，用大概三个多月的时间在翼城县进行实地研究。本调查以户为单位，进行面对面的调查。L 村符合调查对象要求的共有 584 户，其中 58 户男女双方均为城市户口，17 户因外出务工等其他原因不在村内居住，但户口仍在村内，还有 4 户是男性单身户。除去上述几种不符合调查要求的，总共接受问卷调查的有 505 户，笔者回收到的有效问卷为 499 份，问卷合格率为 99%。其中，问卷中涉及女性内容那部分问题时，原则上由女方本人完成。

这次实地调查主要采用入户与被调查者面对面交流的问卷填答法。填答问卷都是在调查员在场的情况下完成的，对于被调查者不清楚或是不明白问卷中涉及的部分问题或是学术术语，调查员当场给予解释，以免造成不必要的误解；对于极少数文化程度极低的被调查者，调查员运用读录法完成问卷调查，就是由调查员将问卷上的问题一一给被调查者读出来，调查对象回答好问题之后，调查员根据被调查者回答的具体内容在问卷上填写出准确答案。在此次调查中不出现户主的姓名，不透漏被调查者的个人隐私，让被调查者能够放心地回答问卷，这样回答出来的问卷可信度较高。

（3）访谈法

在问卷调查结束之后，对于问卷设计中没有涉及的问题，研究者采取了结构式访谈。访谈主要是详细了解调查对象对于生育意愿和生育行为的深层次的想法，以期弥补问卷调查中无法了解到的东西，希望通过访谈能够更清楚、更全面地了解调查对象对于二孩政策的看法。

2. 资料分析方法

本研究以定量研究为主、定性研究为辅，定量研究和定性研究相结合的方法，对收集的调查数据进行分析，具体应用的方法有表格法和列联表法。在介绍样本基本情况时主要运用表格法，对样本的基本特征进行描述性分析，在分析年龄结构、家庭收入分别和生育子女数量、受教育程度和生育子女性别等两者之间的关系时，笔者采用列联表交叉分析的方法，以便了解这两方面之间的相互影响程度，以期发现两者之间具有何种关联。

本文中数据的统计分析是在统计软件 SPSS17.0 中运行的，相关数据图表是在微软 Office 软件 10 版和 Excel 工作表中完成的。

（五）研究对象

1. 翼城县 L 村基本状况

翼城县 L 村，位于县城以东，距县城 30 公里。L 村出产的农产品主要有小麦、谷子、小米、苹果、红果、核桃等，在这些农产品中小米最为出名。早在明清时期，该地小米就已经作为高级保健品献于皇室，而且远销日本和东南亚等地。2004 年以来，翼城县 L 村学习社会先进思想以及相关营销策略，引导谷农走集约化、效益化的道路，使该村小米从一种民间农产品发展为众人皆知的国际品牌。因此，L村作为典型的农业村在翼城县经济发展中占据着举足轻重的地位。L村现有人口2256人。

2. 研究样本

本调查共发放问卷505份，收回有效问卷499份，有效率为99%。主要调查了L村农民的基本情况和生育情况。L村农民的基本情况如下（详见表6-1）。

调查对象的年龄结构。这次实地调查了不同年龄段受调查对象的生育状况，从年龄结构上来看，被调查者年龄都是在18~65周岁。其中调查对象中30~39岁的共有254人，占50.9%。而处于生育期即将结束阶段的40~49岁受调查者占36.5%。这两个年龄段的样本所呈现出来的生育意愿与生育行为的状态具有较强的代表性。

调查对象的学历情况。被调查者的受教育程度以高中文化程度居多，占68.9%；初中及以下文化程度的受调查对象占5.8%；大专和本科学历的占23.6%；出现了极少数的研究生及以上学历，占1.6%。数据显示，大部分被调查者都完成了九年义务教育，人们接受教育的程度比较高。

表6-1 2013年翼城县L村二孩生育调查研究变量描述性统计

单位：人,%

变量	内容描述	样本量	百分比	有效百分比	累计百分比
年龄结构	18~29岁	52	10.4	10.4	10.4
	30~39岁	254	50.9	50.9	61.3
	40~49岁	182	36.5	36.5	97.8
	50~65岁	11	2.2	2.2	100.0
受教育程度	初中及以下	29	5.8	5.8	5.8
	高中/中专	344	68.9	68.9	74.7
	大专	85	17.0	17.0	91.7
	本科	33	6.6	6.6	98.3
	研究生及以上	8	1.6	1.6	100.0
职业	农民	246	49.3	49.3	49.3
	个体私营	41	8.2	8.2	57.5
	工人	192	38.4	38.4	95.9
	其他	20	4.0	4.0	100.0

续表

变量	内容描述	样本量	百分比	有效百分比	累计百分比
月平均收入	1500 元以下	54	10.8	10.8	10.8
	1500~3000 元	228	45.7	45.7	56.5
	3000~5000 元	155	31.1	31.1	87.6
	5000~1000 元	55	11.0	11.0	98.6
	10000 元以上	7	1.4	1.4	100.0

受调查对象的职业。本次问卷调查中，受调查对象是农民的总数为246人，占49.3%；个体私营业主人数为41人，占8.2%。在实地调查中发现虽然大部分村民都是农民，但出现了部分村民在县城或是外地打工、经商和兼营养殖业等情况。其中不仅仅是男性外出打工，女性也开始走上了走出农村到外地打工的发展道路，有的是希望孩子能够接受到好的教育，母亲利用陪同给孩子做饭之外的闲暇时间在外兼职工作。被调查者是工人的共有192人，占38.4%。这些人虽然都有自己的工作，但是不少家庭中也有土地，或是上辈父母留下的，或是子女的。当然，他们也有可能会将自己拥有支配权的土地流转给亲戚朋友等。

受调查对象的月平均收入。笔者在这次调查中发现，虽然L村是极其典型的农业村，但是现在由于社会经济的发展，乡镇企业的增多，农民就业机会的增多，很多村民会选择在附近企业就业或是在县城工作，再加上经营种植业、养殖业或其他小本买卖，农民的收入来源多且复杂，而问卷中涉及的题目是月平均收入，村民们当场计算自己的月平均收入只能靠估算了，故而在统计中可能存在一定的误差。

由于家庭收入是一个较为隐私的话题，告知别人的时候可能会无意识地出现一些偏差，但是这些数据大体上可以体现L村受调查对象的基本经济状况。调查统计数据显示，月均收入为1500~3000元的家庭在调查对象中占的比例最大，占样本总量的45.7%；其次是月均收入在3000~5000元的家庭，占31.1%；月均收入在1500元以下的家庭占10.8%。

（六）概念界定

1. 生育意愿

"生育意愿直接体现着生育观念和生育文化，同时也是人们对自身生育行为的主观表现，这不仅仅包含个人或家庭在生育子女的数量、性别及间隔时间等多方面的主观态度，还包含了生育动机以及生育目的等其他方面影响人们主观态度的内在机理。"① 生育意愿不仅仅体现着人们的生理需要，而且在某种程度上还对人类的计划生育决策和实际的生育行为起着一定的制约作用。所以，对于生育意愿方面研究的重要性不言而喻。同时，生育意愿研究是人口学研究的一个重要方面。伴随着我国经济、社会的快速发展，人们的观念渐渐发生了变化，尤其是在我国生育国策影响下实行二孩生育试点的翼城县，探讨人们的生育意愿与行为对未来我国生育水平的走向有着科学的预测作用。

生育意愿研究至少包括三个逐渐递进的层次："第一层次主要表现为生育意愿的外显结果，具体体现在意愿生育数量、意愿生育性别、意愿生育时间、意愿生育间隔时间等方面的内容。换言之，是人们对于生育需求的主观表达。第二层次体现为生育意愿的内在动机，或者说导致人们生育意愿形成的主要因素。即人们为何会形成某种生育意愿，生育意愿产生背后的动机和作用机制是什么？第三层次则是生育意愿实现的决策性机制，即人们的生育意愿、生育行为和国家的生育水平之间的关系。"②

生育意愿是一个地区经济、政治、文化、社会等因素的综合反映，生育意愿涉及个人或家庭的主观认知，是一个非常复杂的概念。本文对生育意愿界定为出于个人或家庭对子女生育偏好的主观愿望，主要包括意愿生育子女数量、意愿生育子女性别、意愿生育子女时间（初次生育时间、生育间隔时间）这三个维度。

生育意愿代表着人们对于生育行为的一种理想状态，但通常这种美好的理想会受到制度、环境等方面的制约。人们不得不在理想和现实中折中，综合考虑各种可预见和不可预见的因素，并以此为基础做出可行且具体的生育计划，这样的计划决策才容易转化为生育行为。当然这两者不会完全等同，也可能出现一些偏差。

2. 生育计划

生育计划指的是生育的具体计划，即夫妇或妇女本人对自己下一步就具体的生育子女数量和生育子女时间等的明确计划，生育计划主要受生育态度、主观规范和行为控制三方面的影响。

---

① 顾宝昌、马小红、茅倬彦编《二孩，你会生吗》，社会科学文献出版社，2014，第18页。
② 顾宝昌、马小红、茅倬彦编《二孩，你会生吗》，社会科学文献出版社，2014，第20页。

生育态度。人们的主观生育态度对他采取何种生育计划和执行何种生育行为都有着重要的影响。笔者尝试从对生育子女性别偏好和生育子女价值的判断这两方面来体现育龄女性的生育态度。第一方面是子女性别偏好,在我国主要体现在对男孩的偏好,而对于我国当下实行二孩生育政策的部分地区,符合此项政策条件的女性,对子女性别的一种偏好出现了其他情况,对女孩和儿女双全的偏好。"第二方面是对子女价值的判断,包括三个方面:一是认为生育子女满足了家庭的精神需求,二是认为生育子女是家族传承的需要,三是认为生育和养育子女是负担,这种负担包含生育和养育孩子的直接和间接成本。"①

主观规范。女性在决定自己的生育计划时所感受到的社会压力对自己的计划也会有不小的影响。与"不考虑周围"看法的妇女相比,"考虑"周围看法的妇女更倾向于放弃自己的生育意愿,采取他们自认为合适的生育计划。在女性决定自己生育计划的过程中,对女性造成一定影响的个人或群体主要体现在:一是丈夫,在决定家庭生育计划时,丈夫处于主导决定地位,特别是在经济较为落后地区这种现象更为严重;二是双方父母,因为决定生育计划并不仅是妇女的个人事情,而且是整个家庭的大事,所以无论直接还是间接,家人的建议或态度对女性决定生育计划会造成一定的影响;三是朋友、同事或邻居,这是女性的主要社会网络群,他们的个人经历及鲜活的事例都会对女性的生育决策产生影响。

行为控制。即女性能够感知到的她们在执行生育计划时所拥有的能力和资源。包含两个方面:"一方面指个人所能感知到的,即执行生育行为所拥有的能力、资源和机会。夫妇的工作情况、家庭的经济条件、双方父母的健康状况及孩子的照料人选情况等方面的能力和资源,这些基本情况都将成为女性执行生育行为所必须考虑的内容。另一方面是指个人评估的对于实现生育行为时所需要拥有的能力、资源和机会等方面。根据自己和家庭的能力和资源制定可行的生育计划,可行的生育计划才能更有条件转变成生育行为。"②

---

① 茅倬彦、罗昊:《符合二孩政策妇女的生育意愿和生育行为差异——基于计划行为理论的实证研究》,《人口研究》2013年第1期,第71页。
② 茅倬彦、罗昊:《符合二孩政策妇女的生育意愿和生育行为差异——基于计划行为理论的实证研究》,《人口研究》2013年第1期,第72页。

3. 生育行为

生育行为指母亲分娩婴儿的行为以及过程，是生命的基本特征之一。既是新生婴儿生命过程的开始，又是母亲（生育者）的一种人口活动。生育行为主要取决于母亲的状况，如母亲的年龄、距离结婚的时间、生育的顺序（胎次）等。构成生育行为的前提条件是：处于育龄期并且同时具有生育能力的女性与男子以及男女两性相结合。

首先，并非一切达到青春期的男女都自然地过两性生活。绝大部分的生育行为都纳入当时当地婚姻家庭制度的轨道而体现为一种社会行为。其次，"结婚只是为生育提供了前提和可能，一对夫妇是否生孩子、生多少、何时生，在很大程度上取决于当事人的意愿和决定；后者又受各种社会经济因素的制约，如生产力发展水平、社会制度、家庭经济条件、风俗习惯、民族文化传统、现行人口政策等"[1]。上述提到的这些因素通过各个家庭以及个人的生育意愿间接地体现出来。现代社会经济发展水平提高，科学避孕方法及技术为人类自觉地控制生育行为提供了有效方式。

吴忠观等认为，"生育行为是在生育动机的支配下有意识的生产和再生产他人生命的行为，是人类在自身的生理和心理状态的基础上，并且由人类存在的客观环境所决定，因此这种行为具有社会性"[2]。人类的生育动机支配着他们的生育行为，然而产生人类生育动机的原因是人们的生育欲望或者生育需要。因此，生理、心理和外部环境刺激会产生人类的生育动因，并且归根结底人类不同的生理需求是由每个人存在的不同的客观环境的刺激所导致的。同时，"因为每个人所在的客观环境并不完全相同，人们的需求和生育动因也会存在或多或少的区别，因而导致人类的生育行为模式也存在不少的差别"[3]。

生育行为是指男女双方在社会承认的状态下，女性怀孕在体内孕育后代并分娩的行为。通常对女方来说生育的最佳时期是25岁到30岁之间，女方最好在30岁之前生育，男方则在35岁之前。然而本次调查的大部分对象正好处于30~39岁，对于他们而言，是最具有代表性的调查对象。因为这个年龄段在最佳生育期的末梢，刚刚结束过一段生育行为，但是依旧还有

---

[1] 赵书文、韩明希、李德辉编《简明人口学词典》，甘肃人民出版社，1988，第215页。
[2] 吴忠观、周君玉、封希德、方英仁等编《人口科学辞典》，西南财经大学出版社，1997，第261页。
[3] 王学义：《人口现代化研究》，西南财经大学博士论文，2014。

生育能力，他们既很清楚生育并抚育一个孩子的各种情况，又有可能是生育二孩的萌芽群体。在此，笔者对生育行为的界定包括实际生育子女数量、实际生育子女性别、实际生育子女时间（开始生育时间、生育间隔时间）这三个维度。

二 L村生育的现实状况

（一）生育数量

生育数量包括意愿生育数量、计划生育数量和实际生育数量三方面。在对L村的调查中得到被调查者的意愿生育子女数量、计划生育子女数量、实际生育子女数量这三个方面的详细数据，对这三方面的具体数据进行对比分析，我们发现人们计划生育子女数量和实际生育子女数量呈现的状态比较接近，然而人们理想状态下的生育子女数量则同实际生育子女数量呈现出来的情况存在较大差异（详见表6－2）。

表6－2 生育子女数量对比

单位：人，%

变量	意愿生育子女数量				计划生育子女数量			实际生育子女数量			
	0个	1个	2个	3个及以上	1个	2个	3个及以上	0个	1个	2个	3个及以上
样本量	11	74	408	6	128	358	13	8	109	366	16
百分比	2.2	14.8	81.8	1.2	25.7	71.7	2.6	1.6	21.8	73.3	3.2
累计百分比	2.2	17.0	98.8	100.0	25.7	97.4	100.0	1.6	23.4	96.7	100.0

其中需要说明的一点就是关于子女数量为0个的样本量的情况。从表6－2看到计划生育子女数量没有为0个孩子的样本量，然而实际生育子女数量为0个孩子的样本有8个，意愿生育子女数量为0个孩子的样本为11个。这说明意愿生育子女数量与实际生育子女数量的数据情况处于基本吻合的状态，但是计划生育子女数量与前面提到的两者呈现截然相反的结果。虽然这个结果与前面相关数据得到的结论存在差异，但是在访谈中我们了解到其中的原因就是在实际生育子女数量中的这8个样本量均来自初婚家庭，到目前为止还没有生育孩子，现在正处于制订生育计划的过程当中。有个别家庭可能无生育能力，可能会领养孩子。

因此，制订详细时间和数量的生育决策计划在实现家庭生育意愿方面的作用是不可忽视的。生育计划作为影响生育意愿同生育行为两方面关系之间的中介变量，导致具有明确生育计划决策的女性更有可能将生育意愿转换为生育行为。

1. 生育子女数量与年龄结构的交叉分析

由表6-2给出的详细数据可知，人们计划生育子女数量与实际生育子女数量较为接近，因此在这里我们就主要对比分析意愿生育同实际生育的子女数量这两者的相关性。

在调查中将调查对象划分为不同的年龄阶段，他们生育子女数量的主观意愿表现的也会有所不同。由于各个年龄段的样本数量不同，因此需要结合各个年龄段的具体样本量来考虑两者之间的关系。通过表6-3列出的详细数据可知：人们生育子女数量的主观意愿和年龄结构变量是正相关关系，通俗来说就是年龄越大，希望生育两个孩子的被调查者在总体样本中所占的比例也就越大；反之，年龄越小，期望生育两个孩子的样本量比例就会越低。

从表6-3中可以看出大多数人希望生育两个孩子，而希望生育三个及以上孩子的数量少之又少，甚至在访谈中我们发现，"希望生育的孩子越多越好"的这种观点已经不存在了。通过调查得到的数据，我们发现其中30~39岁和40~49岁这两个年龄组希望生育两孩的样本量仍比较多，分别占总样本的43.1%和30.3%。这是由于这两个年龄段正是生育的鼎盛期和完结期，是育龄女性发展较为成熟的年龄阶段。

调查数据显示这两个年龄段的农民受传统影响比较大，至少希望生育两个孩子。18~29岁这个年龄组呈现另一种情况，即与其他年龄段相比，此年龄段的农民希望生育子女数量为一个的比例较高。在此还需要说明的是，50岁以上的这个年龄段，由于这个年龄段已经不在育龄期的范围内，因此本次调查关于此年龄段的调查对象的样本量不是很多。在调查的50岁以上年龄段样本量中，90.9%的样本量期望生育两个孩子，没有希望生育一个孩子的样本。就生育孩子数量作比较，会发现18~29岁、30~39岁、40~49岁和50岁以上这四个年龄段希望生育两个孩子的相对比例呈现依次递增的现象。

18~29岁年龄段和50岁以上年龄段出现极大的反差，主要原因是所处的时代不同，生活环境变化过大。在访谈中，我们了解到部分50岁以上年龄组的人是18~29岁年龄组的上一辈，因此，这更能说明不同年龄段的人所处的时代及生活环境有所不同，会直接或间接影响人们的生育观念，也会造成人们对生育方面主观态度的表现形式有所区别。

表 6-3 年龄与意愿生育子女数量交叉分析

			意愿生育子女数量				合计
			0	1个	2个	3个及以上	
年龄	18~29岁	计数	3	17	32	0	52
		年龄中的%	5.8%	32.7%	61.5%	0	100.0%
		意愿生育子女数量中的%	27.3%	23.0%	7.8%	0	10.4%
		总数的%	0.6%	3.4%	6.4%	0	10.4%
	30~39岁	计数	6	32	215	1	254
		年龄中的%	2.4%	12.6%	84.6%	0.4%	100.0%
		意愿生育子女数量中的%	54.5%	43.2%	52.7%	16.7%	50.9%
		总数的%	1.2%	6.4%	43.1%	0.2%	50.9%
	40~49岁	计数	2	25	151	4	182
		年龄中的%	1.1%	13.7%	83.0%	2.2%	100.0%
		意愿生育子女数量中的%	18.2%	33.8%	37.0%	66.7%	36.5%
		总数的%	0.4%	5.0%	30.3%	0.8%	36.5%
	50岁及以上	计数	0	0	10	1	11
		年龄中的%	0	0	90.9%	9.1%	100.0%
		意愿生育子女数量中的%	0	0	2.5%	16.7%	2.2%
		总数的%	0	0	2.0%	0.2%	2.2%
合计		计数	11	74	408	6	499
		年龄中的%	2.2%	14.8%	81.8%	1.2%	100.0%
		意愿生育子女数量中的%	100.0%	100.0%	100.0%	100.0%	100.0%
		总数的%	2.2%	14.8%	81.8%	1.2%	100.0%

由图 6-1 可以看出，生育一个孩子的农民家庭随受调查年龄的增加而减少。50岁以上的年龄段大多生育两个孩子，有少数家庭生育了三个小孩；40~49岁年龄段的被调查者生育一个孩子的比例是4.8%，相对其他两组而言最低；30~39岁年龄段的被调查者生育一个孩子的比例是10.0%；18~29岁年龄段的调查对象生育一个孩子的比例是6.6%。虽然18~29岁年龄组的受调查对象的比例低于30~39岁的年龄组，但是它们的样本量分别为

52 和 254。这样的前提导致那样的结果。

通过表 6-3 和图 6-1 的对比，可以明显看出，实际生育两个孩子的数量的比例小于希望生育两个孩子的数量的比例，如 30~39 岁这个年龄段希望生育两个孩子的样本量是 215，然而实际上生育两个孩子的样本量是 198；实际生育一个孩子的数量的比例会略大于希望生育一个孩子的数量的比例，如 18~29 岁的年龄段希望生育一个孩子的样本量为 17，然而这一年龄段的农民实际上生育一个孩子的数量为 33。

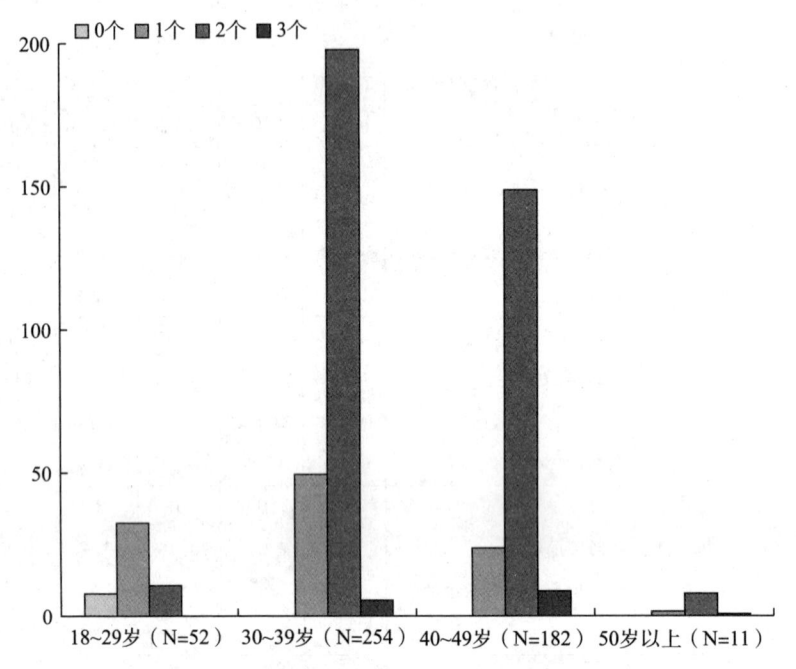

图 6-1　年龄结构与实际生育子女数量交叉分析

2. 生育子女数量与月均收入的交叉分析

调查中，我们得到了意愿生育子女数量和月均收入的相关数据，并对这两者进行了相关性的交叉分析。从图 6-2 给出的详细数据可以看出，意愿生育子女数量为两个的样本量为 408，占样本总量的 81.8%，比例最高，较有代表性。因此笔者详细分析了调查对象生育两个孩子的希望程度与家庭收入这两者的相关程度。

调查数据显示：月均收入在 1500~3000 元的受调查对象希望生育两个孩子在样本总量的比例是 47.5%，在样本量中比值最高；接下来的是收入在 3000~5000 元的受调查对象，希望生育两个孩子的比例为 30.9%；随后

第六章 翼城县 L 村二孩生育意愿和行为研究

的三个收入段的样本量与前面提到的两个收入段的样本量差距较大，收入5000～10000元的受调查对象希望生育两个孩子的比例为10.5%；收入1500元以下的受调查对象希望生育两个孩子的比例为9.8%；收入10000元以上的被调查者，希望生育两个孩子的比例是1.2%。

笔者除去这五个收入段样本量的具体值都不相等的误差，通过上述数据基本上可以看出收入和生育两个孩子的希望程度较为复杂。大致呈现出这样的状态，首先是中等偏低收入的家庭希望生育两个孩子的程度最高；其次是中等偏高收入的家庭，他们希望生育两个孩子的程度也较高；最后较高收入和极低收入这两种类型的家庭，他们希望生育两个孩子的程度都较低。

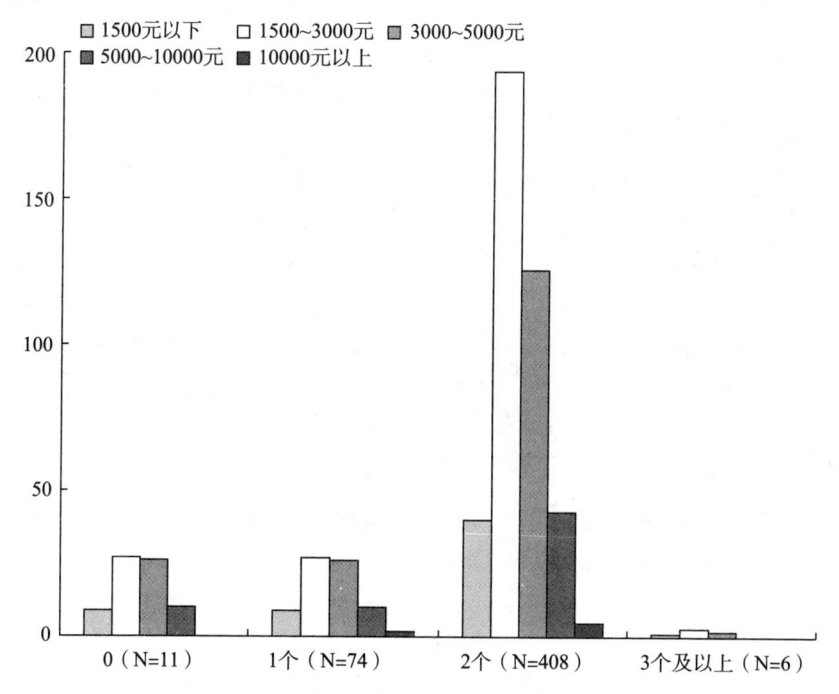

图 6－2　月均收入与意愿生育子女数交叉分析

我们将实际生育子女数量和月均收入的相关数据两者进行了相关性的交叉分析。从表 6－4 给出的详细数据可以看出，实际生育子女数量为两个孩子的样本量为 366 个，占样本总量的比例是 73.3%，从这一数据可以看出实际生育子女数为两个孩子的样本量低于意愿生育子女数为两个孩子的样本量。进一步详细分析调查对象实际生育两个孩子与家庭收入这两者的相关程度。

调查数据显示：收入在1500~3000元的被调查者实际生育两个孩子占样本总量的比例是46.2%，在样本量中的比值最高；接下来是收入在3000~5000元的被调查者，他们实际生育两个孩子的比例是31.7%，在样本量中的比例位居第二；随后三个收入段的样本量与前面提到的两个收入段的样本量差距较大，收入在5000~10000元的受调查对象实际生育两个孩子的比例为9.8%；收入在1500元以下的被调查者实际生育两个孩子的比例是11.2%；收入在10000元以上的被调查者实际生育两个孩子的比例是1.1%，在样本量中的比值最低。

表6-4 实际生育子女数与月均收入交叉分析

			1500元以下	1500~3000元	3000~5000元	5000~10000元	10000元以上	合计
实际生育子女数量	0个	计数	2	0	4	2	0	8
		实际生育子女数中的%	25.0%	0	50.0%	25.0%	0	100%
		月均收入中的%	3.7%	0	2.6%	3.6%	0	1.6%
		总数的%	0.4%	0	0.8%	0.4%	0	1.6%
	1个	计数	10	49	31	16	3	109
		实际生育子女数中的%	9.2%	45.0%	28.4%	14.7%	2.8%	100%
		月均收入中的%	18.5%	21.5%	20.0%	29.1%	42.9%	21.8%
		总数的%	2.0%	9.8%	6.2%	3.2%	0.6%	21.8%
	2个	计数	41	169	116	36	4	366
		实际生育子女数中的%	11.2%	46.2%	31.7%	9.8%	1.1%	100%
		月均收入中的%	75.9%	74.1%	74.8%	65.5%	57.1%	73.3%
		总数的%	8.2%	33.9%	23.2%	7.2%	0.8%	73.3%
	3个	计数	1	10	4	1	0	16
		实际生育子女数中的%	6.3%	62.5%	25.0%	6.3%	0	100%
		月均收入中的%	1.9%	4.4%	2.6%	1.8%	0	3.2%
		总数的%	0.2%	2.0%	0.8%	0.2%	0	3.2%
合计		计数	54	228	155	55	7	499
		实际生育子女数中的%	10.8%	45.7%	31.1%	11.0%	1.4%	100%
		月均收入中的%	100%	100%	100%	100%	100%	100%
		总数的%	10.8%	45.7%	31.1%	11.0%	1.4%	100%

第六章 翼城县L村二孩生育意愿和行为研究

通过对图6-2与表6-4呈现出的数据进行对比，发现中等收入家庭与中等偏低收入家庭实际生育两个孩子的意愿更容易得到实现。这说明收入也是制约生育孩子数量的一个重要因素。对于家庭相对富裕的一些人而言，他们觉得生养两个孩子的消费程度尚在可以接受的范围内，也更容易做出这样的生育决策。

（二）生育性别

从图6-3中可以看到，男孩偏好思想在初中及以下的受教育程度中比例最大，受教育程度为初中及以下的样本总量为29，其中希望生育男孩的样本量为24，占初中及以下文化程度总样本的82.8%；受教育程度为高中（含中专）的样本总量为344，其中希望生育男孩的样本量为87，比例为25.3%；受教育程度为大专的样本总量为85，其中希望生育男孩的样本量为14，比例为16.5%；受教育程度为本科的样本总量为33，其中希望生育男孩的样本量为3，比例为9.1%。从上述数据可知，村民们生男孩的倾向已经不显著了，不会将生育男孩当做是一种使命来对待。

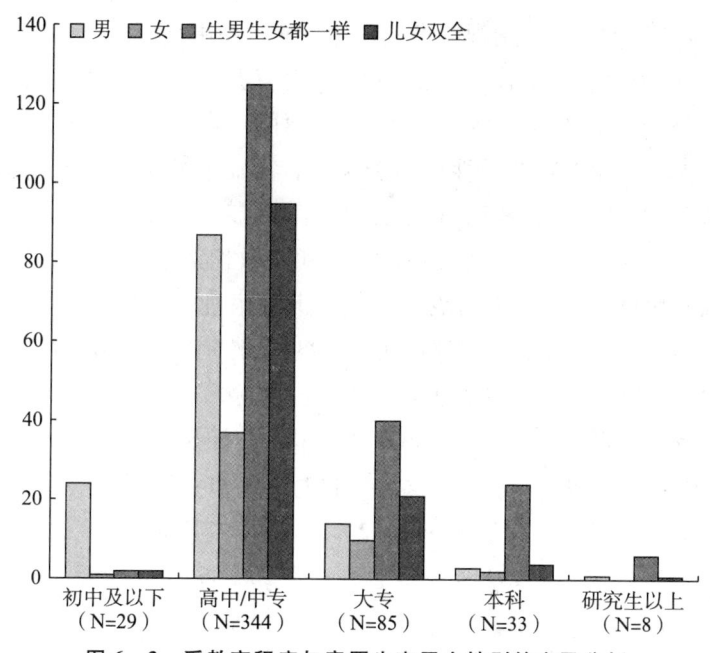

图6-3 受教育程度与意愿生育子女性别的交叉分析

据前述可以得出结论，希望孩子性别为男孩的观念与受教育程度呈现出负相关关系，即受教育程度越高的受调查对象，男孩偏好的思想表现得越不严重；反之，亦然。通过访谈我们了解到，男孩偏好思想在农民群众中虽然还存在，但已经开始弱化。这说明伴随社会文明不断发展，人们受传统因素影响的"重男轻女"思想也开始慢慢淡化。随着社会经济的不断发展，人们受封建传统思想的影响日益弱化，村民们对生育孩子性别的态度和看法也开始慢慢同现代社会接轨。

从图6-3中还可以看到，认为生男生女都一样的样本量为197，占样本总量的39.5%。这说明村民们开始接受了生男生女都一样的思想，不再认为女孩是给别人家养的。同时，访谈中我们还发现，对于生两个女孩的家庭村民们背后的非议也日益减少，表明人们的生育观念在不断进步。调查中还发现少量的偏好女孩的思想渐渐出现，其中希望生育女孩的被调查者总数是50人，占总样本的10%。被访者称："毕竟闺女是父母的贴心小棉袄嘛，女儿疼爱父母，体贴家人。"这体现了农村生育性别意愿正在出现的新现象。

调查资料还显示，无论受教育程度如何，"儿女双全"的观念均颇受追捧。这就说明，村民们还是觉得膝下有儿有女更好，既可以满足自身的物质追求，又可以满足自己的精神需求。在这方面，高中（含中专）这个教育层次的村民表现最为突出。该教育层次的样本总量是344，其中希望儿女双全的样本量是95，占高中（含中专）文化程度总样本的27.6%（详见图6-4）。

谈到人们实际生育孩子性别的情况，自然而然要了解当下我国的出生性别比情况。"2000年，我国第五次人口普查结果显示，出生性别结构比是117，比正常值高出将近10个百分点；其中一孩性别比较为正常，但是孩次越高，性别比也就越高，并且农村高于城市，性别比为120.7。根据国家统计局所提供的相关数字，2008年我国人口出生性别比是120.56，2009年比例开始出现下降的情况，是119.45。"[1]

1949年，翼城县总人口数137373人，其中女性66395人，男性70978人，性别比是106.90；1979年，翼城县总人口数248181人，其中女性123180人，男性125001人，性别比则是101.48；2012年，翼城县总人口数317822人，其中女性158624人，男性159198人，性别比为100.36。[2] 这说明翼城县在实行

---

[1] 数据来源：中华人民共和国国家人口和计划生育委员会：《2009年全国人口和计划生育事业发展公报》，2010-5-16，http://www.Chinapop.gov.cn/t jgb/201005/t20100526_204024.html。
[2] 数据来源：《翼城县志》上卷，山西人民出版社，2007，第106页；翼城县志办公室编《翼城年鉴》（2011-2012），2012，第329页。

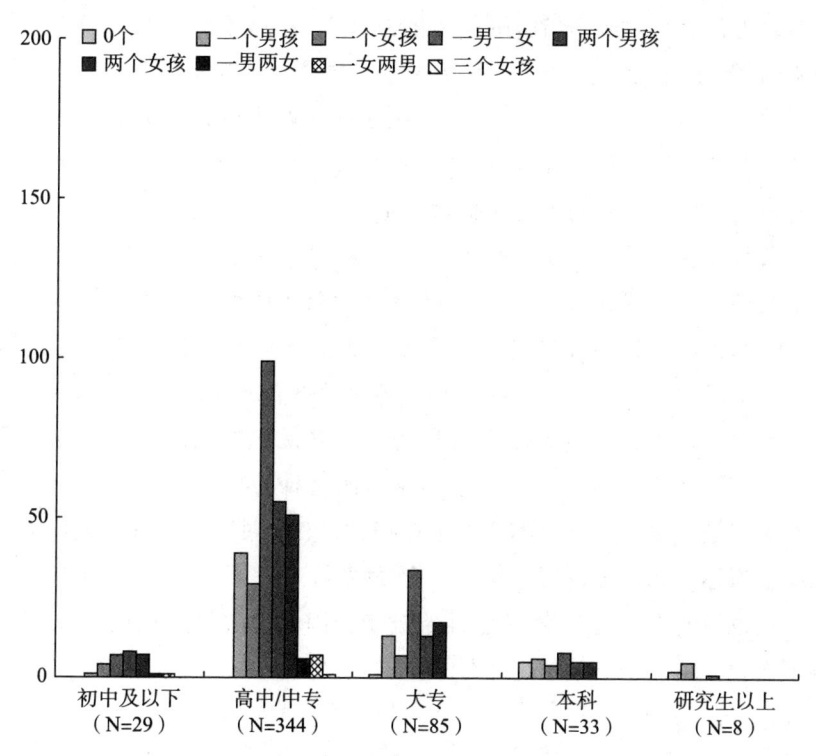

图 6-4 受教育程度与实际生育子女性别的交叉分析

二孩生育政策的同时，有效地避免了男女比例不均的问题。L村村民的生育子女性别比也较为正常。

表 6-5 为生育男孩会不会采取流产等其他措施

单位：个，%

		频率	百分比	有效百分比	累计百分比
有效	完全可能	9	1.8	1.8	1.8
	有可能	38	7.6	7.6	9.4
	不一定	123	24.6	24.6	34.0
	不会	259	51.9	51.9	85.9
	绝对不会	70	14.0	14.0	100.0
	合计	499	100.0	100.0	

在此次调查中，对于"为了生育男孩会不会采取流产等其他措施"也做了相关的了解。从表 6-5 给出的详细数据，我们可以清楚地看到不会因

为想生育男孩而采取流产措施的样本量为329，占总样本数的65.9%；其中14.0%的受调查对象是坚决不会因为想生育男孩而采取流产等措施的。只有1.8%的受调查对象会因为想要男孩坚决采取流产等措施。由于想要男孩而有可能采取流产措施的样本量为38，占总样本的7.6%。还有24.6%的受调查对象对于此项内容的态度是摇摆不定。

随着科技进步，女方在怀孕期间，有一些人或是她们的家庭成员会通过B超等方式在孩子诞生之前了解孕育中的孩子的性别。虽然现在医院已经明文告知不可以告诉怀孕者腹中孩子的性别，而只能告知婴儿的健康状况等，但是对于盼子心切的一些父母来说，这些信息远远不能使他们满意，他们会采取找熟人，或者给小费的行为，使其说出婴儿的性别。也有通过其他途径探知怀孕中的孩子的性别的。当然这种为男孩而采取流产的情况虽存在，但是极少数的，更不会发生在年轻人和受过高等教育的人群中。

综上所述，我们可以得出结论，绝大多数农民不会为生育男孩而绞尽脑汁，这也说明人们的生育观念日益进步。因此，现在人们的男孩偏好思想逐渐淡化，特别是一孩的出生性别比趋向平衡。

（三）生育时间

1. 初育年龄

一般来说，初婚的年龄直接或间接地影响着初育的年龄，女性初育年龄早晚严重影响着我国生育率水平的高低。"虽然意愿初育年龄并不等同于实际生育年龄，但是这直接反映着女性生育价值观是否发生转变，并且对分析我国未来生育率的发展趋势及生育水平有着极其重要的意义。"[①]

在499份问卷中，大多数被调查者认为初育时间的最佳状态是在23～26岁，占总样本数的83.03%。通过计算得出，女方的理想初育年龄平均为23.86岁，与生育政策要求的年龄基本相符。不过，这里需要说明一点，农村人心目中的年龄通常都是按照虚岁来计算，因此笔者就在此年龄基础上减去大概0.5岁来平衡由于风俗习惯所造成的误差。所以对于L村女性而言，她们的意愿初育年龄应为23.36岁，和政策要求的年龄有一些差距，但不大。人们根据自己和家庭的实际情况确定具体的初育时间。与意愿初育年龄相比，人们的计划初育年龄处于一种较为分散的状态，其集中趋势主

---

① 郑真真：《中国育龄妇女的生育意愿研究》，《中国人口科学》2004年第5期。

第六章 翼城县 L 村二孩生育意愿和行为研究

要分布在 23~27 岁这个年龄段上,而其他的样本量则是零散地分布在 21~23 岁以及 27~30 这两个年龄段(详见图 6-5)。

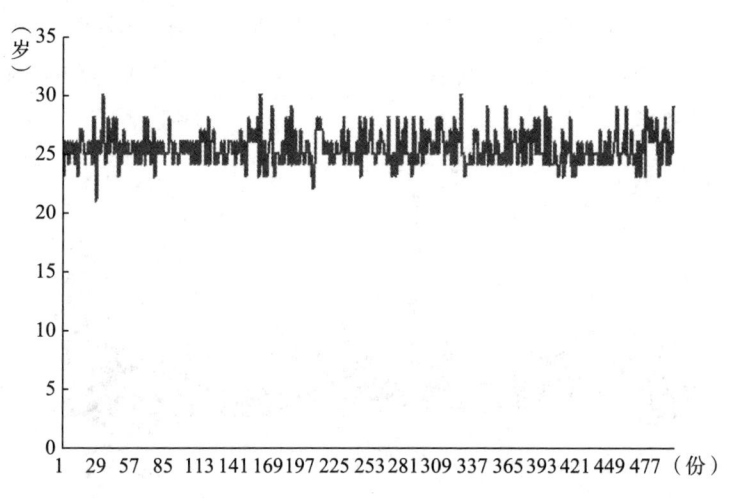

图 6-5 L 村女性计划初育年龄

总之,翼城县 L 村的妇女们一般是根据生育政策的要求和自己家庭的实际情况确定初育年龄的,初育年龄与政策要求的生育年龄基本一致。

在此次调查中发现,虽然理想初育年龄为 23~26 岁,但是落实到每个家庭,也不尽相同。

个案一

我现在 27 岁,老公 26 岁,结婚有两个多年头了。我们刚刚结婚的时候就商量着趁着还年轻可以多挣点钱,我俩现在工作都一般,而且我们父母的身子骨也挺硬朗的。我还想在生育之前再调养半年,这样生出来的宝宝也健康。只是没想到刚结婚才两个月我就怀孕了,我们想只好做好一切准备来迎接我们的小宝贝,最后我们还是欣然接受这个意外的惊喜。现在我们宝宝已经一周岁了,挺健康的。

实际初育年龄的情况是,有的家庭希望初育的时间能够迟些,却偏偏早了;有的家庭希望初育的时间能够早些,却偏偏迟了。当然也有不少家庭是遂了自己的心愿,但大部分家庭的理想初育年龄还是和实际初育年龄有出入(具体情况见图 6-6)。从图 6-6 中可以明显看出,大部分女性的实际初育年龄主要集中在 26~29 岁这个年龄段,其次是 30 岁左右和 22~24

岁这两个年龄段,只有极少数女性初育年龄在40岁以上。样本总量中有8户是初婚未育家庭,因此,表中没有计入这8户的调查样本。根据山西省计划生育条例第二章第九条"已婚妇女24周岁以上第一次生育的,为晚育"①。根据图6-6可知,L村农民实际初育年龄已经基本达到条例规定的晚育年龄的要求。

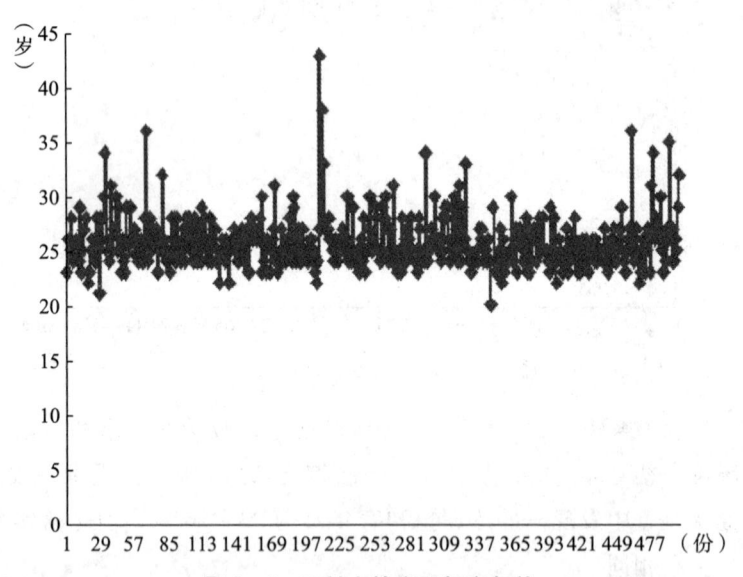

图6-6 L村女性实际初育年龄

通过对比图6-5和6-6可以看出,意愿初育年龄、计划初育年龄和实际初育年龄这三者之间呈现出一种依次由25岁为中心点向两极扩散的趋势,扩散的程度处于一种越来越趋于平缓的状态。计划初育年龄所在的集中趋势处于意愿初育年龄和实际初育年龄两者所在的集中趋势的中间。这说明可能由于各种各样非控制力因素的影响,人们的实际生育时间与自己的理想初育时间出现了一些偏差。

2. 生育间隔时间

生育间隔时间是指女性生育两胎之间的间隔期限,它主要体现家庭孕育孩子的密集程度。在这次调查的样本总量中,由于3胎以上的被调查者较少,仅占3.2%,因此笔者在文中只计算生育1~2胎的间隔时间。

在499份调查样本中,希望两胎间隔时间为1~2年的比例为3.4%;

---

① 山西省计划生育委员会:《翼城县计划生育试行规定》,1985。

希望两胎间隔时间为3~5年的被调查者总数高达331，比例为66.3%；希望两胎间隔时间为6~8年的样本量为114，比例为22.8%；还有一些希望两胎间隔时间为8年以上的村民，认为这样能有足够的时间调养恢复身体；当然依旧存在着随心所欲生育的村民，他们认为这些事情完全顺其自然便可以。具体数据详见图6-7。

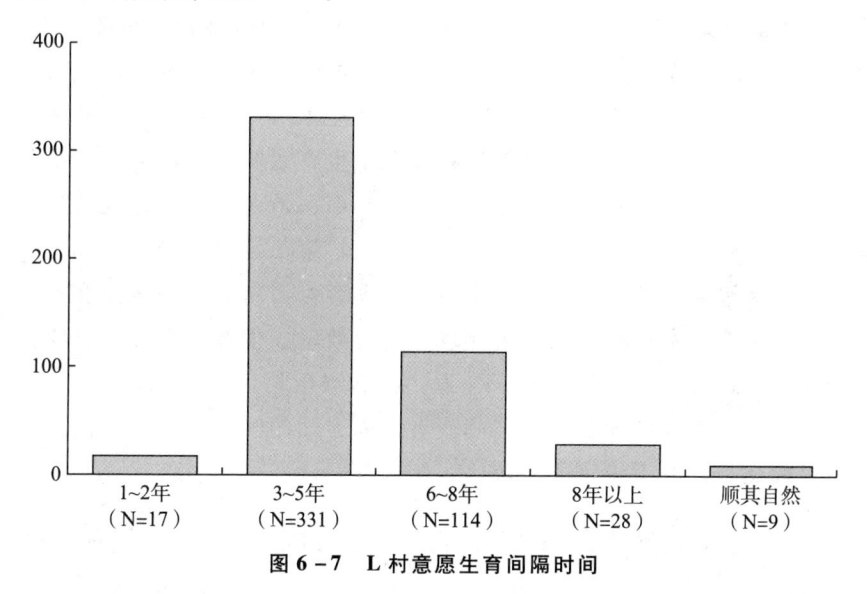

图6-7　L村意愿生育间隔时间

调查结果显示：绝大多数被调查者已将二孩生育政策内化，并且很自觉地将其转化为自己的主观意愿和态度。

在本次调查中，L村的实际生育间隔时间为4.89年，与早期的生育政策要求间隔时间为6年差了一年，但与现在的生育政策要求间隔时间4年相比却延长了近一年。这说明随着二孩生育政策的普及，村民们已不再像过去那样盲目生孩子，同时表明农村人口生育间隔已基本是自愿行为。

（四）总结

综上所述，人们的生育意愿虽然直接影响着生育行为，但是意愿和行为这两个方面的关系存在显著的差异性，然而作为两者关系之间的中间变量即生育计划，和生育行为则比较接近。

调查研究的结论：第一，生育子女数量与年龄结构变量呈正相关关系，意愿生育子女数量、计划生育子女数量和实际生育子女数量处于上升的状态。第二，意愿生育子女数量同月均收入呈正态分布，中等偏低收入家庭处于最高值；实际生育子女数量同月均收入呈正态分布，但是中等收入家庭处于最高值。第三，男孩偏好思想与受教育程度呈负相关关系，文化程度越高的被调查者希望生育男孩的意愿越低，反之，亦然。第四，理想初育年龄均值虽然和实际初育年龄均值相差甚少，但个体差异较大；随着社会进步、经济发展，人们生育两胎间隔时间的年限已逐渐延长。

一般来说具有确定的时间与数量的生育计划才容易转化成生育行为，因此，生育行为与生育计划较为接近，但与生育意愿存在差异。生育意愿并不等于生育行为，有人实现了自己的生育意愿，然而也有人并未达到自己心中所希望的目标。同时生育计划是介于生育意愿和生育行为的中间环节，这也会导致意愿和行为两方面的背离：第一是人们认为生几个孩子为最佳并不代表真正希望或者打算生几个孩子；第二是人们希望生几个孩子也不一定就代表自己确定要生几个孩子。笔者对L村人生育意愿和行为两方面进行调查，发现其背离主要体现在生育数量、生育性别、生育时间这三个方面，理想的生育状态可综合为"儿女双全"、"男孩偏好"及23岁的初育年龄，由于各种条件的限制或者个人方面的因素，事实上的行为和理想目标还是存在了一定的差距。

三 生育意愿和生育行为背离的影响因素

生育意愿和生育行为两者相背离同生育政策、家庭收入、受教育程度以及女性个人这四个方面都有着紧密联系。"人们的主观态度通常影响了人们的生育行为，然而现实生活中人们的生育行为又会受到社会制度和经济环境的制约，因此从意愿到行为的转变在一定程度上也体现着国家的生育水平。"[1] 生育意愿和生育行为这两个方面相背离是多种因素综合作用的结果，生育的一个独特之处在于：人们在通常打算生育一个孩子与实现该打算之间存在较长的时间间隔，正是这个时间距离，使生育决策易于受到意料之外情况的干预或影响。下面本文主要从生育政策、家庭收入、受教育程度和女性个体这四个方面分析L村农村人口的生育意愿和生育行为相背离的原因。

（一）生育政策

翼城县较早实行二孩生育试点政策，因此翼城县作为我国典型的试点

---

[1] 薛佳：《唐山地区农村人口生育行为和生育意愿研究》，河北大学硕士毕业论文，2011。

县，人口计生工作人员都严格执行相关政策规定，积极做好一切有关计划生育的工作。在这样的背景下，村民们必须在符合二孩生育政策相关实施细则要求的基础上做出自己的生育决策，这是造成村民生育意愿和生育行为这两方面产生背离的一个重要因素。研究表明，早期经济发展水平较低时，农村地区深受我国传统生育理念影响，人们依旧偏好早生、多生和生男。可以限制性的生育二孩政策与当初的一胎化生育政策相比已经很宽松了，但对于当时的村民来说，一下子接受这样的政策仍有些困难，毕竟上一代人至少生四个左右孩子。这就造成了一定程度上一些村民难以接受当初相对宽松的二孩人口政策。

现在情况逐渐发生了变化。经过宣传、教育和引导，翼城县的村民开始慢慢接受并且内化试点的二孩生育政策，在不知不觉中，村民们已经将生育政策融入自己的生育理念中。"虽然'二孩'人口政策直接影响着村民们的主观意愿和实际行为，但是在翼城县执行二孩生育政策三十年来，人们已经习惯刚开始放开二孩生育时严格执行'二孩'生育政策，培养出具有政策惯性的农村群众，自觉将其内化为个人所需的生育常识。"[①]

（二）家庭收入

L村距离翼城县县城不远，且交通便利。当地大多数村民都会在农闲时去县城打工以提高家庭的收入。而且现在随着社会不断进步及经济快速发展，第三产业在翼城县的发展为人们提供了较多的服务性就业岗位。随着人们同外界社会的接触逐渐增多，他们开始慢慢注重增加家庭收入来提高家庭成员的生活品质，并且也能够为孩子获得良好的教育、享受良好的生活环境提供经济支持。农村女性在外出务工的过程中，无论是社会地位还是家庭地位，都得到了提高，也慢慢获得了社会承认。因此农村女性开始拥有独立的生育决策权利，她们的主观意愿开始在家庭生育决策中占据越来越重要的地位。

随着农村生活水平的逐渐提高以及接受外界社会的先进思想，人们开始注重对孩子素质的培养。"对于孩子质量的培养主要包括在孩子出生前和孩子出生后这两方面，一方面孩子在出生前的花销主要体现在孕妇身上，例如婚前检查、孕前准备、孕中保健等；另一方面孩子出生后的花销主要

[①] 吕红平、贾志科：《论我国人口生育意愿的变化》，保定·第二届中国人口学家前沿论坛，2006。

体现在教育费用上,每个孩子至少长达十五年的时间都在接受教育,因此这是养育成本中的最大类支出。"① 随着社会进步、经济水平提高,孩子们的养育成本费用也在逐渐提高。

个案二

我今年31岁,宝宝有三周岁了。在我怀孕之前,大概有长达两年的时间我都在调养身体,我和我老公每隔半年会去医院检查一次身体,并询问用哪种保健品更好。平时我还会比较关注健康美食这个电视频道,我会合理搭配膳食让自己的营养更加均衡。怀孕前我还服用过长达一年的叶酸,这样可以很好地防止胎儿发生畸形。怀孕的时候,我更是每天营养品不断,每个月做一次孕检,时刻关注着胎儿的成长情况。宝宝健康地出生,我这颗悬着的心才算放下来。

通过上述案例可以看出,无论是女性本人,还是其家庭,婴儿能够健康平安地来到这个世界上,无疑成为整个家庭的重中之重,对于孩子质量的关注度提高了。

个案三

我今年38岁,第一个孩子12岁了,是个儿子,已经上小学五年级了,第二个孩子刚刚一周岁,是个小姑娘。我的儿子原先是在当地的公办学校读小学,三年之后我把他转到县里的一所私立小学。主要是现在不仅仅是小孩在竞争,大人们也在竞争,谁也不希望孩子是由于大人的缘故而造成将来的遗憾。我这倒不是说私立学校比公立学校好,原先我把小孩送到公立学校,一到周末休息,孩子家长都是急着给孩子补课,让孩子学特长。我也着急啊,给孩子报各种辅导班,三年下来,我花的费用跟私立学校的学费都差不多了,私立学校周末老师就管检查孩子各种作业。我想想花销都差不多,就转到私立学校,也省的天天我去接送。

在翼城县农村地区,培养一个孩子从幼儿园到大学毕业,粗略计算下

---

① 韩永江:《生育观影响因素的经济分析》,《人口学刊》2005年第2期。

来至少需要 15 万元,这其中都还是小学和初中按在公立学校读书计算,如果去私立中学,一年就要交两万元的学费。然而,现在父母的个人素质逐渐提高,对孩子的期盼更高,希望能够给孩子以自己最大的能力支持,让孩子接受到更好的教育。"从这一方面来说,村民们对孩子生养质量的提高慢慢替代了对多子女数量的需求。"①

(三) 受教育程度

受教育的程度直接影响人们的生育观念。农民受教育程度的提高,特别是女孩受教育程度的逐渐提高,女性社会地位的上升,这都使得女性开始有了独立自主的生育理念。传统文化与现代文化相冲击导致女性独立意识增强,这也是影响主观生育意愿和实际生育行为两方面关系的因素之一。

受教育程度的高低不仅仅直接影响着村民们生育的主观意愿,而且也间接影响着村民们初婚年龄和初育年龄。"受教育程度越低的社会群众,男孩偏好思想越严重的主要原因:第一点是长辈们依旧保持着早生、多生和生男的传统生育观念,深受这种理念影响,就可能失去自己的主观意愿;第二点希望生育男孩是为了能够获得长辈的经济方面或者非经济方面的支持。"② 因此,这两方面因素有可能造成受教育程度低的村民较高的生育率,她们的生育行为,高于理想状态的生育情况。对于受教育程度较高的村民而言,她们往往迫于各种因素来调节自己的生育行为以适应自己对学历、职业、收入等的追求,她们的实际生育行为通常小于生育意愿。

(四) 女性个体

育龄妇女本人是生育行为的主体之一,因此更加需要考虑育龄妇女个体方面的因素。影响女性生育意愿的主要是工作方面的原因,社会的不断进步,竞争性因素不断增加,这就导致对女性的要求进一步提高。女性不仅仅需要充当好家庭中母亲的重要角色,尤其是在小孩六周岁以前,最需要母亲的陪伴,同时这个阶段的女性也正是需要在自己的工作岗位上努力奋斗的时期,是属于事业蒸蒸日上的阶段。这两方面造成的矛盾让很多女性犹豫不决。

---

① 周长洪、徐长醒:《农民生育意愿与动机及其成因的调查分析》,《人口与经济》1998 年第 6 期。

② 杨菊华:《意愿与行为的悖离:发达国家生育意愿与生育行为研究述评及对中国的启示》,《学海》2008 年第 12 期。

表6-6 生养两个孩子是否能够很好地兼顾到工作和家庭

单位：人,%

有效		频率	百分比	有效百分比	累计百分比
有效	是	312	62.5	62.5	62.5
	否	187	37.5	37.5	100.0
	合计	499	100.0	100.0	

关于上述谈到的问题，我们设计了"第二次怀孕请产假，对于工作发展是否会有影响"这个问题。60.5%的女性认为二孩生育会影响到自己的工作发展，可见大多数受调查对象都认为是有影响的；39.5%的女性认为二孩生育不会影响到自己事业的发展。对于"会不会因为工作方面的原因推迟自己生育孩子的时间"这个问题，总体样本中116个被调查者会因为工作方面的原因推迟生育，比例为23.2%；37.3%的受调查对象回答不会因为工作方面的原因推迟生育；还有39.3%的受调查对象认为应该根据当时的具体情况来决定自己在生育孩子和事业之间的取舍。

调查还探讨了关于"生养两个孩子是否能够很好地兼顾到工作和家庭"这个问题，相关数据可以从表6-6看出来，37.5%的被调查者觉得在工作和家庭两方面无法都做到最好，因此这两者之间的矛盾还是需要人们好好衡量和处理的。或许人们为了缓解此项矛盾，更倾向于选择在孩子年幼时将其交给自己的父母，资料显示42.4%的被调查者选择父母作为自己孩子幼年时期的照料人选；4.6%的被调查者将自己的孩子送到全托型幼儿园。这表明基本一半的被调查者选择这两种方式来解决上述矛盾。

农村妇女怀孕期间的条件比较差，一些农村女性为了提高家庭收入怀孕期间仍外出打工，一般从事一些临时性工作，临时性的工作没有较好的生育福利保障。因此对于农村女性而言，生育福利待遇的欠缺，是导致生育意愿和生育行为两者相背离的主要原因。

（五）讨论

我国现在人口总数仍然高居世界第一位，正在经历着人口结构的重大变化。首先是0~14岁年龄段的青少年人口数量减少，其次是60岁以上老年人口急速增加。[①] 加之我国目前大部分地区执行的独生子女政策也带来了

---

① 申玲：《人口老龄化对东北三省发展的影响及应对措施》，东北财经大学硕士学位论文，2006。

不少的社会问题，如加速人口老龄化、赡养老人问题、男女比例严重失调、失独现象等，我国正面临许多新的人口问题。

我国较低的生育水平已经持续多年，育龄夫妇的生育观念向"少生优生"方向转变。面对人口老龄化、出生性别比失衡以及劳动力短缺等社会问题，生育政策的调整应提上议事日程。翼城县在实施二孩政策的30年间不仅人口数量没有出现大幅度的上升，出生性别比趋于均衡，劳动年龄人口数量还有所增加。翼城县作为二孩人口政策的试点县，为我国今后计划生育相关工作顺利展开提供了启示。

翼城县执行"晚婚晚育加间隔"的人口政策所取得的良好社会效果，在一定程度上为我国人口政策的修改和完善提供了经验。农村全面放开二孩生育，严管三胎及以上人口生育，人口不会反弹。

第七章　翼城县 C 村计划生育模式与生育意愿转变研究

一　我国农村现行计划生育政策及其存在的问题

20 世纪 80 年代以来，我国一直实行的是以控制人口数量为主要目的，以一胎化为主要内容的生育政策，虽然在控制人口数量方面有重要的贡献，但是仍然存在着不少问题。

1. 人口增长率明显降低，但仍保持较高的人口增长量

我国以一胎化为主的比较严格的生育政策源于 20 世纪 80 年代，实施 30 多年来，我国的人口再生产类型已经实现了从"高出生、低死亡、高增长到低出生、低死亡、低增长"的历史性转变。但由于人口基数大，我国年人口出生量和增长量仍然很高，低生育率和高增长量并存的局面将在相当长的一段时间内继续存在。为了对计划生育政策的效果进行评估，从 1979 年开始我国人口学家就开始了人口预测。根据大家的预测，如果从 1980 年前后开始每个妇女只生育一个孩子，2000 年我国总人口大约为 10.5 亿；如果每个妇女平均生育 1.5 个孩子，总人口 11.3 亿；如果每个妇女平均生育 2 个孩子，总人口 12.2 亿；如果每个妇女平均生育 2.3 个孩子，总人口 12.8 亿。[1] 如果按照我国一胎化和现行生育政策，多年来我们执行的是一个平均每个妇女生育不超过 1.5 个孩子的政策，那么到 2000 年我国总人口不超过 11 亿。但根据 2000 年人口普查公报，我国普查时的人口总数是

---

[1] 刘铮、邬沧萍、林富德：《刘铮等同志提出控制我国人口增长的建议》，《人口研究》1980 年第 3 期；梁中堂：《对我国今后几十年人口发展的几点意见》，《论我国人口发展战略》，山西人民出版社，1985；《自然科学和社会科学工作者合作进行研究　首次对我国未来一百年人口发展趋势作了多种测算》，《光明日报》1980 年 2 月 14 日；宋健、田雪原、李广元、于景元：《人口预测和人口控制》，人民出版社，1982。

12.6 亿。① 与 1978 年的 9.6 亿相比总人口增加了 3 亿。这只是书面统计数据，还不包括瞒报和漏报的人口数，我国 2000 年实际人口数可能还高于 12.6 亿。因此，从某种意义上来说，一胎化生育政策在降低人口增长率的同时，年人口增长仍保持较高的增长量。

2. 造成国家人力和物力资源的浪费

从 20 世纪 70 年代以来，我国政府在计划生育工作中一直实行的是"书记挂帅，全党动手"、"党政一把手亲自抓，负总责"。而且每年都定有严格的考核指标，尤其是对县乡（镇）一级的基层干部来说，计划生育考核成为其政绩考核的一项重要指标。因此，县乡（镇）领导机关每年都需要投入大量的精力来抓农村计划生育，长此以往，这势必影响到其他的工作。

3. 干群关系紧张，影响社会的和谐

80 年代不分城乡的一胎化生育政策带来了许多社会矛盾，尤其是计划生育基层工作者开展工作困难。在我国广大农村地区，计划生育工作大都靠基层计生工作人员的宣传、动员来实现。严厉的生育政策给基层人员工作的展开带来了很大的困难。"管别人生孩子"被他们称为天下第一难事。与群众进行生育博弈成为基层工作人员的主要工作。为了达到上级规定的生育指标和任务，基层工作人员动员了再动员，在有些时候还采取了非常措施，如人为中断妊娠、对超生家庭施以高额的经济罚款等等；还有一些人为躲避计划生育工作人员，背井离乡，经受着身体和精神上的伤害。这不但损害了群众的利益，也使干群之间矛盾不断，影响了社会的和谐。

4. 男性偏好加强，男女性别比不断攀升

我国实行计划生育的目的是控制生育人口的数量，但是在具体实行过程中却客观上刺激了人们对男性的偏好，一些人对婴儿的性别作出了人为的选择，尤其是在农村地区较严重。虽然国家考虑到农村生育一胎的困难，允许第一胎为女孩的农民生育第二孩，但这种"生男即止"的生育政策，使得我国的婴儿性别比居高不下。人口出生性别比正常值一般在 105 左右，但我国人口的出生性别比自 20 世纪 80 年代中期以来迅速攀升。例如，1995 年，0~4 岁人口的平均性别比是 118.38，2000 年第五次人口普查得到的 0~4 岁人口的平均性别比是 120.17，2003 年人口变动抽样调查得到的 0~4

---

① 2000 年普查登记人口为 12.4 亿，在增加了一个 1.81% 的"漏报率"之后，公告总人口为 12.6 亿。我的研究为 13 亿，见梁中堂《20 世纪末中国大陆人口总量和妇女生育率水平研究》，《生产力研究》2003 年第 3 期；《中国人口科学》2003 年第 4 期。

岁人口的平均性别比为 121.22。2005 年 1% 人口抽样调查得到的 0~4 岁人口的平均性别比是 122.66。且女性的缺少，男性的增多，很容易造成成年男女的婚姻挤压，在贫困山区，拐卖女婴和妇女现象屡禁不止，严重影响了社会的和谐和稳定。

5. 人口倒金字塔结构显现，养老负担增大

计划生育在大大缓解人口剧增对资源、环境的压力，促进经济发展的同时，也不可避免地迫使中国延续几千年的家庭养老保障体制面临严峻的挑战。早在一胎化为主的生育政策出台时，就有人口学家提到：一胎化的实施，独生子女家庭的增多，有可能会使我国人口结构形成 4:2:1 或 4:2:2 的状况，我国以家庭养老为主的养老模式将会面临更大的困难。据统计，2005 年 1% 人口抽样调查发现，我国 60 岁及以上人口的比重为 11.03%。其中，65 岁及以上老年人口占总人口的比重为 7.69%。显然，我国已经进入老龄化社会。老龄化水平的升高增加了老年抚养比，社会养老负担将会加重。老年人养老问题解决不好，从根本上与我国"以人为本"的政策相悖，我国的人口问题将会面临更大的挑战。

我国现行的生育政策及其存在的问题在我国城乡地区是普遍存在的，在农村这些问题尤为严重。尤其是对当前一个农业人口仍占很大比例的人口大国而言，农村人口问题的解决，对我国人口的发展和社会稳定具有重要的影响。因此探索适合我国农村地区开展的计划生育模式，解决我国农村地区人口增长和发展问题应该成为当前我们计生工作的核心。

二 研究思路和方法

1. 研究思路

本章以人口学、社会学等相关理论为基础，始终围绕我国计划生育模式这条主线，论述以下几方面的内容：首先，从国内外已有的相关研究入手，对我国现行的计划生育政策进行梳理；其次，对我国现行的计划生育政策存在的问题进行分析；再次，通过个案分析总结我国农村现行计划生育工作中的实践经验，并得出一些启示；最后，在对于我国农村地区的计划生育模式进行深入思考的基础上提出自己的一些看法和建议。

2. 研究方法

本研究是在社会学、人口学以及统计学等有关理论指导下进行的。在具体研究中，立足于规范研究和实证研究相结合，在实证的基础上进行总结和概括。主要采用的研究方法有：1）资料收集：（1）是文献查询，包括正式出版的书刊，网络搜索收集到的文献，到地方有关部门索取统计、文字、图表资料和典型材料等；（2）是进行大量的社会调查，积累研究的第一手资料，对 C 村进行了全面的调研。2）实证分析：本文以翼城县 C 村为主要研究对象，作为我国最早的二孩试点，该研究对象具有较强的代表性。

三　C 村二孩生育情况研究

（一）翼城县 C 村的基本情况

翼城县 C 村[①]位于翼城县的最西南，临汾和运城交界处，毗邻运城绛县，是翼城县较为偏远的一个村庄。到 2007 年底，全村总人口 1236 人，其中男性 642 人，女性 594 人，以农业种植为生，属于我国北方典型的农业地区。与其他农村地区所不同的是，该村所属的翼城县是我国最早的二孩生育试点之一，多年来一直实行的是"两晚加间隔"的计划生育模式。该模式实施 30 年来，翼城县人口增长率明显降低，多胎出生比例大幅下降，人口各项指标良好。而 C 村作为该县计划生育先进单位，自实施"两晚加间隔"生育模式以来，也收到较好的人口和社会效益。但人口生育既是一个生理过程，又是一个复杂的社会过程，人们的生育意愿受政治、经济、文化等多种因素的影响，因此我们既不能忽视政策在控制人口生育中的重要作用，也不能把人口出生率的降低简单归结于政策的因素。本文就是立足于此，在对翼城县 C 村多年来人口生育状况调查的基础上，通过对已婚育龄妇女生育意愿的调查和访谈，对其人口生育率下降的原因进行深入的分析，以探求适合我国农村地区的生育模式。本文所用数据资料主要来源于该村计划生育员所记录的本村从 1985 年以来的第一手人口出生和死亡资料。

翼城县 C 村作为我国北方一个典型的农业村，在实施"两晚加间隔"计划生育模式以来，人口发展一直保持良好的状态。通过对 C 村人口原始资料的整理和分析，得到的具体情况如下。

[①] 本文选择山西省翼城县 C 村为个案研究对象，一方面是基于该村的典型代表性。C 村于 1998、2002 年被评为计划生育先进单位，2002、2003、2005、2006、2007 年该村计划生育服务员被评为优秀计划生育员和先进工作者，2005 年《瞭望东方周刊》、2007 年《中国新闻周刊》对此分别进行了采访和报道。另一方面是基于该村有 1986~2008 年完备的人口出生和死亡以及该村女性节育情况资料，便于我们对该村人口生育进行定性和定量分析。

(1) 人口总量控制较好

1986年全村总人口数为1076人，到2007年底总人口数为1236人，22年间人口净增数为160人，人口增长率为1.5‰，年平均人口增长率为0.71‰。以2007年为例，C村人口增长率为1.6‰；而据国家统计局统计，2007年全国人口增长率为5.17‰，山西人口增长率为5.33‰，[①] C村低于全国增长水平3.57个千分点，低于山西省3.73个千分点（详见表7-1）。

表7-1 翼城县C村1986~2007年人口统计报告

年份	总人口数（人）	新生人口数（人）	新生男婴数（人）	新生女婴数（人）	出生婴儿性别比	人口出生率（‰）	人口死亡数（人）	人口死亡率（‰）	人口自然增长率（‰）
1986	1076	20	11	9	122	18.6	10	9.3	9.3
1987	1084	14	9	5	180	12.9	6	5.5	7.4
1988	1096	19	7	9	78	14.6	7	6.4	8.2
1989	1099	15	6	9	67	13.6	9	8.2	5.4
1990	1105	16	5	11	45	14.5	10	9	5.4
1991	1104	8	5	3	116	7.2	9	8.2	-1
1992	1103	9	9	0	-	8.2	10	9.1	-0.9
1993	1111	18	8	10	100	16.2	10	9.0	7.2
1994	1118	18	9	9	36	16.1	11	9.8	6.3
1995	1126	15	4	11	100	13.3	7	6.2	7.1
1996	1130	17	7	7	112	12.4	10	8.8	3.6
1997	1136	14	9	8	57	14.9	11	9.7	5.2
1998	1143	17	4	7	275	9.6	4	3.5	6.1
1999	1145	11	11	4	125	13.1	13	11.4	1.7
2000	1149	15	10	8	133	15.7	14	12.2	3.5
2001	1154	18	8	6	150	12.1	9	7.8	4.3
2002	1153	14	9	6	150	13	16	13.9	-0.9
2003	1160	15	9	6	150	12.9	8	7	5.9
2004	1218	22	11	11	100	18	12	9.8	8.2
2005	1228	12	10	2	500	9.8	2	1.6	8.2

[①] 《中国人口和就业统计年鉴》（2011），中国统计出版社，2012，第13页。

续表

年份	总人口数（人）	新生人口数（人）	新生男婴数（人）	新生女婴数（人）	出生婴儿性别比	人口出生率（‰）	人口死亡数（人）	人口死亡率（‰）	人口自然增长率（‰）
2006	1234	15	10	5	200	12.2	9	7.2	4.9
2007	1236	20	10	10	100	16.2	18	14.9	1.6

（2）人口出生率和自然增长率明显降低

以第四次人口普查（1989年7月1日到1990年6月30日）为例，翼城县C村1989年人口出生率为13.6‰，人口死亡率为8.2‰，人口的自然增长率为5.4‰。出生率比全国同期低7.38个千分点，比山西省低9.76个千分点，比临汾地区低12.04个千分点。人口自然增长率低于临汾地区12.94个千分点，低于山西省10.66个千分点，低于全国8.28个千分点。[①]

（3）已婚育龄妇女生育年龄明显地开始迟，结束早

翼城县推行的是"晚婚晚育加间隔"计划生育模式，已婚育龄妇女生育起始年龄大都为23岁左右，40岁前结束，远远低于全国的农村生育年龄。而该村的育龄妇女初始生育年龄大都在23岁，结束年龄大多在30岁左右，远远低于全国和全省的水平。

（4）出生性别比情况

出生性别比指一定时期出生的婴儿中男女比例的人口学指标，以每出生100名女婴对应的出生男婴数来表示，正常的出生性别比为105±2。国家计生委提供的资料表明，我国2000年第五次人口普查显示，出生婴儿男女性别比达116.86，与1990年第四次人口普查结果相比，上升了8.5个百分点，比正常值高出10个百分点。但是从表中，我们可以看出C村人口性别比起伏较大，并没有明显的下降趋势，这与该村人口规模有限，人口出生性别具有较大的偶然性有关。但从图7-1我们可以看到，除个别年份外，该村新生婴儿性别比接近或低于正常性别比。

（5）二孩生育率明显上升，多孩生育率明显降低

从1986年到2007年22年间，每年新生婴儿中一孩生育率除个别年份外，均在50%以上；大部分年份二孩生育率都低于一孩生育率；多孩生育率接近零，在22年间累计生育三胎数仅为3人。计划生育率均在70%以

[①] 《中国人口和就业统计年鉴》（2011），中国统计出版社，2012，第13页。

上，从 1999 年开始，人口计划生育率达到了 100%。具体数据如表 7-2 所示。

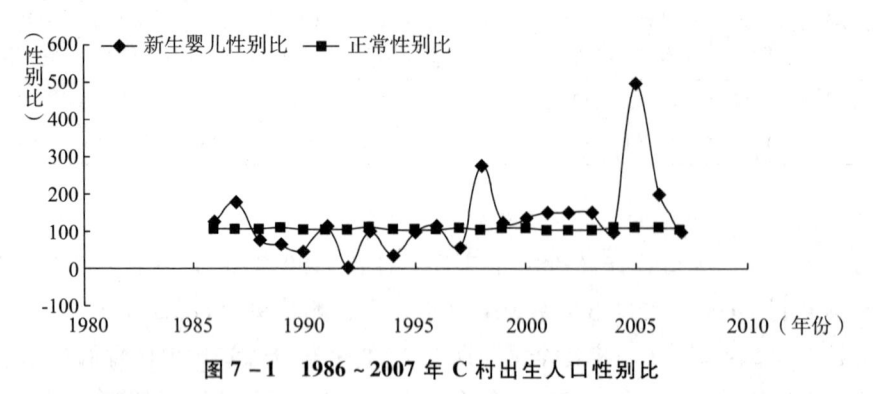

图 7-1 1986~2007 年 C 村出生人口性别比

表 7-2 翼城县 C 村 1986~2007 年人口和计划生育统计报告

年份	新生人口数（人）	一孩数（人）	二孩数（人）	多孩数（人）	一孩率（%）	二孩率（%）	多孩率（%）	计划外人数（人）	计划生育率（%）
1986	20	10	10	0	50	50	0	4	80
1987	14	7	7	0	50	50	0	4	71
1988	16	5	9	2	31	56	13	4	75
1989	15	10	5	0	66	34	0	3	80
1990	16	10	6	0	62.5	37.5	0	3	81
1991	8	2	6	0	25	75	0	2	75
1992	9	6	3	0	66	34	0	2	77
1993	18	12	6	0	66	34	0	2	89
1994	18	12	6	0	66	34	0	2	89
1995	15	12	3	0	73	27	0	4	73
1996	17	4	10	0	29	71	0	2	86
1997	14	13	3	1	76	18	6	3	82
1998	17	7	4	0	64	36	0	1	91
1999	11	8	7	0	53	47	0	0	100
2000	15	11	7	0	61	39	0	0	100
2001	18	11	3	0	79	21	0	0	100
2002	14	7	8	0	47	53	0	0	100
2003	15	8	7	0	53	47	0	0	100

续表

年份	新生人口数（人）	一孩数（人）	二孩数（人）	多孩数（人）	一孩率（%）	二孩率（%）	多孩率（%）	计划外人数（人）	计划生育率（%）
2004	22	17	5	0	77	23	0	0	100
2005	12	10	2	0	83	27	0	0	100
2006	15	12	3	0	80	20	0	0	100
2007	20	15	5	0	75	25	0	0	100

到2007年，据C村《常住人口登记卡目录》记载，该村现有住户320户，共计1236人。其中男性642人，比重为52%，女性594人，比重为48%；男女性别比为108，比2000年第五次全国人口普查低8.86个百分点，略高于山西省0.72个百分点。与2005年国家统计局公布的全国1%人口抽样调查中的性别比基本持平。

（6）女性节育率显著提高

据C村《已婚育龄妇女信息核查表》记载，该村现有594名妇女中，已婚育龄妇女272人，其中：生育独生子女的妇女112人，一孩妇女占比为41.2%；生育二孩的妇女144人，二孩妇女占比为52.9%（其中双女20人，双男42人，一男一女82人）；生育三孩及以上的妇女有7人，多孩妇女占比2.6%；已婚无孩的妇女有9人，无孩妇女比为3.3%（详见表7-3）。

表7-3　C村已婚育龄妇女生育情况

生育种类		数量（人）	所占比例（%）	节育措施
独生子女户		112	41.2	上环
二孩户	双女户	20	7.4	结扎
	双男户	42	15.4	
	一男一女	82	30.1	
三胎及以上		7	2.6	结扎
已婚无孩户		9	3.3	无
合计		272	100	

从表7-3可以看出，C村一、二孩生育率总计达到94.1%，多胎生育仅为2.6%，而且多胎生育出现的时间比较早，现在基本上很少有多胎生育。已婚育龄妇女采取节育措施的共计248人，占已婚育龄妇女总数的

91.2%，其中做节育手术的129人，采取相关节育措施的119人。已婚未采取任何措施的共计24人，占育龄妇女总数的8.8%。

从以上的数据我们可以看到，翼城县C村的人口发展状况良好。人口的生育状况与其生育行为有着密切的联系，在我国农村地区，现实的生育行为从某种意义上来说是其生育意愿的集中体现。所以本文将C村已婚育龄妇女作为我们的研究对象，通过对其生育意愿及影响其生育数量、性别及其生育目的等的因素加以调查和分析，以揭示该村人口保持较低增长率、人口性别比保持均衡水平的原因。

(二) C村已婚育龄妇女生育意愿调查

本次调查以翼城县C村已婚育龄妇女的全体为调查对象，在该村计划生育员的帮助下，通过集中填写调查表的方式进行。本次调查共发放问卷272份，收回有效问卷235份。调查内容如下。

(1) 已婚育龄人群生育子女意愿数。通过235份有效问卷的统计，C村已婚育龄人群理想子女数构成如表7-4所示。

表7-4 C村已婚育龄女性期望生育子女数

	一个	两个	三个或更多
频数（人）	48	181	6
频率（%）	20.4	77.0	2.6

调查资料显示，该村23~49岁的育龄人群中，已经生育一胎的有105人，生育二孩的有124人，生育三胎及以上的有2人，已婚未孕的有4人。理想生育子女数两个的占受调查人的大多数，占受调查总数的77%；20.4%的人认为理想子女数为一个；仅有2.6%的人认为是三个及以上。已经生育一胎者有40%的人认为一个孩子是理想的生育数量，58%的人认为两个孩子更能满足她们的生育需求；而已经生育二孩人中98%的人认为两个孩子是她们理想的生育数量。已婚未孕者则普遍认为一个孩子是她们比较理想的生育数量。这些数据表明，该村已婚育龄妇女已经从盲目生育中摆脱出来，生育观念开始发生了改变，不再追求传统的"多子多福"。对子女高质量的追求渐渐代替了对子女数量的追求。从上面的数据可以看出，期望生育二孩的高达77%，比例较高。这与该村多年来施行的"两晚加间隔"计划生育政策有着密切的联系。在调查中被问及为什么不愿生育一个

或两个以上的孩子时，原因主要有两个方面：一方面一个孩子太少，无法满足他们的生育需求，尤其是将来养老的需求；另一方面孩子太多负担又会加重，尤其是近年来教育成本的急剧攀升。

C村梁某，当时28岁，高中文化，生有一男。她说，丈夫农忙时在家干农活，闲时在外打工，自己感觉经济状况一般，虽然期望儿女双全，但目前孩子的抚养费远远高于从前，因此生育一个孩子就可以了，当然如果将来经济条件允许了，可能会考虑生育第二个小孩。

（2）已婚育龄女性期望生育子女性别情况

翼城县C村出生性别比状况：从婴儿胎次看，一胎性别比基本持平，二孩性别比略高于一胎性别比。

为了更真实地了解农村居民的性别偏好，我们在调查问卷中，设计了选题："您认为生男、生女一样吗？"统计结果显示：93%的人认为生男生女都一样，都是自己的孩子；认为不一样的仅占3%。当被问及"如果只允许生一个孩子，希望生男生女"时，有30.2%的人选择生男，而选择生女孩的只有21.3%，有48.5%的人认为生男生女无所谓。统计结果如表7-5所示。

表7-5　C村已婚育龄女性期望生育子女的性别

	期望生育男孩	期望生育女孩	无所谓
频数（人）	71	50	114
频率（%）	30.2	21.3	48.5

虽然该村选择生男的比例高于生女的比例，但是认为男女性别无所谓的比例高于生男的比例，说明C村已婚育龄妇女对男女性别差异的观念逐渐淡化，而且该村98%的已婚育龄妇女认为生男生女主要取决于男性，表明他们已从传统的生育观念中解放出来。在被问及男女相比，哪个负担比较重时，99%的人认为男孩负担重于女孩，这主要是因为除了成年前相同的抚养和教育费用外，该村男孩结婚成家需要花费一笔巨额的彩礼钱，这些钱主要由父母来负担，一般在5万~10万元不等，不少家庭为此倾家荡产，背上巨额债务。这是山西晋南一些地区的结婚风俗，结婚时女方可以向男方索要彩礼钱，有人称"嫁个女儿就可以娶个媳妇"，从某种意义上说这也成为该村人生男观念淡化的一个重要原因，尤其对于家庭贫困者而言，与其生育男孩背上巨额债务，倒不如生个女孩，可以缓解家庭紧

张的经济状况。

出生人口性别比失衡是人们人为选择胎儿性别的结果，而人为选择胎儿性别的行为又是在人们生育意愿的主观指导下进行的。在对该村计划生育员的访谈中，我们得知，多年来该村没有因为男女性别问题，而产生人为的终止妊娠和弃婴事件。这也是该村人口性别比保持正常的一个重要原因。

（3）育龄人群生育意愿动机

在这次调查的235份有效调查问卷中，育龄人群生育意愿动机情况（可多选）统计如表7-6。

表7-6　C村已婚育龄女性生育目的

	传宗接代	养儿防老	增加家庭劳动力	继承家产	巩固夫妻感情	喜欢孩子
频数（人）	24	152	12	10	166	52
频率（%）	10.2	64.7	5.1	4.3	70.6	22.1

上述结果显示，选择"传宗接代"的占10.2%，选择"养儿防老"的占64.7%，选择"增加家庭劳动力"的仅占5.1%，选择"继承家产"的仅占4.3%，选择"巩固夫妻感情"的占70.6%，选择"喜欢孩子"的占22.1%。从中可以看出，关于生育子女的目的是"巩固夫妻感情""养儿防老"的占的比例较高，接下来就是"喜欢孩子"，而"增加家庭劳动力"和"继承家产"这些传统的生育目的的比例都明显的降低。

从上面的数据可以看出，该村已婚育龄妇女传统的生育目的正在发生转变，如"增加家庭劳动力"、"继承家产"的比例大大降低，但是"养儿防老"的观念仍然很强，当然这里的"儿"的概念的内涵已经在不断地扩大，不是仅指儿子，而是指生育的子女。在他们看来，生孩子是义务，是维护夫妻感情的需要，也是期望自己将来老了有所依靠。

在访谈中，访谈对象双女户张某被问及她将来的养老问题时说，生育子女是义务，也是为了自己将来养老的需要。养老还得靠子女。晚年过得好不好，主要看子女孝顺与否。当问及她没有生养男孩，会不会影响她的老年生活时，她说：虽然没有男孩，但是将来招个上门女婿也一样。只要孩子孝顺，男女都一样。从她的谈话中我们可以看到，男女性别观念在淡化，但是"养儿防老"的观念依然很强。这与我国农村地区公共养老保障体系不够健全，传统的以家庭养老为主的模式仍然占有主体地位有着重要的关系。

从上面的数据我们也可以看到，人们的生育观念逐渐发生变化，认为生育子女是为了"巩固夫妻感情"的和"自己喜欢孩子"的占很大的比例。以该村刘某为例，她就认为养老问题还得靠自己，趁年轻多挣点钱，买份养老保险，子女将来孝顺是自己的福气，要不孝顺，自己也可以养老，必要的时候，自己掏钱进个养老院，也会过得很好。像刘某这样，虽然占很少的比例，但是也说明传统的生育目的正在发生转变。还有该村的计划生育员，虽然不在我们调查的主体之列，但在跟她的谈话中我们得知，作为一个已过花甲之年的老人，她仍然自己开诊所，负责村里的计划生育工作，自食其力，完全可以自己养老，成为村中老人自己养老的典范。从中可以看出在对生育目的的认识上，C村这些已婚育龄人群传统的封建继承型生育意愿在减弱，现实的保障型生育意愿在强化。

通过以上对C村已婚育龄妇女生育理想子女数、子女性别，以及生育动机三方面现状的分析，我们认为：该村已婚育龄妇女的生育意愿已经发生了转变。

通过对C村人口现状和已婚育龄妇女生育意愿的调查分析，我们可以看出，C村人口发展状况与人们生育意愿的转变有着密切的联系。人们对生育数量的期望的降低，使该村人口保持较低的增长率；对子女性别差异的淡化，使该村人口性别比处于正常水平；对生育目的的转变，使得人们摆脱了传统的生育模式，不再为生孩子而生孩子，更多地关注于当前自己的发展。作为"两晚加间隔"计划生育试点、先进计划生育单位，该村不断得到媒体的报道和人口学家的考察。但是人口繁衍作为一个复杂的社会过程，人们生育意愿的转变也不能简单地归结于生育政策的影响。为究其背后的原因，本文在对该村已婚育龄人群生育意愿调查的同时，也对影响其生育意愿的因素进行了分析。

（三）生育意愿转变原因分析

翼城县C村已婚育龄妇女的生育意愿明显降低，为了对其原因进行深入的剖析，我们在问卷中设置了对其生育意愿有影响的因素的调查内容，主要包含以下四个维度：家庭收入、育龄妇女受教育的程度、政策因素和基层计划生育工作人员的影响。具体情况如下。

在问卷调查过程中，根据已婚育龄妇女期望生育数量，将其分为生育一个、两个、三个及以上；其中生育一个孩子105人，两个孩子128人，三个孩子及以上 2 人,生育二孩者占其总数的 54.5%。

(1) 受教育程度和生育数量之间的关系。根据该村已婚育龄女性的受教育程度,将其划分为四个层次:小学、初中、高中、大专及以上;其中小学文化程度者共计 27 人,占 11.5%;初中文化程度者 121 人,占 51.5%;高中文化程度者 78 人,占 33.2%;大专及以上者 9 人,占 3.8%。它们之间的关系如表 7-7 所示。

表 7-7　C 村已婚育龄妇女生育意愿与文化程度的关系

单位:人

教育程度＼生育数量	一个	二个	三个及以上	合计
小学	10	16	1	27
初中	55	65	1	121
高中	34	44	0	78
大专及以上	6	3	0	9
合计	105	128	2	235

为了探明二者之间的关系,我们对其进行相关分析如下。

通过 SPSS13.0 软件分析,育龄妇女文化程度和生育数量之间的相关系数 $r=|0.027|<1$,接近于 0,二者之间呈弱相关性。说明在该村受教育程度对其生育数量之间的影响并不明显,不同受教育程度之间的育龄妇女普遍期望生育两个孩子。

(2) 家庭收入水平和生育意愿之间的关系

根据 C 村人年家庭收入状况,我们将其收入划分为四个层次:1 万以下、1 万~1.5 万、1.5 万~2 万、2 万以上,二者之间关系如表 7-8 所示。

表 7-8　C 村村民生育意愿与家庭收入的关系

收入＼生育数量	一个	两个	三个及以上	合计
1 万以下	3	7	0	10
1 万~1.5 万	33	60	1	94
1.5 万~2 万	45	38	1	84
2 万及以上	24	21	0	45
合计	105	126	2	235

从表 7-8 可以看出，该村 1 万~2 万元的中等收入者居多，共计 178 人，占总人数的 76%；其中生育一胎者共计 105 人，占 45%；二孩者 126 人，占 54%；生育三个及以上者仅 2 人，占 1%。对其相关分析如下所示：通过 SPSS13.0 软件分析，家庭年收入与生育数量之间的相关系数 r=｜-0.018｜<1，接近于 0，二者之间呈负的弱相关性。说明在该村家庭收入水平对其生育数量的影响并不明显，不同收入水平的家庭普遍期望生育两个子女。

（3）计划生育政策和生育意愿之间的关系

该村隶属的翼城县早在 1985 年就由国家计生委和山西省定为农村生育二孩试点，多年来一直实行的是"两晚加间隔"的计划生育模式，"两晚加间隔"计划生育模式的提出者、人口学家梁中堂，早在 1988 年、1996 年就分别对翼城县的人口发展及其计划生育情况进行了深入的实地调查、分析和指导，用事实和数据证明了该模式的试行取得了较好的人口和社会效益。本村作为计划生育先进工作单位，多年来人口发展状况良好，与其实行的"两晚加间隔"的计划生育模式有着密切的关系，但是计划生育政策在多大程度上影响到人们的生育选择，本文试图对其进行探究。在对人们减少生育的原因的调查中（多项选择），认为是政策影响的 22 人，仅占 9.4%，认为迫于经济压力的占多数，为 68.5%，而认为国家给独生子女和双女户的奖励可以缓解经济压力的共计 219 人，占其总数的 93.2%。具体如图 7-2 所示。

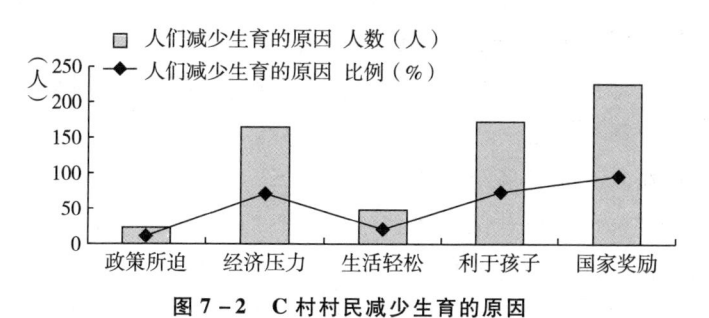

图 7-2 C 村村民减少生育的原因

在对该村所实行的"两晚加间隔"计划生育模式能否满足其生育意愿进行调查时，97.8% 的已婚育龄妇女认为该计划生育模式能满足其生育需求，从图 7-2 也可以看出，该村已婚育龄妇女认为减少生育孩子并不是国家计划生育政策所迫，而是这种二孩计划生育模式能够满足她们的生育需求,是其主动地接受计划生育的结果,同时她们认为国家给予的计划生育奖励和补贴可以补贴家用,成为其主动接受节育的一个重要原因。

(4) 基层工作人员和生育意愿之间的关系

在我国的广大农村地区,计划生育工作大都是靠基层计生工作人员来开展的。国家计划生育政策的法规及其相关的奖励扶助措施大都是通过基层计生员的宣传来传播的。在对该村已婚育龄妇女了解国家计划生育政策途径的调查中发现,95%的人认为是靠基层干部的宣传和标语宣传,选择报刊和电视传媒的仅占4.2%。除此之外,该村计生员也是该村仅有的一位村医,在负责该村计划生育工作的同时,对该村女性生殖健康和避孕节育可以提供比较专业的意见,群众对她信赖度极高,这对其对计划生育工作的开展极为有利。在对计生员的访谈中她也说到,"作为本村的村医,几乎每家每户都有接触,再难的计划生育'钉子户'也得敬我三分,而且村里的女人们也愿意跟我咨询一些女性生殖健康方面的知识,进门入户做计划生育动员和宣传也容易得多。天下第一难事在我这变得不再那么难了"。而且,笔者在该村的前后几次调查中,计生员提供了很大的帮助,也亲眼目睹了农村村医在人们心中的地位,村医+计生员的双重身份对其计划生育工作的开展具有重要的意义。

(四) C村当前计划生育工作存在的问题和建议

在对翼城县C村的调查中发现,该村人口的生育观念在某种程度上已经发生了改变,多胎生育在该村已杜绝,期望生育孩子数量明显减少,对男孩偏好程度明显降低。但"养儿防老"的观念仍然有较大影响,这既有我国传统生育观念根深蒂固,不可能一朝一夕就加以改变的因素,同时也反映了我国农村现实养老保障体系建设任重道远。

在我国城乡二元经济结构并存的状况下,也存在着城乡不同的养老模式。社会公共医疗和养老保障体系建设还要加大力度,这也是一胎化生育政策在农村地区推行比较困难的一个重要原因。村里人对城里人最为眼热的就是城里人老了以后有一份退休工资。在我国广大农村地区,传统的家庭养老模式仍然占有主体地位,大部分老人没有任何收入,在其丧失劳动力以后主要依靠子女来养活,在多子女家庭轮流供养、分摊养老费用是农村地区普遍存在的养老方式。但是随着计划生育政策在我国农村地区的大力开展,生育子女数明显减少,子女养老负担加重的同时,老人老年生活仅靠农民养老保险无法维持。从根本上来说，广大农民还是赞同国家计划生育政策，孩子多负担也重，这是每个人都明白的道理，但是出于对自己将来养老问题的考虑，人们往往选择偷生和超生。在对该村已婚育龄妇女的访谈中，当问及养老问题时，大部分人对将来养老问题比较担忧，普遍期望能够像城里人一样老年有份退休金。因此，建立覆盖城乡的医疗和养老保障体系，切实解决好农民的医疗、养老问题，对我国新时期农村计划生育工作的开展，稳定低生育水平具有重要的意义。针对C村所存在的问题，我们有以下几点建议。

1. 稳定"两晚加间隔"的试点政策

"两晚加间隔"是被实践证明了的符合农村人生育意愿的生育政策，C村多年来人口发展状况良好，与该试点政策的实施有着密切的联系。因此继续深入贯彻"两晚加间隔"的政策，严格执行该政策的各项生育规定，仍是该村今后计划生育工作的核心。

2. 培养合格的计生员做该村计生工作的接班人

C村计生工作所取得的成绩，与该村现任计生员几十年来勤勤恳恳的努力工作有着密切的关系。在该村计生员自己写的一首自勉小诗《做个合格的计生服务员》中道出了自己愿意为计划生育工作奉献一生的决心和信心。作为该村村医，翼城县年龄最大、服务年限最长的基层计生服务员，虽年过花甲仍站在计生工作的第一线，她这种无私奉献的精神值得我们去学习。因此培养合格的计生工作接班人对该村今后计生工作的开展具有重要的意义。

3. 努力发展农村经济，增加村民收入

鼓励人们参加合作医疗，参加农民社会养老保险，最大限度地保障本村施行计划生育的村民的社会福利，做到符合国家奖励条件家庭评选工作的公正和透明，保证各种奖励和补贴能够及时发放。"养老无保障"是制约该村计划生育工作进一步开展的重要原因，这与我国农村养老保障体制不健全有着密切的联系。我们应该积极地宣传老年人自养，让经济条件具备的村民建立个人养老储蓄账户，储备养老积蓄，同时动员农村老人积极参加农民养老保险，使其从对子女的经济依赖中摆脱出来。

四 关于农村二孩生育的思考和结论

（一）关于农村二孩生育的思考

计划生育作为我国的一项基本国策，在其实行的30多年间，可以说创造了人类的一项奇迹。在短短的几十年间，我国妇女的总和生育率从6.0左右快速下降到近年的1.8左右，30多年间少生了将近4亿多人，人口再生产类型由"高出生、低死亡、高增长"转变为"低出生、低死亡、低增长"，比其他发展中大国提前半个多世纪跨入低生育水平国家行列。① 在短时间内完成了中国人口再生产类型的历史性转变，为我国经济的发展和社会稳定奠定了基础。

我国传统的生育模式为：早生、多生和生男。目前在我国农村一些地区，仍然延续着这种生育模式，男性继承家业并传宗接代，女孩一旦出嫁就是外姓人的观念依然存在。对男性的偏好远远大于女性。尤其是在一些偏远山区，弃婴事件经常发生，为了生养男孩不惜倾家荡产，求神拜佛，家庭多男性者往往在村中占据一定的势力。虽然我国早在20世纪70年代就开始实行计划生育，不断提倡生男生女都一样，但是在一些地方仍然无法扭转这种趋势，存在着严重的偷生超生、瞒报人口现象。

人口生育作为人类一项基本活动，有其自身的发展规律，是政治、经济、文化等一系列因素相互作用的结果。计划生育政策实施30多年来所取得的成就是不可泯灭的，但是在我国社会经济发展水平比较低，医疗、养老保障体制等公共服务不很健全以及传统的生育观念没有完全转变的情况下，人为地采取强制干预人口生育的政策，必然会带来一系列问题，如人口老龄化、抚养比高等，影响社会的和谐安定。

农村计划生育工作是我国社会主义新农村建设中重要的组成部分，稳定农村人口，防止人口生育率的反弹，最大限度地激发群众节制生育的自觉性，妥善协调当前家庭利益和国家利益，促进和谐社会主义新农村的建设，是计划生育面临的重大挑战。党中央提出以人为本、全面协调可持续的科学发展观。科学发展观不仅是我国经济社会发展的指导方针，也同样是新时期人口和计划生育工作的指导方针。

长久以来计划生育工作成为基层工作的一大难题，尤其是在农村地区，干群矛盾不断、超生、偷生、人口瞒报现象普遍存在。与国内其他一些农村地区生育状况不同的是翼城县C村，作为山西省翼城县一个普通的农业小村，它的生育率下降过程和生育水平稳定过程却表现得十分平稳与和谐。

---

① 蔡昉：《中国人口与劳动报7：人口转变的社会经济后果》，社会科学文献出版社，2006，第3页。

干群关系融洽，计划生育政策深入人心，群众计划生育的自觉性高，低生育水平长期稳定。C 村之所以能够做到"和谐计生"，最重要的原因之一就是 C 村在多年的计划生育实践中形成了一套独特的计划生育模式，这个模式在坚持计划生育政策约束的同时，引导和推动群众自觉规范生育行为，实现低生育水平的稳定。从 C 村的计生模式中我们得到了以下启示。

1. 计划生育政策制定要考虑我国农村和城市人们不同的生育需求，不能搞"一刀切"

实践证明在我国农村地区，合理、贴近人们生育意愿的生育政策更有利于生育政策的贯彻实施和控制生育目的的实现。生育政策制定的合理，与人们的生育意愿越是接近，群众就越容易接受，基层计划生育工作越容易开展。在我国法律中虽然明确规定，一对夫妇除特殊情况外，只能生育一个小孩。但是就我们目前 1.8 的总和生育率来看，在实际生育过程中实行的并非是单纯的"一孩制"，双独二孩、单独二孩、农村双女户二孩已经放开，我们应该根据中国每一个地区的经济和社会发展的状态确定一个多元化的生育政策。① 但是在全国明确提出农民可以生育二孩的地区却不多，政策的不明确性给计划生育的开展带来了一定的障碍。

山西省翼城县是我国最早设立的二孩生育试点之一，该县农村实行"两晚加间隔"的计划生育政策。与严格的一胎政策相比，农民更容易接受"两晚加间隔"计划生育政策。节制生育是人类生育发展的一种趋势，但是从多胎到一胎转化需要一个过程，且中国许多人所追求的儿女双全理想，也可以通过这种生育模式得到实现。在对该村计生员的访谈中，她提到：实施"两晚加间隔"计划生育政策以后，村民们更容易接受了，计划生育工作与之前相比也更容易了。该村从 1986 年开始实行"两晚加间隔"的计划生育模式，最早接受该模式的育龄妇女生育的小孩也相继进入生育期，由于切身体会到了少生孩子的好处，对其之后计划生育工作的开展带来了便利。在 C 村，主动要求做节育手术的人为数不少，"天下第一难事"在这里变得不那么难了。

2. 要建立以利益导向为主的计划生育机制

从以"罚"为主到以"奖"为主的计划生育激励机制的转变，促进了基层计划生育工作的发展。"奖励少生"是中国政府当前和今后一个时期引

---

① 《城市一孩农村二孩　计划生育并非单纯"一孩制"》，《北京晨报》2004 年 7 月 16 日。

导农民自觉实行计划生育，稳定低生育水平的一项重要举措，它不是一个权宜之计，而是从根本上解决农村人口问题、促进人口与经济社会协调发展的一项具有长期性、稳定性的政策。

在 C 村计生员自己编写的《夸夸奖励扶助政策好》的宣传小诗中就提到国家生育政策由"罚"到"奖"导向的转变，以及国家新出台的"4+1 奖励扶助"政策，语言通俗易懂，朗朗上口，起到了积极的宣传作用。在对她的访谈中也提到，80 年代计划生育工作主要是罚，不符合政策规定结婚的要罚，间隔生育期不到就生育者视为计划外生育要罚，超生更要罚，没有钱交罚款的就搬东西。迫于上级压力，基层工作人员有时会采取一些过激手段，干群矛盾紧张，工作效率不是很高。90 年代后，工作重心转移到以"奖"为主，对符合生育政策出生的独生子女户和双女户实行奖励，近年来对独生子女户和双女户的奖励额度不断增加，在对该村独生子女户和双女户的问卷调查中受调查者都提到，近年来的计划生育奖励评选公平，奖金也能及时发放到手中，对家庭经济状况的改善具有重要的作用。自实行这种激励机制以来，工作开展较之前容易得多，干群关系得到了缓和。成为该村已婚育龄妇女主动接受节育措施的一个重要因素。虽然这种利益导向的激励模式不是该村的首创，但是在该村具体计划生育工作中起到不可替代的重要作用，是做好新时期生育方式方法改革和发展的方向。

3. 培养专业计生服务员，加强对基层计生服务人员的补贴力度

在我国广大农村地区，计划生育工作的开展大都是靠基层计生工作人员的宣传、动员来实行的。农村计生员站在计划生育工作的第一线，不但需要对国家的计划生育工作有足够的耐心和认真负责的态度，而且需要对女性生殖健康方面的知识有所了解，计生员专业素质的提高对计划生育工作的开展具有重要的作用。实践证明"村医+计生员"这种双重身份更有利于基层计划生育工作的开展。在我国农村地区计生员往往是讨人嫌的工作，所以在我国农村计生员一般以女性为主，便于跟育龄妇女接触，利于工作的展开，与之相比懂医术的女性计生员在计划生育工作的开展中更为容易。以 C 村为例，该村计生员身兼两职，村医的身份使其在村中威望颇高，且能给育龄妇女提供专业的生殖健康方面的咨询和适合她们的节育措施，能够取得育龄女性的信赖，管别人生孩子这"天下第一难事"在这里变得就容易了。因此培养专业的计生服务员对于我国农村地区计划生育工作的开展具有重要的作用，也可以作为我国农村地区计划生育工作中的一个较为成功的方法加以推广。基层计生员对我国农村计生工作的开展具有如此重要的作用，但是长久以来，国家对计生人员的福利补贴却很低，每月仅有的几十块钱，还存在着严重的拖欠现象，极大地影响了人们的工作积极性。这也是造成我国基层计生工作无人积极要求参与的重要原因。因此，我们认为国家应该关注基层计生工作人员的福利状况，在基层设专门的计生服务岗位，采取国家财政和地方财政共同补贴的形式，实行弹性工资制度，在其基本工资的基础上，对完成国家计生任务的人员，给予一定的奖励。同时在条件具备的情况下，统筹解决该部分人群的养老问题，充分调动其工作的积极性。

4. 加强新型生育文化的宣传，为基层计划生育工作的开展营造一个良好的气氛

首先建立以城乡社区为依托，面向家庭的新型生育文化流动宣传站，不定期、不定点巡回集市和各行政村，通过发放宣传资料、开展实例讲解、举办文体活动等形式，大力宣传新型生育文化，面向婚前夫妇、已婚育龄夫妇讲解性知识、避孕节育措施等。其次要充分发挥媒体、标语的宣传作用，做好送戏下乡、宣传品进村入户等方面的工作，使群众在新型生育文化的潜移默化影响中增加知识，达到自我教育、自我提高的目的，从而使传统的生育观念得到转变，自觉实行计划生育。C村计生员自己编写的《夸夸奖励扶助政策好》，以通俗易懂的语言向人们宣传国家的奖励扶助政策，就是一种很好的宣传方式。再次应定期为女性提供免费的生殖健康检查，做好妇科病的诊、查、治以及追踪服务。通过这些举措可以更快地掌握一线信息，同时使计生工作更加贴近群众。

5. 健全和完善农村社会保障制度

建立和完善农村社会保障体系，既是我国农村养老的迫切需要，又是解决我国农村人口生育问题的良策。因此，在开展宣传计划生育工作的同时，要以对计划生育事业和实行计划生育群众认真负责的精神，做好农村计划生育户的社会保障工作。

首先，要认清落实农村计划生育户社会保障对于执行政府计划生育政策的重要意义。农民如果生活无忧、养老无忧，就会自觉地实行计划生育。其次，还要摸清这些农户因实行计划生育而产生的生产和生活需求。进而，探索出实行农村计划生育户社会保障的最佳方式。在此基础上，寻求集资和投资的可行之路，真正把农村计划生育社会保障落实到户、落实到人，使广大的农村计划生育群众不因实行计划生育而陷入生活困境,而因实行计划生育而老有所养、病有所医。最后,根据各村具体情况,出台一系列优惠措施,鼓励企业与政府合作,建农村养老院,使农民老有所养、病有所医。全面推进农村医疗保障体系建设,发挥新农合优势,确保村民能够100%参保。同时对独生子女户、失独户、五保户加大补贴额度,由政府和农民共同买单,彻底解决养老、看病等一系列问题,让广大实行计划生育的群众无后顾之忧。

我国是一个农业大国,农业人口在我国人口总数中占有重要的比例。农村人口的稳定和发展对我国人口计划生育工作具有重要的意义。计划生育工作是我国构建社会主义新农村建设中的重要组成部分,稳定农村人口,防止人口生育率的反弹,最大限度地激发群众节制生育的自觉性,妥善协调当前家庭利益和国家利益,促进和谐社会主义新农村的建设,是计划生育面临的重大挑战,农村计划生育工作任重而道远。

(二) C村二孩生育研究的结论

本研究以翼城县C村已婚育龄妇女为研究对象,以生育模式和生育意愿等相关理论为借鉴,剖析了我国农村计划生育现状、特点及我国农村计划生育工作所面临的问题与挑战,在对C村人口现状及其已婚育龄女性生育意愿调查的基础上,对其生育意愿转变的原因及其当前存在的问题进行了分析。同时对适合我国农村地区的计划生育工作开展的模式进行了深入的思考,提出了对策建议。

本章通过对翼城县C村已婚育龄妇女生育意愿转变的研究,得出以下主要结论。

第一,社会经济文化的发展是促使人们生育意愿转变的根本原因,但在当前我国广大农村地区,国家计划生育政策在人们生育意愿的转变中起着主导作用。

国家计划生育政策实施30多年来,由于人为干预人口生育行为,使其弊端凸显,建议修改现行计划生育政策的呼声不断,但不能由此而否定了计划生育政策的实施在缓解国家经济、社会压力,促进人们福利状况的改善等方面所起的重要作用。我国处在社会主义初级阶段,我国人口基数大、人口处于低增长率高增长量的现状将在很长一段时间内不会改变,我国的人口计划生育政策是建立在这一国情之上的。

第二，实行计划生育是我国进行社会主义小康社会建设的必然选择，但在具体政策的贯彻实施过程中应该从实际出发，具体问题具体分析，农村和城市应有所区别，不能搞"一刀切"。

我国农村计划生育工作中存在的问题一定程度上是由于国家政策制定的生育目标脱离了人们现实的生育需求所引起的。合理、稳定、系统的生育政策对降低人口生育具有重要的意义。"两晚加间隔"计划生育办法应该是我国多元计划生育政策的重要组成部分，试行30年来，取得了良好的人口和社会效益。C村的人口生育保持较低增长水平，人口发展状况良好与该政策的实施有着密切的联系。因此，作为一个用理论和实践证明了的成功的计划生育办法，在条件具备的情况下，可以将试点范围扩大，并在全国农村推行。

第三，培养专业的计生员对我国基层计划生育的顺利开展具有重要的意义。

"村医+计生员"的双重身份更有利于国家计划生育政策的宣传、贯彻和基层计划生育工作的开展。在我国广大农村地区，基层干部和计生员站在我国计划生育工作的第一线，也是与群众冲突和矛盾最为集中的地方，提高计生员的专业素质，对基层计生工作的改善和推进具有很大的促进作用。实践证明女性"村医+计生员"便于接触育龄女性，同时也可以给她们提供专业的生殖健康方面的咨询，容易取得育龄妇女的信任，便于计生工作的开展。

第四，农村社会保障体系的不健全是制约我国人口计生工作的主要障碍。通过对翼城县C村已婚育龄女性的调查和研究，我们发现在农村传统的生育观念在很大程度上发生了改变，对孩子生育数和性别的期望明显朝进步的方向发展，但是"养儿防老"观念仍然根深蒂固，这与我国目前的保障体系不健全直接相关。因此，发展农村经济，建立健全我国农村养老保障和合作医疗体系是我国新农村建设中的重要任务。

本章是我们2009年研究农村计划生育工作时写就的。最近我们又对翼城县C村进行了回访，由于C村形成了科学的计划生育工作机制和模式，加上翼城县近年来加大了对计划生育的奖励力度，构建了较完备的农民社会保障制度，农民群众执行二孩生育试点政策的自觉性提高了，C村的计划生育工作运行平稳，人口生育的各项指标向好，C村经济社会发展提速，农民安居乐业。

第三编　专题报告

　　第三编由六章组成，主要运用文献研究、调查研究和比较研究的方法对六个与翼城县农村人口计划生育密切相关的问题进行了探析。这六个方面是：翼城县残疾人情况，翼城县农村教育发展情况，翼城县农村家庭的变迁，翼城县农村妇女发展状况，翼城县二孩试点的经验探析，计划生育由"治民"向"民治"发展的生育模式。描述了六个方面的现实状况，指出了存在的问题，分析了问题的原因，提出了进一步发展的取向和措施。

　　总之，通过三种类型的研究报告，对翼城县放开农村二孩生育试点进行了全方位、多角度的深入研究，认为翼城县放开农村二孩生育的试点是成功的，可以依法有序放开我国的二孩生育。

第八章 预防前置
——减少残疾发生的最佳措施

一 减少残疾发生的重要意义

残疾人是指在心理、生理、人体结构上,某种组织、功能丧失或者不正常,全部或者部分丧失以正常方式从事某种活动能力的人。[①] 导致残疾的主要原因有:遗传和发育致残、外伤和疾病致残、环境和行为致残。[②] 要深入了解导致残疾的原因,减少和逐渐消除残疾发生是做好残疾工作的根本所在。

世界卫生组织残疾预防与康复专家委员会报告指出,在发展中国家,营养不良、传染性疾病、围产期保健质量低下和意外事故(包括暴力伤害)占伤残病例的70%左右;在发达国家,营养不良、传染病和围产期保健质量低下已不是致残的重要原因,但意外事故造成的残疾数量日益增多,在年轻人中尤甚。世界卫生组织同时还认为,利用现有的技术可以使50%的残疾得以控制或者延迟发生。[③] 我国虽然是发展中国家,但由于社会主义制度优越性的发挥,引发残疾的原因已不是一般发展中国家的那些原因,而主要是介于发展中国家和发达国家之间的原因。

我国非常重视残疾的预防前置。《中华人民共和国残疾人保障法》指出:国家有计划地开展残疾预防工作,加强对残疾预防工作的领导,宣传、普及母婴保健和预防残疾的知识,建立健全出生缺陷预防和早期发现、早期治疗机制,针对遗传、疾病、药物、事故、灾害、环境污染和其他致残因素,组

[①] 《中华人民共和国残疾人保障法》,见吴填《残疾人政策法规理论与实践》,南京大学出版社,2013,第165页。
[②] 谢琼:《国际视角下的残疾人事业》,人民出版社,2013,第7页。
[③] 谢琼:《国际视角下的残疾人事业》,人民出版社,2013,第7页。

织和动员社会力量，采取措施，预防残疾的发生，减轻残疾程度。① 2008 年《中共中央国务院关于促进残疾人事业发展的意见》指出：广泛开展以社区为基础，以一级预防为重点的三级预防工作。提高出生人口素质，开展心理健康教育和保健，注重精神残疾预防，做好补碘、改水等工作，强化安全生产、劳动保护和交通安全等措施，有效控制残疾的发生和发展。……普及残疾预防知识，提高公众残疾预防意识。② 2015 年《国务院关于加快推进残疾人小康进程的意见》指出：制定实施国家残疾预防行动计划，强化国家基本公共卫生服务，有效控制因遗传、疾病、意外伤害、环境及其他因素导致的残疾发生和发展。③ 中央非常重视预防前置、减少残疾发生的工作。

预防前置、减少残疾发生对个人、家庭和社会都有益。从个人角度看，加强预防、减少残疾可以使更多的人避免残疾发生，避免可能由于残疾发生而造成的痛苦和压抑，各方面得到全面健康发展。对家庭来说，减少残疾发生，可以减少因可能发生残疾而造成的家庭成员的精神痛苦、经济负担和社会生活的拖累。对社会而言，减少残疾发生，提高社会成员的健康和素质，可以减轻社会负担，增加劳动力供给，推动经济社会发展，降低社会运行成本。减少残疾的发生是做好残疾人工作的基础，那样可以使社会腾出更多的人力、物力和财力投入到已发生残疾人口的康复和发展上。减少残疾发生是计划生育工作的内在要求，因为怀孕、生育是残疾发生的主要环节之一，做好计划生育工作，实现优生优育是我国现阶段计划生育工作的重要任务。

医学、经济和社会的发展，为减少乃至消除残疾创造了有利的条件，现在的关键是行动和落实预防残疾发生的问题。山西省翼城县不仅是放开农村二孩生育的典型，而且是减少残疾发生的榜样。山西省翼城县在做好计划生育工作的同时，为从婚姻和生育方面减少残疾发生做出了贡献，在预防婴幼儿出生残疾发生方面取得了可喜的成绩。在放开农村二孩生育 30 年的情况下，人口残疾率低于全国水平，而且翼城县绝大部分残疾人口是后天致残的。全国人口残疾率为 6.3%，翼城县为 6%，④ 比全国低 0.3 个百

---

① 吴填：《残疾人政策法规理论与实践》，南京大学出版社，2013，第 167 页。
② 吴填，《残疾人政策法规理论与实践》，南京大学出版社，2013，第 186 页。
③ 《国务院关于加快推进残疾人小康进程的意见》，人民出版社，2015，第 9 页。
④ 全国人口残疾率为 6.3%，见《中国残联发布我国最新残疾人数据》，载《残疾人研究》2012 年第 11 期。翼城县人口残疾率为 6%，见翼城县史志办编《翼城县年鉴》（2011~2012），2013，第 296 页。

分点。

二 翼城县残疾人口的基本情况

2012年全县共有残疾人19179人，占总人口数的6%，其中视力残疾1246人，听力残疾8268人，言语残疾268人，肢体残疾4211人，智力残疾690人，精神残疾920人，多重残疾3548人。从分类数据中分析，听力残疾与肢体残疾人数分别占到该县残疾人总数的43.11%和21.96%。就2006年以前与2006以后至今的统计数据来看，残疾人口占总人口的比例从4.6%上升至6.12%，其原因在于2007年《第二次全国残疾人抽样调查标准》公布以前，我国对于听力残疾的界定标准有四级，最低标准为51~60dBspL。而我国2007年11月21日发布的《第二次全国残疾人抽样调查标准》对于听力残疾的界定标准有所变化，界定等级已改为三级，最低标准为40~60dBspL，而翼城县残联按照新标准对2006年公布的数据进行了调整。由于听力残疾界定标准有所降低，故而纳入听力残疾的人数也随之上升。与此同时，根据翼城县残联工作人员提供的相关数据来看，在4211位肢体残疾的人中89.79%（3781人）的肢体残疾患者是后天因素导致的，主要包括由于事故导致的肢体残缺、偏瘫等患者，而新生儿中肢体残疾的人数仅占到肢体残疾人总数的10.21%（430人）。通过访谈残联的工作人员得知，430个肢体残疾的新生儿中有327人是因为怀孕期间母亲服用禁用药物导致的，而完全由于基因缺陷导致的肢体缺陷新生儿只占肢体缺陷新生儿总数的23.95%。

对于视力残疾、言语残疾、智力残疾、精神残疾等类型的残疾相关情况，我们通过访谈翼城县医院妇产科的工作人员得知，由于各项设备以及工作人员的能力受限，上述残疾类型在怀孕期间进行产检时无法准确测出缺陷情况，只有通过出生以后进行进一步的鉴定才能得知是否属于残疾婴儿。并且，视力、言语、智力、精神等类型的残疾大多数是由于怀孕期间，孕妇生病后服用怀孕期间禁用药物导致的，真正由于遗传基因缺陷导致的残疾儿占很小的比例。这说明翼城县预防新生儿出生残疾的空间和减少新生儿出生残疾的余地仍很大。

三 翼城县减少残疾儿出生所采取的措施和相关经验

翼城县充分认识计划生育、优生优育、减少残疾儿出生的社会意义。

居民家庭、计生干部和县委县政府共同努力，减少残疾人口的出生。

1. 县委县政府抓减少残疾人口出生的工作

在实施放开农村二孩生育的过程中，在贯彻执行国家和山西省有关计划生育法律法规的基础上，县委县政府制定了一系列的相关政策。1985年通过的《翼城县计划生育试行规定》中明确提出坚持晚婚、晚育、少生、优生。同年发布并执行的《翼城县计划生育试行规定实施细则》中规定，提倡优生，逐渐开展婚前检查和继续完善育龄妇女的身体普查工作，确保妇女的身体健康。劝阻患有严重遗传疾病的人不婚或不育。拒绝给头胎患有严重遗传性疾病的家庭发放二孩准生证。争取每年由乡镇卫生院对学龄前儿童、幼儿进行一次健康普查，体检费可由接受体检儿童的家庭负担。在1991年公布执行的《中共翼城县委员会翼城县人民政府关于农村计划生育的若干规定》中指出：加强人口理论和计划生育法规、方针、政策的宣传，普及优生、优育、优教的科学知识。推行优生优育，禁止近亲结婚。逐步开展婚前检查和产前诊断，对有遗传病的应终止妊娠。县计划生育服务站、各级医疗卫生部门开展优生咨询工作，加强围产期保健工作。

该县还有明确的残疾人出生考核指标，督促各级计生和卫生部门减少残疾人口出生。翼城县2013年计划生育责任制指标设置要求及评分标准中规定，要全面开展优质服务、提高人口素质，具体规定有：①孕前免费优生咨询指导率达90%；②农村已婚育龄妇女健康检查率达90%；③出生缺陷一级预防覆盖率达85%以上。并规定了具体的考核分数，每项指标每低一个百分点扣2分，考核情况列入该乡镇工作考核，与单位评优、干部晋升挂钩。

2. 实现"晚婚晚育加间隔"的二孩生育制度

实行"晚婚晚育加间隔"的生育政策使父母更加成熟了，有优生优育的身体和思想准备。按照翼城县二孩生育试点的要求，女性应在不早于24岁生育第一胎，这样保证了女性身体、智力等方面已经发育成熟。国内外医学界普遍认为，女性最佳受孕年龄为24～29岁，在这一时期女性的生殖器官、骨骼以及高级神经系统已经发育成熟，生殖功能处于最旺盛的阶段，卵子质量较高。由于常见的胎儿畸形，如小头畸形、脑积水、脑钙化或器官畸形大多数是因为女性在怀孕早期患有流感、风疹、巨细胞病毒等病毒性感染而导致的。而身体的发育成熟就意味着女性在这一年龄段怀孕，有良好的身体素质、对外界环境有较强的抵抗力。在这种情况下，女性可以减少由于病毒性感染导致疾病的概率。与此同时智能方面也较为成熟。智力方面的成熟意味着,生活上积累了一定的经验,对于身体的照顾以及怀孕期间的保健知识能有较为准确的把握,逐渐掌握了孕期保健知识,可以避免缺陷儿的产生。

翼城县对农民二孩生育间隔有明确的规定,两胎之间间隔4~6年,这样父母身体得到了有效的恢复,保证再生育时身体健康。根据国际妇产科联合大会的研究成果,女性在两次生育之间最好间隔3年或更长时间,这样可以使婴儿死亡率减少24%和使5岁以下儿童的死亡率减少35%,就是说在3年生育间隔期后出生的孩子会更健康,孩子发育迟缓和体重不够的可能性会大幅度下降。[①] 控制生育间隔,一方面可以使女性身体与心理状况在产后进行调理得到有效恢复,避免两胎之间间隔较短身体恢复程度较差,女性在产后营养补充不足导致的胎儿发育不完善;另一方面,间隔4~6年的时间,保证了第一个孩子得到充分的照顾,父母有更多的时间和精力去照顾第二个孩子。如果两胎之间间隔过短,父母不仅要照顾第一个孩子,还需要生育照料第二个孩子,精力分散,无法全身心地投入到一个孩子身上。

3. 认真贯彻世界卫生组织(WHO)提出的出生缺陷"三级预防"策略

一级预防是指防止出生缺陷儿的发生,指婚前检查、遗传咨询、选择最佳的生育年龄、孕早期保健,包括合理营养、预防感染、谨慎用药、戒烟戒酒、避免接触放射线和有毒有害物质、避免接触高温环境等。二级预防是指减少出生缺陷儿的出生,主要是在孕期通过早发现、早诊断和早采取措施,以预防残缺儿的出生。三级预防是指对出生缺陷儿童的治疗。一级预防最积极有效、经济安全,是减少出生残缺儿童发生的关键环节。一级预防正在成为多数国家预防缺陷儿出生的主要方法。要实施三级预防综合干预,重点是一级和二级预防,即孕前和孕期干预。根据翼城县残联及计划生育委员会工作人员的介绍,该县对于出生缺陷预防的重点是一级预防,工作重点放在女性怀孕前进行一系列的风险评估上,在得出评估结论后对于预防出生缺陷提出建议并且进行有效宣传,具体措施为:①建立国家水平的技术干预三级防御体系,根据孕前、孕期、孕晚期到分娩产褥期的不同特点,在各个阶段制定完善的防御以及治疗措施。②定期宣传孕期营养与健康知识。劝导孕前及孕期的女性进行体检,检测缺乏的营养素,

---

① 《生育间隔3年可降低婴儿死亡率》,《中国社区医师》2003年第24期。

并提供获取这些营养素的建议。告知孕期女性需要避免服用的药物，以及在孕期内主要注意的事项等。③为孕前及孕期女性提供免费的叶酸。叶酸是胎儿生长发育不可缺少的营养素，鼓励孕前及孕期女性服用叶酸，含有叶酸的复合维生素和矿物质营养品，对于预防缺陷儿起着至关重要的作用。针对曾经检测发现怀有残缺儿的女性，再次受孕前指导服用5mg/d的叶酸。④要求定期产检，并提供遗传知识咨询。对于有家族遗传病史的女性，提供遗传病防御建议，并且在必要时进行血液检查。在怀孕初期，加强孕期保健管理，要求进行B超检查、胎儿镜等物理诊断，发现残缺儿时及时采取措施。⑤对于分娩后检测出的残缺儿，及时进行康复治疗。翼城县残联已建立71项残疾人工作指标，覆盖了残疾人预防、康复、教育、就业、社会保障和托养、扶贫、维权等方面。翼城县残联按照《儿童残疾预防实施方案》的要求，依托基层卫生服务机构，规范开展残疾儿童筛选工作，并进行救助。

4. 管理严格，计划生育服务工作到位

（1）严格进行工作部署。翼城县计生委联合翼城县残联，从2003年以来，把免费对新婚夫妇孕前进行健康检查和生殖器健康检查列为普查项目，将技术干预出生缺陷工程作为计划生育工作的重点。

（2）大力提倡"优生优育，提高人口素质"。向全县新婚夫妇免费发放叶酸，从根本上干预残缺儿的出现。与此同时，每年向2500对左右的新婚夫妇提供免费婚检，婚检覆盖率达到了87%，对于有遗传病史的新婚夫妇进行孕前指导，避免遗传疾病的发生。

（3）认真开展优质便民服务。每年定期举行健康知识培训，普及孕前、孕期以及分娩后的健康知识，计生工作人员定期去了解怀孕女性的身体状况。

（4）关注残疾人家庭计划生育。落实残疾人计生困难家庭服务计划，对于残疾人计生困难家庭进行政策优抚，发放救助补贴，提供免费的康复器械等。

5. 农民生育观念发生转变

从个案访谈中我们发现，农民家庭从过去追求生育数量，认为生育子女的数量越多，为家庭提供的劳动力也就越多，转变为开始注重生育质量，避免残缺人口的出生。尽管翼城县放开了农村二孩生育的政策，但从翼城县计生委所提供的1985~2012年出生情况数据来看，2012年翼城县政策内的一孩数量为1748人（男873人，女875人），二孩为1040人（男515人，女 525 人），多数家庭还是选择生育一胎。根据访谈我们得知，生育一胎所考虑的因素，不仅包括经济因素，而且包括生育质量的问题。残缺儿的出生对于一个农民家庭来说，父母需要承担巨大的精神压力以及经济负担。特别是在农村基础医疗发展相对滞后的地区，有些残缺儿童如果得不到有效的、及时的治疗，就可能导致死亡情况的发生，压力就更大了。生育观念转变后，农村家庭在只考虑生育一胎的情况下，更加注重生育的质量，采取有效的措施避免缺陷儿的出生。

总之，翼城县农村二孩生育试点的成功是全面的、综合性的。放开农村二孩生育以来，不仅人口出生的数量没有反弹，而且人口质量、人口素质稳步提升。残疾儿童出生少，与翼城县计划生育优质服务有直接的关系。全国及各地的计划生育组织和工作人员，应该行动起来，共同为减少我国残疾人口的出生而努力工作。

四 关于家庭社会联动 预防前置 减少残疾发生的思考

充分认识减少残疾发生的社会意义。减少残疾的发生可以减少更多残疾人个人和家庭成员的痛苦，减少对家庭和社会的拖累，节省更多的财力、物力和人力用在已经残疾的人身上。减少残疾的发生有利于提高人口素质，推动经济社会的发展。有利于减轻社会的负担，如 1999 年和 2005 年两个年份 OECD 各国残疾人社会保障开支占 GDP 的比重较多地集中在 2% ~ 3% 的区间范围内，[1] 这一比例接近我国对教育的投入。我国现在也有全面减少残疾发生的条件，要把减少残疾发生和计划生育工作有机地结合起来。"在实现了人口再生产类型的转变之后，人口与计划生育工作的主要任务将转向稳定生育水平，提高出生人口素质。"[2]

加强对减少残疾发生工作的领导和指导。坚持以人为本，以大多数人的根本利益为本，发挥社会主义制度能集中力量办大事的优越性，把减少残疾发生列入党和政府的议事日程。坚持计划生育的基本国策，做到优生优育，减少残疾的发生。国家卫计委要把减少残疾发生作为做好计划生育工作的内在职责去抓。近期要在全面系统构建全国卫计委组织体系的同时，抓好减少残疾发生的工作，实行目标管理责任制，作为考核计划生育工作

---

[1] 谢琼：《国际视角下的残疾人事业》，人民出版社，2013，第 92 页。
[2] 《中共中央国务院关于加强人口与计划生育工作稳定低生育水平的决定》，2000 年 3 月 2 日，http:∥theory.people.com.cn/GB/n/2012/1120/c83861 - 19632821.html。

成效的重要指标。坚持家庭与社会联动、城镇与农村联动，预防前置，减少残疾的发生。

制定和执行相关的政策法规。各地要根据《中华人民共和国婚姻法》、《中华人民共和国计划生育法》和《中华人民共和国妇女儿童权益保障法》的有关规定制定相应的地方法规，县级要制定减少残疾发生的实施细则，对一些减少残疾发生的措施作出明确规定并颁布实施。县级党委、人大和政府可以像翼城县在实行放开农村二孩生育试点过程中一样制定具有本地特色的相关政策。了解当地残疾发生的原因，针对本地的地方病、具有一定数量的家族遗传病、孕妇怀孕期间常见病等疾病制定具体的对策。使减少残疾发生工作有法可依。

积极开展减少残疾发生的宣传教育工作。宣传婚姻法，禁止近亲结婚，劝告有重大遗传疾病的人不婚或者不育；宣传相关医学知识，防止传染性疾病和地方病发生。对有传染性疾病的育龄妇女，要求其在治疗好疾病前避免怀孕。指导孕妇在怀孕期间的用药，防止因怀孕期间用药不当导致胎儿残疾发生。宣传优生优育知识，促进孩子健康发育和成长。坚持组织宣传动员和媒体传播相结合，采用群众喜闻乐见、通俗易懂的方式，使优生优育知识家喻户晓，人人皆知。从源头上减少残疾发生。

采取切实可行的措施减少残疾发生，提供优质的生育服务。预防残疾发生的关键在于行动和落实。婚前要进行体检，对有遗传病和传染病的新婚夫妇帮助其采取相应措施。孕前要指导孕妇做好怀孕的准备工作。孕中要指导孕妇服用叶酸等防止胎儿发生残疾的药物，指导孕妇在怀孕期间生病的用药，若筛查出胎儿发育不正常的情况应立即终止妊娠。孕妇生育原则上在乡镇及以上医院进行，边远地区孕妇要在村医的监护下生产。婴儿出生后应按规定立即进行预防疫苗接种。要做到从结婚到胎儿出生一环扣一环的预防措施相联结，消除在胎儿出生方面的残疾发生。

充分发挥社会主义制度的优越性，使我国实现残疾人占总人口的比例全世界最低的目标。在全面放开二孩生育，实现稳定的低生育率之后，计划生育工作的重心部分地转向优生优育，从结婚、怀孕、生育等环节避免残疾发生的可能性。第一步，要用五年的时间使残疾发生率降低，残疾人占总人口的比例降到6%以下；第二步，再用十年时间使残疾的发生率降到全世界最低的水平。把更多的人力、物力和财力用于已经残疾的人的社会保障和康复方面，使残疾人同全国人民一同进入全面小康社会。

第九章　翼城县农村二孩化背景下的农村教育发展

一　研究背景

教育对社会发展具有先导性和基础性的作用，随着城镇化和社会主义新农村建设的推进，农村教育对于农村社会乃至整个中国社会的意义越来越大。人口对教育具有直接性和全面性的影响，人口状况（包括人口数量、人口素质和人口结构等）是促进教育发展的重要原因，同时也是教育参与形成的结果。因此，人口与教育的关系是一种双向性的关系，既相互联系，又相互制约。翼城县作为全国唯一持续坚持放开农村二孩生育的试点县，其教育状况，包括对教育的重视程度、教育期望、教育投入、教育功能的发挥等都发生了较大的积极变化。本章着重分析翼城县农村二孩化背景下的教育现状，揭示它们之间的内在联系，在积极主动地改善人口现状以推动教育发展的同时，更好地发挥教育的反作用力，使二者走上良性循环的发展轨道。

1985年，经国家计生委和山西省委、省政府批准，翼城全县农村开始实行"晚婚晚育加间隔"的二孩生育政策。现在30年过去了，翼城县农村二孩生育试点的结果表明是成功的，而且其教育状况发生了积极的变化。

二　翼城县农村二孩生育政策下的教育现状

（一）从人口的角度分析

1. 人口数量与教育

人口数量对于教育事业的发展有着最直接和最基本的影响，众多的人口给教育事业所带来的首先是压力。翼城县在农村放开二孩生育之初，由于规定一孩和二孩之间要有5年左右的生育间隔，所以人口自然增长率没有立即升高,而是到了 1990 年至 1995 年之间升高的,2000 年之后就开始平稳地下降,下降到低于山西省和临汾市人口自然增长水平。较低的人口自然增长率在一定程度上保证了人均受教育所需要的经费,进而能够提高翼城县农村的整体受教育水平(详见表 9-1)。

表 9-1 翼城县、临汾市、山西省人口自然增长率情况

单位:‰

	1985 年	1990 年	1995 年	2000 年	2005 年	2010 年
山西省	15.00	15.98	10.48	7.48	6.02	5.30
临汾市	9.58	13.11	8.78	8.23	6.93	5.54
翼城县	13.00	21.50	19.70	11.80	6.50	3.10

资料来源:①《中国人口和就业统计年鉴》,中国统计出版社,2012,第 13 页。②杜玉林:《临汾五十年》,中国统计出版社,1999,第 770 页。③临汾年鉴编委会《临汾年鉴》,2011,第 88 页。④翼城县 2000 年至 2010 年人口自然增长率根据 1984 年 10 月~2012 年 9 月翼城县人口自然变动情况表计算。

社会学研究表明人口的增长同教育程度有关,通常情况下教育程度较高的人比较注意节制生育。在调查资料中,以学历为因变量,对想要孩子的数量进行方差分析,分析结果如表 9-2 和图 9-1 所示。

表 9-2 方差分析结果

	平方和	自由度	平均平方和	F 值	显著性水平
组间	6.231	5	1.246	4.670	.000
组内	412.291	1545	.267		
总和	418.522	1550			

从表 9-2 中可以看出,F 值为 4.670,显著性水平为 0.000。由于显著性水平远远小于 0.05,因此可以认为不同受教育程度的被调查者想要孩子的数量是有显著差异的。从图 9-1 中也可以看出,整体上受教育程度越高,想要孩子的数量越少。

2. 人口素质与教育

人口素质通常包括人口的身体素质、文化素质。89.3% 的被调查者认为实行计划生育以来人口素质有了明显的提升。首先,人口身体素质的提高能够巩固教育的物质基础。48.4% 的被调查者认为孩子的身高相对于自己来说高了(男孩同父亲比,女孩同母亲比),71.3% 的被调查者认为相对于自

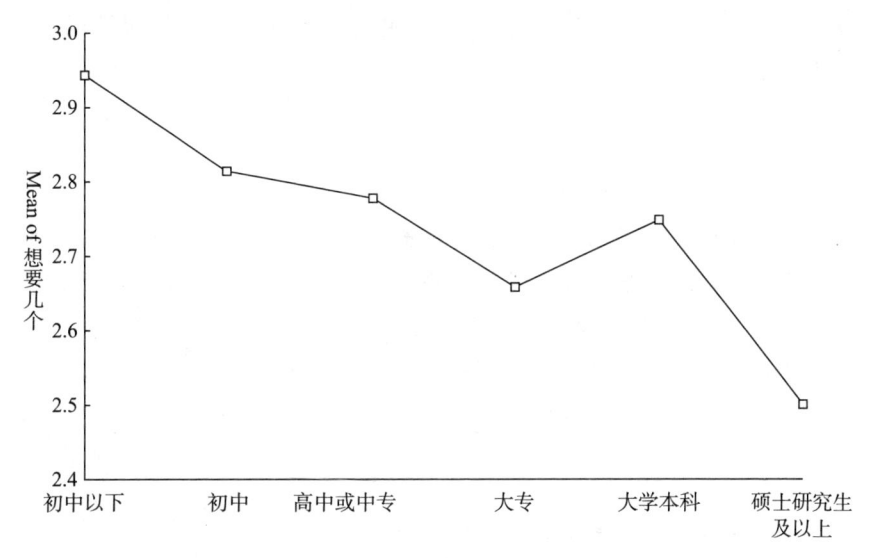

图 9-1 均值分布图

己来说孩子生病的情况少了，71.6%的被调查者认为村里老人的寿命和过去相比长了，这些都表明翼城县人口身体素质在不断地提高。作为教育对象的人，其身体素质的好坏直接关系到教育的可接受程度和承受能力，尤其是在现代社会，随着科学技术的不断进步，观念的不断更新，知识量迅速增加，难度越来越大，要掌握大量的信息，必须勤于学习，努力拼搏，这都需要良好的身体素质作保证。

人口的文化素质直接影响教育质量的提高，影响人们对教育地位和作用的认识。调查资料显示，人们普遍重视孩子的教育问题，90.9%的被调查者期望孩子能读到大专以上的程度。如果人口的文化素质低，那么就很难形成尊重知识、崇尚科学文化这样一种有利于教育对象发展的良好氛围。

3. 人口结构与教育

人口结构一般分为自然结构和社会结构。人口的自然结构主要是指由人口的性别、年龄等自然要素决定的构成情况。这里主要涉及人口的性别结构，人口的性别结构指人口中男性和女性的比例。正常出生的人口性别比应该是105±2。翼城县出生人口性别比在1985年至1990年刚放开农村二孩生育之初有所升高（1985年为112.36），1990年之后回落到正常范围内（1990年为109.2），2008年至2010年3年间，其出生人口性别比分别是

99.55、100.2 和 99.54。① 说明翼城县农民的生育观念发生了很大的变化，生男生女都一样，而且 91.4% 的被调查者认为男孩和女孩读书一样重要。

（二）从教育的角度分析

1. 对教育重视程度有所提高

调查资料显示，有 54.1% 的被调查者对孩子的教育非常重视，36.3% 的被调查者表示重视，整体上明显高于被调查者读书时父母对其教育的重视程度（详见表 9-3）。90% 以上的被调查者希望自己的孩子读到大专以上，其中 60% 以上的被调查者希望自己的孩子读到本科以上。并且男性和女性对孩子受教育程度的期望相近（详见表 9-4）。对教育的重视程度是推动教育事业发展的基本动力之一。

表 9-3 对教育重视程度的比较

单位：%

	非常重视	重视	一般	不重视	非常不重视
被调查者的父母	26	34.8	28.9	6.7	3.7
被调查者	54.1	36.3	7.7	0.6	1.3

表 9-4 性别对孩子受教育程度期望的交叉比较

单位：%

	九年义务教育	技校或中专	高中	大专或本科	本科以上
男	2.5	3.5	3.1	25.9	65.0
女	3.2	2.4	4.0	26.8	63.5

2. 教育投入的增加

教育投入是一种使隐藏在人体内部的能力得以增长的一种生产性投入。同时，它也是提高人口素质的关键，人口的先天素质和潜在能力基本上是均衡的，但是后天获得的知识、技能和能力却是有差别的。调查资料显示，88% 的被调查者认为孩子的教育投入是他受教育时的 2 倍及以上，其中 34% 的被调查者认为孩子的教育投入是他受教育时的 4 倍及以上。有 53.2% 的被调查者对孩子文化知识教育方面的精力投入最大，并且大部分农村都开展了学前教育（详见表 9-5）。

---

① 见 1984 年 10 月～2011 年 9 月翼城县出生性别比分析表。

表 9-5 您孩子的教育投入和您受教育时的比较

单位：人,%

	0 倍	1 倍	2 倍	3 倍	4 倍及以上
人数	16	163	450	390	528
比例	1.0	10.5	28.9	25.1	34.0

3. 教育对人的社会化功能的强化

教育对于个体发展的功能，主要表现为教育对于人的社会化、个体社会地位升迁和个体生活质量提高的作用。其中社会化主要是指个体在社会中长期积累起来的知识、技能、观念和规范，并内化为个人的品格和行为，在社会生活中加以再创造的过程。无论从个体层面还是从社会层面上看，社会化都十分重要。社会化是终身的教育过程，从出生到死亡以前一直持续着。社会化最根本的机能是教育，教育最根本的机能也与社会化有关。正如涂尔干所说的，教育的一项重要功能在于使年轻一代社会化。

在怎样看待自己孩子读书方面的资料显示，68.4%的被调查者认为读书是最好的出路，多读书才能有出息；24.8%的人认为读书关系到孩子的人生幸福，赚钱倒是次要的。此外，有47.5%的人认为孩子读书的主要目的是学知识、明白道理；22.1%的人认为孩子读书的主要目的是学习一技之长。和被调查者当时读书的主要目的相比，教育的社会化功能更强了（详见表9-6）。

表 9-6 读书的主要目的的比较

单位:%

	以后更好地挣钱	完成九年义务教育	学得一技之长	学知识、明道理	出人头地	打发时间
孩子读书	12.3	2.1	22.1	47.5	14.7	1.2
被调查者读书	17.8	5.8	19.4	34.1	17.2	5.7

三 关于农村教育的思考

1. 改善家庭环境，为教育的发展奠定良好的基础

英国学者波斯尔思韦特认为成绩差异的大约 1/5 与家庭情况的差异有关。[①] 家庭环境和学业成绩、教育质量存在很大的相关性。家庭环境在这里

---

① 班克斯：《教育社会学》，林清江译，台北伟文图书出版社，1978，第79页。

可以操作化为某些具体的变量,如家庭经济收入、父母受教育程度和职业类别、家庭所提供的教育资源、家庭规模等客观变量以及父母的教养方式、对教育的期望和态度、家庭关系等主观变量。翼城县农村放开二孩生育以来,人口出生率持续降低,家庭规模缩小,其中以主干家庭为主(占59.1%),核心家庭为辅(占40.9%);妇女地位不断提高,家庭关系也更为融洽,其中84.2%的被调查者认为家庭婆媳关系和上一代相比变好了。这些都为子女的教育奠定了良好的基础。并且,翼城县农村家庭中普遍提高了对教育的重视程度,对孩子的教育也有了新的认识。英国学者威斯曼的研究表明父亲的态度及母亲的照顾在教育中比物质需要的水准更重要。[①]父母的期望会促成孩子强烈的成就动机,使得孩子求上进的动机和学习欲望能够保持在一定的水平上,从而影响整个学习和生活。在家庭环境中,客观变量虽然很难改变,但是可以充分调动家庭中的主观变量,发挥其能动的积极作用。

2. 增强农村的教学设备和师资力量,从整体上提高农村教学质量

翼城县农村学校的教学设备和师资是制约农村教育发展的主要原因之一,56.2%的被调查者目前最关心的教育情况是学校的教学环境和教师的水平,24.9%的人认为限制孩子接受教育的最大障碍是乡村学校设备以及师资的落后。目前,农村教师流失现象仍很严重,在3月11日全国政协主办的记者会上,政协委员俞敏洪提出,为了促进城乡教育公平,让农村教师留在农村,他们的工资应该比城市教师高20%~30%。在提高农村教师工资水平以储存农村师资的同时,还应该改革现行的教师职称制度,加大财政对农村教育的支持力度,为农村学校配备应有的教学设备,如计算机、投影仪等,定期安排教师接受多媒体等教学技术和最新教学方法的培训,整体提高农村的教学质量。

3. 经济、人口、教育的协调发展

首先,教育和经济紧密相连,并成为影响经济发展的日益重要的因素。现代生产力已容纳了科技、信息和知识,使教育在造就现代劳动者的过程中起到的作用越来越大,以知识、智力为主的脑力劳动成为生产过程的主要因素。许多国家和政府形成了重视教育、知识、人才和智力开发的趋势,经济发展越来越取决于教育的发展,经济竞争的焦点也逐步转移到智力竞

---

① 班克斯:《教育社会学》,林清江译,台北伟文图书出版社,1978,第85页。

争上。另外,经济发展水平对教育的发展也起到重要的推动作用。经济发展为教育提供物质条件,影响教育的发展速度和规模、教育制度、教育计划、教育结构,甚至是教育组织、教学器材、教材教法等都对教育质量产生影响。翼城县农村家庭收入的增加,必然会引起教育投入的增加,以保证教育所需要的物力和财力。

其次,人口与教育的影响也是互为因果的。如前所述,人口的数量、质量和结构都会促成教育的变化。计划生育已经成为翼城县农村家庭的自觉行为,农民普遍接受。农村放开二孩生育政策后,人口出生率持续降低,人口素质普遍提高,人口性别比合理,这些都为提高教育的质量和效益打下了基础。反过来,人们的文化素质和受教育程度也会影响到人口的出生率、人口的结构和人口的素质。

第十章 翼城县计划生育与农村家庭嬗变

一 计划生育与农村家庭嬗变的研究意义

经过30多年的计划生育,我国的家庭情况发生了巨大的变化,形成了一系列新的特征。翼城县是我国唯一持续坚持放开农村二孩生育的试点县,翼城县农村放开二孩生育试点是成功的。计划生育不仅促进了翼城县经济社会的发展,也推动了翼城县农村家庭的嬗变。翼城县农村家庭在保留传统家庭优秀特点的同时,沿着城市家庭和现代家庭的方向发展,还形成了具有翼城特色的家庭特点,引领了家庭变迁的潮流,代表了农村家庭发展的方向。

2008年以来,本课题组对翼城县农村二孩生育试点情况进行了问卷调查和访谈,对4个有代表性的翼城县村庄进行了问卷调查。这4个村包括工商业发达村、农业发展村和比较贫困的村。共发放问卷1610份,收回问卷1601份,有效问卷1555份,有效回收率为97.1%。本文所引用的材料除特殊说明外,均为调查问卷统计和访谈所得资料。

2010年全国第六次人口普查的生育率为1.8,而长期放开农村二孩生育的翼城县同期生育率为1.6[①]。不仅如此,翼城县计划生育带来了农村家庭的巨变,家庭的组成形式、家庭结构、家庭关系、家庭功能发生了很大变化,对全国农村家庭的变迁起到了一定示范作用。本研究就是要了解翼城县农村家庭变迁的轨迹、家庭变迁的内在规律,总结翼城县农村家庭变迁的经验,为全国农村家庭变迁研究提供一定的指导。

二 翼城县农村家庭嬗变的现实状况

第一,生育率持续走低,家庭规模缩小。翼城县的生育率从1985年的

---

① 这里的生育率是指翼城县城乡加权的平均值。

4.52 下降到 2010 年的 2.79。翼城县农民的生育愿望为 1.8，在放开农村二孩生育的情况下，其与我国第六次人口普查的生育率一致。实际每个农村家庭生育孩子 1.76 个。翼城县 25.9% 的农民家庭生育一个孩子，66.8% 的生育两个孩子，超计划生育的很少，近年超计划生育的为零。养育的孩子少了，家庭的规模缩小了（详见表 10 - 1、图 10 - 1）。

表 10 - 1　翼城县 1985~2011 年生育率

单位：%

年份	1985	1990	1995	2000	2005	2010
生育率	4.52	7.31	6.78	4.08	3.17	2.79

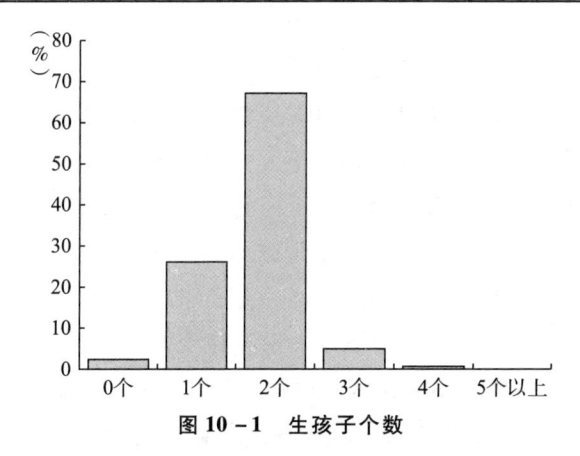

图 10 - 1　生孩子个数

第二，主干家庭和核心家庭成了农村家庭结构的主体。调查资料显示，翼城县农村有 59.1% 的家庭为主干家庭，40.9% 的家庭为核心家庭。主干家庭的组成形式有三：一是独生子女户，独生子女和父母或岳父母组成主干家庭；二是双女户中父母或岳父母和招女婿的那个女儿组成主干家庭；三是两个男孩户中一般父母或岳父母和后成家的小儿子组成主干家庭。现阶段，农村主干家庭中的父母和子女不一定住在一起，有的住在上下楼或左邻右舍的位置，属于那种如弗朗索瓦·德·桑格利所说的"不再与父母生活在一起，但是离他们很近"的家庭形式。[①] 经济上既独立核算又互通有无。成员之间关系密切，相互照料，既有小家庭的自我认同意识又有对大家庭的包容意识，具有充分的亲情感。即使核心家庭，只要父母或岳父母在世都具有主干家庭的某些成分渗透其中。翼城县农村主干家庭的特点有

---

① 弗朗索瓦·德·桑格利：《当代家庭社会学》，房萱译，天津人民出版社，2012，第 54 页。

诸多方面的优势：它更具有稳定性，有利于家庭成员之间建立融洽的关系，生产生活上互帮互助，更有利于孩子的抚养教育与老人的赡养等。翼城县的主干家庭是一种理想的现代农村家庭模式（详见表10-2）。

表10-2 是否与父母（岳父母）生活在一起

单位：人，%

	与父母生活在一起	与岳父母生活在一起	没有与父母（岳父母）生活在一起
人数	849	70	636
比例	54.6	4.5	40.9

第三，家庭关系更为融洽。家庭中男女关系趋于平等，除了生育孩子和照料家务外，有91.6%的妇女参加生产经营活动，劳动投入远超其母亲，为妇女地位提高奠定了经济基础；91.4%的翼城农民认为男孩女孩读书同样重要，要同等的投入；在翼城县农村，绝大多数农民认为生男生女都一样，上门女婿蔚然成风。代际关系融洽，主干家庭是翼城县农村的主要家庭结构形式，主干家庭的构成本身就是一种亲情浓厚的表现，而且翼城县农村的核心家庭也带有主干家庭的浓厚色彩。婆媳关系是家庭关系的晴雨表，有84.2%的受调查者认为，与上一代人的婆媳关系相比变好了。有83.2%的受调查者认为，与上一代相比家庭成员之间的争吵次数减少了，这又从一个侧面说明农村家庭关系变融洽了。在翼城县，离婚率很低（详见图10-2、表10-3）。

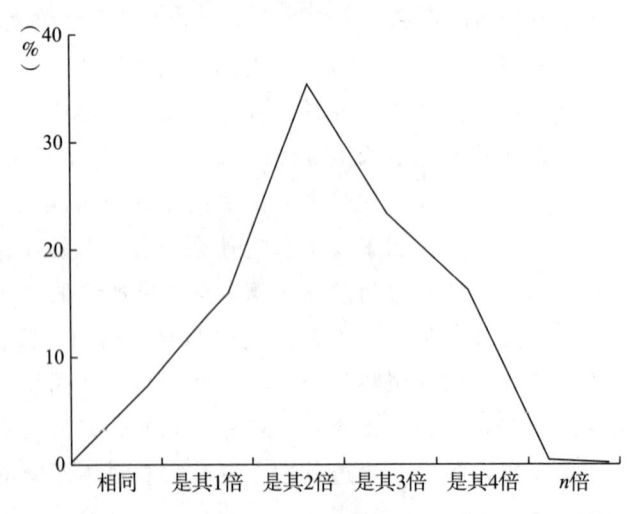

图10-2 您家妇女参加生产经营的时间和其母亲相比的情况

表 10-3　您现在家庭的婆媳关系与您上代人的婆媳关系相比

单位：人，%

	变好了	无明显变化	变得紧张了
人数	1309	215	30
比例	84.2	13.8	1.9

第四，家庭的功能发生了变化。教育的功能更多地由社会承担，许多农村有了幼儿园，农村学校办起了学前班。家庭对教育的投入持续增加，家长中的大多数期望孩子获得大专及以上学历。生产经营的功能强化了，妇女参加生产经营活动，许多农村家庭胜似一个生产单位，经济收入提高。生活的功能也得到了强化，生活水平提高了，农民开始享受生活、憧憬未来。参与健身和娱乐活动，外出旅游成了常事。

第五，结婚男到女家蔚然成风。翼城县农村家庭的组成方式发生了变化，结婚男到女家蔚然成风。全县农村 6 万多个家庭中有 15% 是双女户，其中 4000 多户招了上门女婿，出现了一系列的所谓"驸马村"。[①] 社会风气也发生了变化，翼城县农村的上门女婿不但不受歧视，而且很多上门女婿还当选了村干部。上门女婿不需要改姓，凭自愿随意选择姓氏。上门女婿已经融入了当地的正常生产和生活中，享受同当地出生男子同样的权利，社会普遍认同。这一现象的出现，淡化了农民偏爱男孩的倾向，也为农村有女无儿户老人的养老送终找到了出路。同时，也助推了计划生育工作。这是翼城县农村家庭变迁的一大特色。

总之，实行二孩生育 30 年来，翼城县农村不仅人口生育减少了，农民收入增加了，人口素质提高了，社会稳定和谐发展，而且家庭不断发展和进步，95.1% 的农民认为实行计划生育对推动家庭发展有益处，更重要的是翼城县农村家庭沿着城镇化和现代化的方向发展，引领了农村家庭发展的潮流。

三　计划生育与农村家庭嬗变的研究结论

（一）翼城县农村家庭嬗变与计划生育试点有内在联系

从一般意义上说，计划生育和经济社会发展促进了农村家庭的嬗变，

[①] 顾宝昌：《八百万人的实践》，社会科学文献出版社，2009，第 199 页。

使家庭规模小型化,家庭的结构核心化,家庭的功能社会化,家庭关系融洽。而农村放开二孩生育试点对翼城县农村家庭的影响更为突出,主要表现为以下几点。

第一,翼城县农村家庭规模小型化形成了一种定式,翼城县农村除了试点之初有个别家庭生育三胎外,现阶段有1/3以上家庭是独生子女,其余均为两个子女,翼城县农村家庭规模小型化已经普遍化了。第二,翼城县农村家庭结构核心化和主干化具有绝对性,其他类型的家庭极少。而且主干家庭中的很大一部分是由子女和父母(或岳父母)组成,这是翼城县农村家庭结构的一大特色。第三,翼城县农村家庭关系特别融洽。孩子少,负担轻,成员之间很少有利害冲突;后代的素质高,发展潜力大;对计划生育家庭集体和政府有奖扶、优惠和社保支持,对失独家庭给予特殊照顾;村妇联、计生委和村委会经常开展优秀家庭评比表彰活动,为家庭排忧解难,因为做好家庭工作是做好计生工作的基础。第四,农村家庭功能社会化。翼城县村集体组织健全、作用强大,帮助村民办了许多事。一些农村办了幼儿园和敬老院,幼儿教育和老年赡养实现了社会化;红白喜事由红白事理事会办;生产方面互帮互助。第五,结婚男到女家是翼城县农村的一道亮丽的风景线。翼城县农村双女户不再追求生男孩,给上门女婿与本村人同等的权利,包括承包耕地、选作干部等。村民对上门女婿不歧视。

翼城县农村家庭嬗变除了农民及其家庭顺应时代潮流,主动作为之外,翼城县农村集体组织发挥了重要作用,做好计划生育的关键是做好家庭工作。集体组织、村计生办密切关注着每个家庭的情况,开展济贫帮困、排忧解难和协调关系的工作。县、乡(镇)两级组织给予大力支持和帮助,推动家庭嬗变。

(二)计划生育与农村家庭嬗变形成了良性互动

计划生育成了农民家庭的自觉行为。翼城县放开农民二孩生育找到了国家计划生育政策与农民家庭生育愿望的结合点,农民普遍接受并自觉执行。对于放开农村二孩生育政策,翼城县农民家庭有1092人赞成,占受调查人数的70.3%;有382人对计划生育试点政策持无所谓态度,占24.6%;不赞成的只有81人,占5.2%。对于极少数不赞成计划生育试点政策的农民,通过动员、宣传使其转变生育观念,执行二孩生育的政策。近年来,翼城县农民中已经很少有超计划生育的现象出现了。由此可见,一项政策的制定和执行要找到政策和人民群众的利益结合点，才能变成人民群众的自觉行为（详见表10-4）。

表10-4　您对翼城县实行计划生育二孩政策的态度

	非常赞成	赞成	无所谓	不赞成	非常不赞成
人数	197	895	382	62	19
比例（%）	12.7	57.6	24.6	4.0	1.2

农村家庭发展的两大引擎：一是人口数量减少，质量提高；二是经济发展，收入增加。人口数量减少，人们的生活水平提高了，教育投入增加了，人口的综合素质也就高了。孩子少了，妇女从家务中解放出来投入生产经营活动。人口少了，家庭的开支小了，家庭有能力储蓄和投资。经济发展了，家庭可支配的收入增加了。而这两大引擎都与计划生育直接相关。翼城县农民充分认识到了这一点，96.9%的翼城县农民对生育两个孩子十分满意。

人口减少和收入增加推动农村家庭良性发展。家庭的规模缩小，3~4口之家成了农村家庭主体；家庭的组成形式发生了变化，结婚男到女家蔚然成风；家庭结构变迁，主干家庭和核心家庭占绝对多数；家庭功能很大程度上实现了社会化，并在某些方面得到了强化；家庭成员之间的关系密切，家庭关系和睦融洽。使一个深受传统家庭观念和小生产经营思想影响的农业地区的家庭沿着城市化和现代化的方向迅速发展。

（三）农村家庭嬗变实现了解构与建构的统一

在计划生育实施的过程中，农村家庭的一些传统迅速解构。家庭的主导权逐渐由中老年人向中青年人转移，凝结的劳动让位于活的劳动，解放了生产力。翼城县农村家庭主要由中青年主导，老年人成了家庭事务的顾问，颐养天年；家庭的功能日趋社会化，孩子教育主要由社会承担，老年人的保障有了社会参与；血缘关系逐步淡化，业缘关系和利缘关系受到充分的重视；妇女得到进一步的解放，传统的纲常伦理道德逐渐远离农村社会。

新型的家庭因素迅速发展。优秀的传统家庭美德得到了升华，老年人衣食无忧、安度晚年，孩子的教育培养受到充分重视，做到"老吾所老，幼吾所幼"；男女平等落到实处，妇女的地位得到前所未有的提升，结婚男到女家蔚然成风；家庭民主充分发扬，家庭事务协商决策；生活节奏加快，生活方式文明健康；公婆、岳父母均得到合理的照料。

（四）家和万事兴

翼城县农村经济发展，农民收入在整个临汾市属中等水平。农民都加入了新农合，40岁以上多数农民参加了养老保险。农村老年人的生活水平有了很大提高，安居乐业。农村干群关系协调，96.6%的农民拥护和支持村干部的工作。农村的各项事业都有了发展，农村的社会秩序稳定，97.6%的农民认为农村的违法犯罪现象减少了。家庭是农村的组成细胞和基本单位，家人幸福美满，家庭融洽和睦，农村欣欣向荣。

第十一章　翼城县农村二孩生育与妇女发展

一　翼城县农村二孩生育与妇女发展的研究意义

30年来，翼城县实现了农村妇女与计划生育的良性互动，人口、经济和社会的协调发展。计划生育成了农村妇女的自觉行为，农村妇女实现了身心的彻底解放。

翼城县放开农村二孩生育坚持的原则是"晚婚晚育加间隔"，即农村妇女23岁结婚，24岁生育，30岁时可以生育第二孩。30年来，翼城县放开农村二孩生育取得了可喜的成绩。人口自然增长率由1985年的13.9‰下降到2012年的4‰；人口出生率由1985年的10.85‰下降到2012年的8.56‰；性别比从1985年的112.36下降到2012年的99.54[①]。翼城县的人口自然增长率、人口出生率和性别比均好于临汾市和山西省，有个别年度个别指标同临汾市、山西省持平。农村独生子女户数同市民相近，超计划生育趋向零。结婚男到女家蔚然成风，翼城县农民收入在临汾市排名在上游，2013年为第七位。

从经济与社会协调发展角度看，农村妇女与计划生育良性互动具有重大的意义。翼城县农村妇女与计划生育良性互动，妇女从家务和培养孩子中解放出来，投身到经济和社会活动中，推动了翼城县计划生育工作向好的方向发展。与此同时，综合解决了农村社会问题，人口素质得以全面提高，农业短板逐步提升，农民收入逐年增加，群众安居乐业，新农村建设事业全面发展。

---

① 历年由中国统计出版社出版的《中国人口和就业统计年鉴》，历年由临汾市年鉴编委会编纂的《临汾年鉴》，翼城县计划生育综合情况报表。

本章的研究方法。首先，进行了扎实的问卷调查和访谈。对4个有代表性的农村进行问卷调查，发放问卷1610份，收回有效问卷1555份，对问卷进行了统计处理。对翼城县农村和县里主管干部进行了访谈，对一些不具有普遍性的问题进行了访谈，如对每个村所采取的宣传教育方法进行了个案访谈。其次，系统地运用了相关统计年鉴和计划生育报表，特别是临汾市和翼城县年鉴和计划生育报表，成为难得的研究翼城县妇女的第一手材料。最后，结合调查数据、访谈材料、统计报表和已有相关成果进行了综合理论分析，分析了翼城县农村妇女与计划生育的内在关系和本质特征。

二 翼城县妇女发展的现实状况

从理论上说，妇女在生育问题上处于最核心的地位。虽然生育是夫妻双方共同的事，但男性只是受孕和孩子培养的主体之一，而女性不仅是受孕和孩子培养的主体之一，而且是怀孕、哺育的主体。加之在中国性别比一直偏高，农村有大批单身男性的存在，这也无形中强化了农村女性在生育中的地位。农村的各项计划生育措施主要在妇女身上实施，女性节育的比例占节育人口的绝对多数，除此之外，女性还可采用宫内节育器、皮下埋置、吃避孕药、用避孕套等方法实施避孕。

女性是实施计划生育政策的主要落实者。由于妇女在计划生育工作中处于核心地位，因此，女性事实上成了落实计划生育政策的主力，女性组织妇女落实计划生育政策更方便、更有号召力和亲切感，所以从中央到地方的计划生育干部中女性居多，农村基层更是这样。因为计划生育工作涉及性和性器官，女性和女性一起讨论有关性和性器官的事，农村女性才能接受。翼城县农村基层计划生育干部中女性居多，如贺西水村车莲芽，就长期辛勤地从事本村的计划生育工作，深受本村妇女的信赖和敬重。

在放开农村二孩生育的情况下，翼城县农村领取独生子女证的数量在不断增加，到2011年农民领取独生子女证的户数占全县的比例将近一半。通过访谈我们了解到，农民领取独生子女证的主张主要由妇女作出，至少要争得女性的同意。在放开农村二孩生育的情况下，农民领取独生子女证的比例大幅增加，是难能可贵的（详见表11-1）。

表 11-1 翼城县领取独生子女证的情况

单位：人，%

时间	1985 年	1990 年	1995 年	2000 年	2005 年	2010 年
领证人数	65	86	113	177	6635	12433
农民领证人数	43	56	67	88	3242	6111
领证率	0.13	0.17	0.22	0.32	10.57	21.83

资料来源：1984 年 10 月~2011 年 9 月翼城县计划生育综合情况表。

翼城县妇女是绝育和避孕的主力。在采取绝育和避孕的 7 项措施中，男性只实施绝育一项，而且人数极少。女性中 7 项措施均有人采取，这些措施主要有绝育手术、宫内节育器、皮下埋置、避孕药、避孕套和其他防护措施，特别是绝育措施采取的比例很高，翼城县采取综合节育措施的人越来越多，综合节育的比例越来越高，人口的自然增长率逐年下降（详见表 11-2）。

表 11-2 翼城县 1985~2010 年个别年份节育情况

单位：人，%

时间	1985 年	1990 年	1995 年	2000 年	2005 年	2010 年
采取节育措施人数	39323	52609	62328	70212	71339	62842
综合绝育率	69.62	77.14	82.19	86.29	89	90.6
男性绝育	19	20	23	24	22	17
女性绝育	29096	34368	36152	36263	34466	27453
宫内节育器	9984	17891	25703	33245	35955	34515
皮下埋置	40	43	43	43	42	41
避孕药	54	73	83	99	104	88
避孕套	87	172	282	498	716	711
其他	43	42	42	40	34	17

资料来源：1984 年 10 月~2011 年 9 月翼城县节育情况表。

在生育二孩主张方面，调查资料显示：夫妻双方主张生育二孩的占 51.8%，这凸显了夫妻作为家庭主体的独立性。由男方父母主张生育二孩的占 22%，这表明男方父母受传统的多子多福、传宗接代生育观念的影响较深，希望多子多福。女方父母也参与女儿二孩生育的决策，虽然所占比例较小，但这从一个侧面表明翼城县男女平等是全方位的（详见表 11-3）。

表 11-3　主张二孩生育情况

单位：人，%

		频率	百分比	有效百分比	累计百分比
有效	.00	13	0.8	0.8	0.8
	您	388	25.0	25.0	25.8
	您的配偶	416	26.8	26.8	52.6
	男方父母	342	22.0	22.0	74.6
	女方父母	83	5.3	5.3	79.9
	其他	305	19.6	19.6	99.5
	12.00	4	0.3	0.3	99.8
	21.00	1	0.1	0.1	99.9
	34.00	2	0.1	0.1	100.0
	合计	1554	99.9	100.0	
缺失值		1	0.1		
合计		1555	100.0		

资料来源：翼城县四个村调查资料统计结果。

翼城县农民的生育意愿。生育意愿主要包括对生育孩子的数量和性别的期望。翼城县每户农民希望生育孩子的平均数为1.8个，其中希望生育一个孩子的占57.6%，希望生育两个孩子的占39.2%，希望生育三个孩子的占3.2%。翼城县农民希望生育孩子的数量已降到了世代更替水平以下。在性别方面，希望儿女双全的占31.7%，希望两个男孩的占38.2%，希望两个女孩的占29.3%，其他的占0.8%。翼城县农村已经实现了人口性别结构平衡。翼城县农民的生育意愿是积极健康的。

三　翼城县农村妇女发展的影响因素和发展取向

提倡计划生育以来，翼城县一直是计划生育先进县，有良好的实行计划生育的社会基础。翼城县农村妇女在生育方面一直起着积极的作用。确定为全国放开农村二孩生育试点县之后，翼城县农村妇女根据试点要求和家庭实际情况自觉地实施计划生育。其影响因子如下。

首先，深入细致地开展计划生育宣传教育工作，使放开农村二孩生育的政策家喻户晓。确定二孩计划生育试点之后，在县委县政府的领导下，翼城县制定了一系列法规和实施细则，并随着生育情况的变化而不断调整，对政策法规进行全面系统的宣传。

其次，收入增加，社会保障逐步完善，解除农民的后顾之忧。改革开放以来，农民收入逐渐增加，农民年人均收入由1978年的283元，增加到2013年的5600元左右，医疗保障和养老保障基本建立，还有种粮补贴等。

再次，计划生育的实际好处。具体如下：孩子优生优育，身体健康，学习好，有希望；妇女从家务和孩子培养中解放出来，参加生产经营活动，家庭收入增加；政府对独生子女及其父母有一系列的优惠待遇。

最后，两个子女完全满足了农民的生育意愿。主要体现在：孩子培养成本提高了，生得多没能力培养；社会就业压力增大；大多数农民觉得生养两个孩子就行了。

翼城县农村妇女改变了传统的生育观念和行为，实行优生优育；实现了性别平衡，改变了不孝有三无后为大的观念；坚持男女平等，改变了女到男家的男权思想。翼城县农村妇女的自觉计划生育行为对全国农村有示范和引领作用，具有在全国推广的可行性和必要性，是我国人口生育观念和行为由传统向现代转变的典范。

翼城县农村妇女从繁重的怀孕、生产、哺乳、培养孩子终身辛苦中解脱出来，有了自己的事业，参加娱乐活动、体育活动、生产经营活动等。

翼城县农村妇女的自觉计划生育行为引起了社会观念的变迁。一是表现为重男轻女的思想日益淡化，男孩女孩受到同样重视，如教育培养方面男女平等，结婚男到女家蔚然成风，并被社会普遍接受。二是妇女的群体意识和独立能力凸显，妇女参加生产经营活动，参与家庭事务决策，参与社会政治活动（详见表11-4）。

表11-4 对男孩女孩读书的重视程度

单位：人，%

		频率	百分比	有效百分比	累计百分比
有效	男	91	5.9	5.9	5.9
	女	43	2.8	2.8	8.7
	一样	1421	91.4	91.4	100.0
	合计	1555	100.0	100.0	

资料来源：翼城县四个村调查资料统计结果。

妇女参加生产经营活动，既解放了农村生产力，又为维护女权奠定了经济基础。翼城县妇女参加生产经营活动成为常态，多数妇女参加生产经营活动的时间超过其母亲2~4倍，有的成了家庭致富的带头人，提高了自身在家庭和社会中的地位，推动了翼城县经济社会的发展，为开发农村妇女劳动力红利提供了思路。如果全国农村妇女劳动力开发得好，可以增加我国3/10新的劳动力供给，是一笔巨大的劳动力红利。

第十二章　翼城县二孩生育试点经验探析

一　翼城县农村二孩生育试点是成功的

山西省临汾市翼城县是唐尧故地，晋国都城。承载过尧舜的足迹，流淌着华夏文明的神韵，历史源远流长，文化底蕴丰厚。翼城县辖6镇4乡211个村委会，985个自然村，居民绝大多数为汉族，2014年总人口324814人。翼城县是传统的农业县，进入21世纪，二三产业迅速发展，人均GDP处于临汾市中等水平。

实行计划生育政策以来，翼城县是计划生育工作先进县。1984年，中共山西省委党校教师梁中堂上书中央，建议采取"晚婚晚育加延长间隔"的办法，放开农村二孩生育，并建议选择翼城县为试点县。1985年7月，经国家计划生育委员会、山西省政府批准，翼城县农村正式由原来"只准生一个"孩子的政策转为实行"晚婚晚育加间隔"的二孩生育政策。当时的具体规定是：比法定婚龄推迟3年，即男25周岁、女23周岁以上结婚为晚婚；女方满24周岁生育第一胎为晚育；间隔生育要求第一胎出生至少4年以上，或女方满30周岁，经批准可以生育第二孩。山西省翼城县是持续放开农村二孩生育的试点县。

翼城县农村实行二孩生育试点已经30年，由于翼城县计生干部努力工作，农民积极配合，人口生育的各项指标发展向好，翼城县人口自然增长率经过刚试点时的较高增长之后迅速回落，2010年之后好于全国（详见表12-1）。翼城县出生性别比刚开始试点的一段时期比较高，到1991年之后持续回落，并好于全国（详见表12-2），[1] 农村超生人口2005年以后基本

---

[1] 全国的数据散见于《中国人口性别比出生的失衡、原因与对策》、《出生人口性别比周期性波动研究——兼论中国出生人口性别比的变化趋势》、《中国人口和就业统计年鉴》等；翼城县的数据见于该县1984年10月~2014年9月出生性别比分析表；翼城县计生委提供的翼城县人口与计划生育统计报表。

消失。领取独生子女证的农户2013年达8335户,农民领取独生子女证的户数与市民户数(8859户)接近,[①] 每个农村家庭总和生育率为1.6。[②] 翼城县由于孕妇生殖健康服务到位,2011年残疾人的比例为6%,全国是6.3%,比全国低0.3个百分点,产生了良好的社会效益。农民的生育观念发生了变化,计划生育成了农民的共识和自觉行为,坚持少生优生,大批农民退回二孩生育指标,结婚男到女家蔚然成风;做到了农民拥护和配合,干群关系融洽,村民的凝聚力增强。农村经济发展、政治稳定、家庭和睦、社会和谐。国家提出"全面实施一对夫妇可生育两个孩子"政策之后,农村计划生育工作可借鉴翼城县相关经验。

表12-1 翼城县和全国人口自然增长率

单位:‰

年份	1985	1990	1995	2000	2005	2010	2013
全国人口增长率	14.26	14.39	10.55	7.58	5.89	4.79	4.92
翼城人口增长率	13	21.5	19.7	11.8	6.5	3.1	3.95

资料来源:1985~2013年中国人口和就业统计年鉴,翼城县1984年10月~2014年9月计划生育综合情况表,翼城县计生委提供的翼城县人口与计划生育统计报表。

表12-2 翼城县和全国出生人口性别比

年份	1985	1990	1995	2000	2005	2010	2013
全国	111.4	111.3	115.6	116.9	117.6	118.1	117.65
翼城县	112.36	109.2	102.65	106.51	107.84	99.54	106.12

二 翼城县农村二孩生育试点成功的经验

翼城县在放开农村二孩生育试点的30年实践中,积累了丰富的计划生育管理经验,有些具有原创性,形成了翼城特色的计划生育管理的理论和方法。主要经验如下。

1. 二孩生育试点制度的设计科学合理

"晚婚晚育加间隔"制度设计的目的是通过推迟婚育期限和拉长生育两

---

① 1984年10月~2013年9月翼城县计划生育综合情况表。
② 2010年6月~2014年6月,课题组对翼城县4个有代表性的村进行问卷调查,发放问卷1610份,收回有效问卷1555份,1.6的生育率为此次调查结果。

第十二章 翼城县二孩生育试点经验探析

胎之间的间隔避免人口扎堆生育。在执行过程中产生了良好的效益,在放开农村二孩生育的情况下翼城县农民的生育率为1.6,农民的生育意愿为1.8%。① 访谈中发现,一些农民认为在全国一胎化和一孩半生育政策的背景下,放开农村二孩生育是县委县政府为农民办的好事,应该积极配合,自觉执行。因此干部好做工作,干群关系融洽。这一政策已经基本满足了农民的生育愿望,实现了农民生育权利和义务的统一,有群众和社会基础,也符合政府实行计划生育的价值导向,找到了群众利益和政府人口政策价值的结合点,从而有生命力。根据翼城县的情况看,即使农民家庭平均生育两个孩子,离实现人口世代更替还有0.2的空间余地,有学者认为中国人口世代更替水平应为2.2。翼城县二孩试点的基层实践表明,晚婚晚育加间隔应该是农村乃至全国放开二孩生育的科学制度。其中的间隔是个调控器,当人口在一段时期迅速增长时可把间隔拉长;当人口在一段时期增长缓慢时可以缩短甚至取消间隔区间,翼城县近期就将两胎间隔期由6年缩短为4年。

2. 县委县政府对试点工作积极组织领导是翼城县农村二孩生育试点成功的关键所在

县委认为放开农村二孩生育试点是利国利民的好事,好事要办好;充分发挥党员干部在计划生育方面的模范带头作用,组织农民自觉地执行试点政策;制定了一系列二孩生育试点政策,并根据变化了的形势及时调整和完善,坚持依法实现二孩生育试点;对二孩试点工作给予人力、物力和财力支持,将计划生育工作的费用列入县财政预算;积极开展宣传教育活动,并开展一系列文艺活动,利用电视、广播、报刊、墙报进行宣传教育;提升计划生育技术服务水平,提高妇女生殖健康水平和新生儿健康水平;层层配备强有力的干部,实行计划生育管理承包责任制,保证二孩生育试点工作的顺利进行。

3. 制定和执行了一系列政策,依法开展农村二孩生育试点工作,探索出了计划生育由"治民"到"民治"的发展道路

1985年7月,翼城县常委扩大会议通过了《翼城县计划生育试行规定》,并由县人大出台实施。这一规定对试点工作只作了原则性的规定,之后不久由县委县政府转发的县计生委的《翼城县计划生育试行规定实施细

---

① 由翼城县4个村调查问卷统计所得结果。

则》，对具体的相关问题作了严格的规定。提倡晚婚晚育加间隔生育二孩，对未达晚婚晚育和间隔年限生子的农民给予罚款，对超生胎次越多罚款额度越大。因为刚开始试点，干部的压力很大，政策规定的比较严格。对优生少生农民家庭规定给予一定的奖励和优惠待遇。1991年对1985年的《规定》作了修改，制定了《中共翼城县委员会翼城县人民政府关于农村计划生育的若干规定》，这一《规定》总的精神是提倡以宣传教育为主、避孕节育为主和经常性的工作为主的"三为主"方针，对计生管理内容作了完善。1991年的《规定》在执行过程中比较顺利，农村超生现象减少，出生性别比持续下降。2003年，翼城县委县政府出台了《关于农村晚婚晚育加间隔生育的试行规定》，这一《规定》的突出特点是加大了对独生子女家庭的奖励和优待的力度。2007年，翼城县委县政府制定实施了《关于农村晚婚晚育加间隔生育的试点规定》，这时翼城县农村人口生育的各项指标向好，超计划生育现象基本消失，对农村人口计划生育的管理步入了常态化。

4. "宽严并举"试点工作的方法科学有效，农民拥护，干部好开展工作

坚持以人为本，相信和依靠农民，在基本满足农民生育意愿的基础上，激发农民遵守二孩生育政策的积极性，自觉实行计划生育；坚持以宣传教育为主、避孕节育为主、经常性工作为主的"三为主"方针；以优惠待遇和奖励为主，处罚为辅。给予独生子女及其父母、符合二孩生育条件但退回二孩生育指标的家庭以经济奖励，还规定了在承包地、宅基地、社会保障、子女入学和入伍、提干等方面一系列的优惠待遇；在基层计划生育工作中尽可能配备妇女干部，特别是妇女加村医的人员开展计划生育工作，她们和农民好接触、好沟通，也好深入开展工作；支持实行计划生育的家庭和农民参加合作医疗和养老保险，解除农民的后顾之忧，对失独家庭成员给予经济补贴和各方面照顾；为移风易俗，避免双女户因男孩偏好而超生，提倡结婚男到女家，给上门女婿与本村一般村民同样的权利，使结婚男到女家蔚然成风；法律殿后，依法守住试点生育工作的底线，认真贯彻《中华人民共和国人口与计划生育法》、山西省有关人口与计划生育的法规、翼城县有关农村计划生育的政策，对于违反计划生育相关规定的给予处罚，保证农村二孩生育试点任务的圆满完成。

5. 实现计划生育试点工作的管理创新，形成具有翼城特色的计生管理模式

一是实行招标承包责任制。县计生委将人口生育总体规划指标分解到乡、村、户,把招标承包机制引进计生管理。主要有三种模式:村级指标承包,乡级指标承包,乡、村双层承包,把行政管理与群众自我管理有机地结合起来,产生了积极的效果。二是开展"三三三"工作法。即严把三关——把好晚婚晚育关、控制二孩关、杜绝多胎关;掌握三情——已婚妇女经情、环情和孕情,以便做好孕前管理和服务;服务三前——对婚育人群提供婚前、孕前和产前服务。三是推行中心户长制。即由村委会和承包组在每个村民小组确定一个"中心户长",实行责、权、利挂钩,对计划生育进行管理。责是以村级承包组为中心户长制定工作职责和目标,签订合同;权是赋予中心户长发放婚育规划书,开具结婚证明以及审批宅基地、承包地等事项把关签字权;利是给中心户长一定报酬。四是开展少生快富工程。坚持计划生育工作同农村经济发展相结合,1994年开始指导100个村的1000个计划生育户率先致富达小康,带动全县农村经济发展。五是开展以"婚育新风进万家,优质服务进万家"为内容的"双进万"活动,让新的婚育风俗和计生技术走进千家万户。

6. 充分发挥社会环境的助推作用

随着翼城县农村二孩生育试点工作的开展,市场经济的机制不断深入,竞争的压力不断加大。市场竞争主要是人的竞争,是人的素质的竞争,素质高的人才能在市场竞争中取胜。翼城县农民普遍希望自己的孩子获得专科以上的学历,以便在市场竞争中取胜,农民明白少生优生的道理;子女培养成本提升产生的压力,压缩了农民多生孩子的空间。随着社会的发展,孩子的生活、读书、就业、房子、结婚等费用成几倍增加,多数农民意识到生一个孩子少了点,生两个孩子正好,生多了培养不起;农村社会保障制度的建立和完善解除了农民的后顾之忧。农民有了合作医疗,40岁以上的人多数参加了社会养老保险,贫困户有低保,失独家庭有经济补贴和五保制度,农民实现了衣食无忧;结婚男到女家蔚然成风,到女家的男子与在自己家娶亲享有同等权利,所生孩子的姓改不改自由选择,稳定了双女户农民的心态;在全国一胎化和"一孩半"化的大背景下,翼城县农民可以生育二孩,也不罚款,农民的生育心里很满足,自觉执行计划生育政策。

三 放开农村二孩生育可能出现的问题

放开二孩生育后,城镇户籍家庭基本满足了生育意愿,农村家庭可能由于受传统观念的影响、社会保障程度差和家庭对劳动力的需求而引发一些问题。翼城县的试点表明，全面放开农村二孩生育可能出现如下问题。

1. 新生儿性别比失衡

放开农村二孩生育之后，第一胎新生儿的性别比会比较自然，即使有生男偏好的农民也不会刻意追求生男孩，因为即使第一胎是女孩，生第二孩时还会有生男孩的机会。如果第一胎是女孩在生第二孩时，一些有生男偏好的农民会刻意追求生男孩，为此会想方设法进行胎儿性别鉴别。在此情况下，容易造成新生儿性别比失衡。翼城县在刚开始试点时出生性别比出现了失衡现象，从1985年到1990年5年中出生性别比都失衡，最高时的1987年为117.7；二孩出生性别比更高，基本在122以上，最高的1986年为123.03。① 全面放开农村二孩生育时要严禁性别鉴定。

2. 扎堆生育

总体上看农民的总和生育率在1.8以上，放开二孩生育的潜在人口增加数为有生育能力的农村妇女提供0.2个左右的生育空间，对中国人口增加的总体冲击不会太大，但翼城县二孩生育试点的情况表明，在刚放开农村二孩生育的初期，人口生育会出现扎堆现象。如翼城县刚开始试点时两胎间实行间隔6年的时间或初育之后从30周岁起生育二孩，而且对违反规定者，每提前一年一次性征收超生子女社会抚养费500元，但仍出现了人口扎堆生育的现象。翼城县在放开农村二孩生育后的前十年，农村人口年均增长在17‰左右，最高的1988年为27.3‰。② 全国放开农村二孩生育后，短期内人口扎堆生育的比例会更高。

3. 超生漏报

放开农村二孩生育后，绝大多数农民不会超生漏报。但是，一些追求多子多福的农民会出现超生漏报现象，部分双女户或部分双男户农民为了儿女双全而出现超生漏报现象。翼城县在放开农村二孩生育前期，超生虽然所占比例不大，但仍然存在，漏报现象基本没有，后期超生漏报现象基本消失。全国放开二孩生育后，超生漏报现象可能会比较严重，计划生育工作的重点应放在对超生漏报户农民的监管方面。

4. 人口素质逆淘汰

（1）人口素质逆淘汰在我国现阶段是指对子女培养条件差的农村家庭

---

① 见1984年10月~2011年9月翼城县出生性别比分析表。
② 见1984年10月~2011年9月翼城县人口自然变动情况表。

生育的人口数量多，而对子女培养条件较好的城镇家庭生育的人口比较少。在放开二孩生育之前的情况是这样，放开二孩生育之后的一段时间里可能仍然是这样。（2）现阶段用工荒在中国主要表现为低端劳动用工荒，说明低端劳动力还有一定的就业需要和空间。目前我国教育正在向农村倾斜，农村人口受教育的条件和机会得到了根本改变。（3）据调查，翼城县农民大多数希望自己的孩子能读到专科水平。

5. 监管难度增大

随着市场机制的深入，人口全面流动的出现和一些农村集体组织凝聚力的弱化，使计划生育工作的监管难度增大。翼城县在二孩生育试点之初，采取了一些非常措施，如对超生子女父母除了征收社会抚养费外，还规定不得评模和享受救济，不得增加口粮田、不批给宅基地等。现在时过境迁，这些措施不能采用了。计划生育管理方式要与时俱进，创新管理模式。

四 依法有序放开农村二孩生育

全面实施一对夫妇生育两个孩子的政策后，农民仍然是计划生育监管和服务的重点群体，必须依法有序放开农民的二孩生育，做到优生优育。

1. 做好放开农村二孩生育的前期准备工作

完善和修改计划生育法律法规，增加放开二孩生育的内容。要严管多胎生育、严管性别鉴定、严管缩短两胎间隔生育时间，特别是对以胎儿性别鉴定谋取私利，且屡教不改的，可以引入刑法，实行刑惩。确保各地将计划生育投入列入当地财政预算。各地要制定具体的实施政策和法规，使放开农村二孩生育依法进行。进行组织整顿，一方面对目前计划生育部门和卫生部门没有整合的要尽快整合；另一方面对近年来农村基层卫计委组织较为涣散的进行整顿，制定并执行组织制度，做好放开农村二孩生育的组织准备工作。配置好各级干部和基层工作人员，在基层尽可能聘用医务人员从事计划生育工作，那样有利于开展计划生育、生殖健康服务联动。坚持城乡计划生育工作的协作联动，以便做好流动人口的计划生育工作，不给超计划生育留下真空和死角。

2. 综合运用多种方法做好放开农村二孩生育的计划生育工作，还可以根据当地的情况，创造具有当地特色的工作方法

综合运用思想政治教育、经济手段、行政手段和法律手段开展放开农村二孩生育后的计划生育工作。加大对计划生育政策法规、优生优育知识、生殖健康知识的宣传和普及力度，做到家喻户晓。发展农村教育事业，全面提高农民子女的素质。抓好计划生育奖罚制度落实，抓两头带中间，对独生和少生子女家庭给予奖励扶持，全当是对农民增收和实现小康的补贴。提高对多胎生育农民社会抚养费的处罚额度，并加大征收力度，引导更多的农民实现优生少生。强化对计划生育工作的行政监管，明确计划生育工作在党委的领导下，主要由行政部门落实。加强计划生育管理的组织建设、配置工作能力强的监管人员，进行人口生育信息的登记和发布，开展计划生育的技术服务，确定和执行计划生育的奖励和处罚。充分发挥计划生育法律制度的震慑作用，严格执行计划生育的法律法规。制定和执行具有本地特色的计划生育监管政策，堵住超生漏报的漏洞。

3. 集中力量抓好流动人口计划生育工作

翼城县在1991年的农村计划生育规定中，有专门一章是规范流动人口计划生育工作的。规定流动人口计划生育工作，由户籍所在地和居住地共同负责，计划生育、工商行政管理、公安、城建等有关部门密切配合，加强对流动人口计划生育工作的管理。事实上真正的流动人口不是超生游击队，因为为了务工经商而流动的人口生育观念已发生了变化，而往往是一些人为了超生而混迹于流动人口之中。市场经济是流动的经济，定会引起广泛的社会流动。"画地为牢"式的管理已经失去了存在的基础。要严格执行国务院《流动人口计划生育条例》，实行计划生育人口城乡之间和部门之间的工作协作，近期要做好计划生育委员会和卫生部组织机构的整合和工作协调，理顺卫生与计划生育委员会相关基层的组织关系。配合户籍制度的改革做好居住证制度建设工作，实现对人口信息的综合登记管理。统一登记人口的籍贯、婚姻生育情况、诚信状况、职务职称、违法犯罪情况等信息。做到人口流动到哪里，计划生育工作跟踪到哪里，计划生育工作不留空当和死角。建立人口信息管理网络平台，及时掌握育龄妇女的生育情况，做好流动农民的计划生育工作。

4. 研究制定放开农村二孩生育出现严重人口生育问题的"急刹车"机制，掌握放开农村二孩生育监管的主动权

翼城县在刚开始试点时政策规定得非常严格，在二孩生育试点走上正轨之后，便开始逐步放松监管条件。放开农村二孩生育之前要评估其计划生育组织建设、干部的配备、物质资金的准备、政策法规的制定、前期计划生育的基础，条件成熟一个地区放开一个地区。该地若在放开农村二孩生育过程中出现人口生育的重大问题时，要采取紧急措施，暂不执行二孩

生育政策。如山西省翼城县在放开农村二孩生育后的1990年人口自然增长率达21.5‰，1986年二孩生育的孩子性别比为123.03，这是翼城县在放开农村二孩生育后人口生育情况的两个最高值，此后便持续回落。放开农村二孩生育的地区如果出现上述人口状况，可给予1~2年的观察期，在观察期内若人口生育的上述状况持续上扬，就要暂停执行农村二孩生育政策，进行整顿。整顿期间若人口生育各项指标回落，则可以恢复二孩生育政策。若整顿不合格就停止执行二孩政策，待整顿合格后方可再次申请实行二孩生育政策。随时掌握放开农村二孩生育工作的主动权，保证放开农村二孩生育政策的顺利进行。

5. 创造放开农村二孩生育政策的社会环境

翼城县在试点过程中，采取一系列措施优化计划生育的环境，如给独生子女加分，支持其进入希望就读的学校；倡导结婚男到女家；支持坚持计划生育的农户参加社会保障项目等推动试点工作顺利进行。放开农村二孩生育，完善农村社会保障制度，特别是合作医疗、养老保险、生育保险和低保等基本保障制度，解除农民的后顾之忧。提供优质的生殖健康和计划生育技术服务，指导农民少生优生，降低农村残疾人口出生率。发展农村教育事业，把优质教育资源向农村倾斜。加大对农村独生和少生子女的奖励扶持力度，帮助农民少生快富奔小康。实现男女平等，男女同权，提倡结婚男到女家，消除农民生男偏好情结，实现人口性别平衡。倡导尊老、敬老和养老的孝道文化，帮助农村老年人安度晚年，实现农村社会和谐。

总之，农民受传统生育观念的影响深，农村社会保障的程度差，全面放开二孩生育之后，计划生育工作的重点和难点仍然在农村。翼城县放开农村二孩生育的试点是成功的，翼城县放开农村二孩生育的经验是翼城县委县政府、翼城县广大计划生育干部和农民共同努力的结果，有一定的生命力和社会基础，在许多方面给我们以启示，值得我们在全面放开二孩生育时借鉴。

第十三章 计划生育由"治民"向"民治"发展的生育模式

计划生育是我国的基本国策。经过30多年的努力，我国妇女的生育率从20世纪60年代的6.0‰左右快速下降到21世纪初的1.5‰左右，人口再生产类型由"高生育、低死亡、高增长"转变为"低出生、低死亡、低增长"，初步完成了中国人口再生产类型的历史转变。虽然取得了可喜的成绩，但在人口生育自然规律的作用下，我国的计划生育政策也引发了一系列的问题，如人口性别失衡、劳动力短缺和人口老龄化等。为此，国家采取了一系列措施调节人口生育，如放开农村"女儿户"、双独和单独夫妻生育二孩。1985年经国家计生委和山西省委省政府批准，山西省翼城县农村成为"晚婚晚育加间隔"[1] 二孩生育的试点。30年过去了，翼城县农村放开二孩生育的试点取得了成功，"翼城县的实验已经证明'晚婚晚育加间隔'生育办法是一个控制人口规模的好政策"。作为计划生育试点的发起者，梁中堂[2]认为："像翼城县这类所谓的试点……基本上都是由下面争取来的。由于领导机关比较被动地接受，实际并不受欢迎。以翼城县为例，25年来基本上没有像通常的试点单位那样受到领导机关的重视，基本上也不存在给优惠、吃'偏饭'之类的情况。"这表明，翼城县人口试点对我国中小城市和农村地区的计划生育政策调整有很大的参考价值，翼城县H村便是其中的典范之一。

H村位于翼城县最南端，是一个典型的农业小村。新中国成立前，该村

---

[1] "两晚加间隔"又称"晚婚晚育加间隔"，是由人口学家梁中堂在"晚婚、晚育、少生、优生"的基础上提出来的。"晚婚晚育加间隔"是指在提倡一对夫妇只生一个孩子的基础上，农村男女青年在《中华人民共和国婚姻法》法定年龄后3年结婚初育者，可以在妇女30岁左右时生第二孩。

[2] 梁中堂，上海社科院教授，曾担任国家计划生育委员会专家委员、山西省计划生育委员会顾问。曾于1988年担任翼城县县委副书记，专门负责翼城县人口工作。

有几十户人家，人口处于自然发展的状态，早婚早育、多子多福是人们的普遍婚育观念，一般一个家庭有4~5个孩子。新中国成立后，随着生活水平的提高和医疗条件的改善，人口发展呈现出"高生育、低死亡、高增长"的状态。1979年，国家不分城乡一胎化政策实施后，H村成了计划生育先进村；自1985年翼城县放开农村二孩生育以来，H村人口自然增长率和人口性别比等指标良好，该村形成了科学的生育模式，即将党和政府的计划生育政策内化为村民的自觉生育行为。

一　H村人口生育现状

模式是事物呈现的特点和样式。生育模式是在一定的社会环境影响下，依据特定的生育机制，人口生育呈现的特点和样式。生育机制是指生育调控机制，人类社会的人口生育机制经历了自然发展、市场调控和计划生育三种调控机制，目前我国人口生育由计划机制所调节。具体来说，生育模式是在一定的政治、经济、文化和社会背景下，人们形成的一定的生育意愿，这种生育意愿要接受生育机制的调控，经过生育机制的调控产生生育行为，从而生育行为的结果呈现出一定的特点或样式，如图13-1所示。

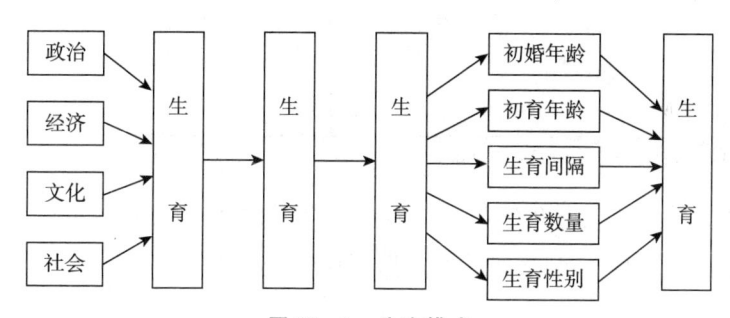

图13-1　生育模式

H村在放开农村二孩生育的情况下，人口自然增长率依然优于全国（根据1982~2010年的四次人口普查汇总数据，全国总人口年均增长率为9.72‰，山西省总人口年均增长率为12.16‰，临汾地区总人口年均增长率为12.79‰，翼城县总人口年均增长率为7.35‰，H村的总人口年均增长率为4.61‰）。

（一）H村的人口现状

1. 人口总量增长慢，人口出生率和自然增长率明显降低

1986年H村全村总人口数为1073人，到2014年底为1219人，29年间人口净增长146人，人口自然增长率为127‰，年平均人口自然增长率为

4.4‰（详见表13-1）。

表13-1 1986~2014年H村居民人口统计报告

年份	总人口数（人）	人口出生率（‰）	人口死亡率（‰）	人口自然增长率（‰）
1986	1073	14.9	8.4	6.5
1988	1091	13	7.5	5.5
1990	1106	15.4	8.1	7.3
1992	1106	4.5	7.2	-2.7
1994	1113	13.4	11.6	1.8
1996	1131	16.8	11.5	5.3
1998	1145	13.1	7	6.1
2000	1148	13	14.7	-1.7
2002	1155	13	15.6	-2.6
2004	1170	13.7	6	7.7
2006	1187	10.1	5	5.1
2008	1194	11.7	9.2	2.5
2010	1200	7.5	9.2	-1.7
2012	1204	10	5	5
2014	1219	12.4	4.2	8.2

资料来源：H村计生员的原始记录本。

选取1900年、2000年和2010年的人口数据作为对比，可以比较直观地看出H村人口的人口出生率和自然增长率明显降低，详见表13-2。

表13-2 人口生育指数对比

年份 区域	出生率（‰）			死亡率（‰）			自然增长率（‰）		
	1990	2000	2010	1990	2000	2010	1990	2000	2010
全国	21.06	14.03	11.90	6.67	6.45	7.11	14.39	7.58	4.79
山西省	22.54	15.93	10.68	6.56	6.07	5.38	15.98	9.86	5.30
临汾市	19.50	13.83	10.80	5.26	5.35	5.25	14.24	8.48	5.54
翼城县	15.85	11.73	10.98	6.38	7.47	5.27	9.50	4.26	5.71
H村	15.4	13	7.5	8.1	14.7	9.2	7.3	-1.7	-1.7

资料来源：根据《中国人口和就业统计年鉴（2013）》、《临汾市志》、《翼城县志》、《翼城年鉴（2011~2012）》和H村调查资料整理所得。

第十三章 计划生育由"治民"向"民治"发展的生育模式

2. 已婚育龄妇女生育年龄明显开始迟、结束早

根据 H 村的记录，该村育龄妇女生育行为年龄段大都在 23~34 岁，已达到国家计划生育政策中对晚婚晚育的要求。

3. 男女性别比状况优于全国均值

国家计生委提供的资料表明，我国近年来人口出生性别比上升速度很快，以 2000 年第五次人口普查为例，出生婴儿男女性别比高达 116.86，与 1990 年第四次人口普查结果相比，上升了 8.5 个百分点，比正常值高出近 14 个百分点。从图 13-2 可以看出，H 村新生婴儿性别比偶尔起伏较大，这与该村人口规模有限有着较大的关联。但就整体而言，该村大部分年份新生婴儿性别比接近或低于正常性别比，全村人口的性别比正常。

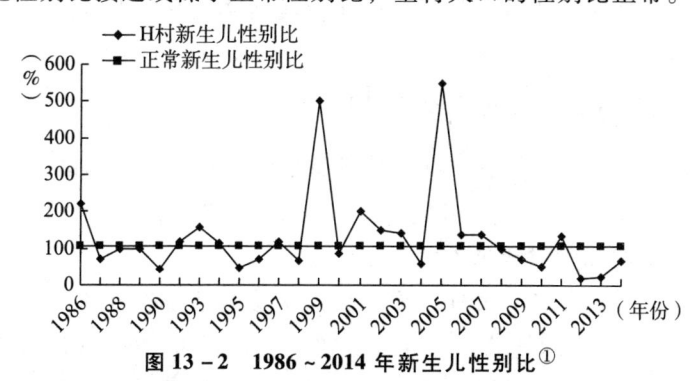

图 13-2　1986~2014 年新生儿性别比①

4. 一、二孩生育率明显上升，多孩生育率明显降低

H 村在实行二孩生育前期生育三胎的共有 7 户，从 2000 年至今，H 村的计划生育率达 100%。

5. 女性节育率显著提高

H 村《已婚育龄妇女信息核查表》显示，该村现有已婚育龄妇女 272 人，其中独生子女户的育龄妇女占 41.2%，并全部上环；二孩及以上的育龄妇女占 55.5%，并全部实行了结扎。H 村应该采取计划生育措施的育龄妇女也全部采取了措施（见表 13-3）。

表 13-3　H 村已婚育龄妇女生育状况

生育种类	数量（户）	所占比例（%）	节育措施
独生子女	112	41.2	上环

---

① 由于 1992 年的女性新生儿为 0，故未将其纳入图表。

续表

生育种类		数量（户）	所占比例（%）	节育措施
二孩户	双女户	20	7.4	结扎
	双男户	42	15.4	
	一男一女	82	30.1	
三胎及以上		7	2.6	结扎
已婚无孩户		9	3.3	无
合计		272	100	——

总之，H村的人口总量增长慢、自然增长率低、人口性别比正常，育龄妇女的计生措施及人口生育的各项指标状况良好，形成了良好的计划生育模式。

（二）已婚育龄妇女生育意愿现状

调查以通过发放问卷集中填写和典型个案访谈为主，对象为H村的已婚育龄妇女。共发放问卷272份，收回有效问卷235份。结果如下。

1. 本村育龄妇女对理想子女数的意愿

表13-4数据表明，该村已婚育龄妇女普遍期望生育两个子女，传统"多子多福"生育观念开始发生改变。访谈资料表明，村内妇女普遍认为，一个孩子太少，无法满足他们的生育愿望和养老的需求；三个及以上则有些多，抚养及其教育成本难以负担。

表13-4 H村育龄妇女期望生育子女数[①]

	一孩	两孩	三孩或更多
人数（个）	48	181	6
比例（%）	20.4	77.0	2.6

2. 本村育龄妇女对生育子女性别比的意愿

当被问及"如果只允许生一个孩子，希望生男生女"时，调查问卷的统计结果如图13-3所示。持无所谓态度的占大多数，但是在只能生一个的情况下，选择生男孩的多于女孩。

可见H村已婚育龄妇女的性别观念已经淡化，已经从传统的生育观念

[①] 本文所用H村资料，除特殊的做注释外，均为H村调查资料或计生员车月莲统计资料。

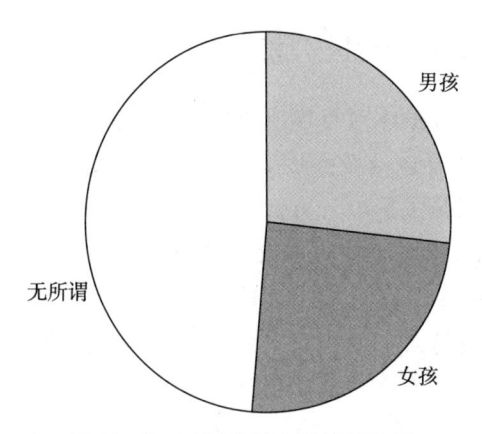

图 13-3 已婚育龄女性性别偏好

中解脱出来。

3. H 村育龄妇女主观生育动机

关于育龄妇女主观生育动机，调查问卷通过客观选择题来判定对其有影响的因素，然后归纳为以下三个因素，如表 13-5 所示。

表 13-5 H 村育龄妇女主观生育动机的因素（多选）

	继承因素	发展因素	情感因素
人数（个）	173	22	218
比例（%）	73.6	9.4	92.8

上表所示，情感因素对该村妇女的生育影响最大，包括对家庭的巩固和对孩子的喜爱等，这表明随着经济条件的改善和政策的调整，个人情感因素对生育行为的影响会越来越大。同时，该村育龄妇女的继承型生育目的比重依旧很大，传统的"养儿防老"观念依然很强。但是，这里的"儿"的概念已包含了女孩在内。在访谈中，某双女户也提到，生育子女，更多的是为了将来的养老需要。农村人没有养老金，老了还得靠子女。生男生女无所谓，只要孩子孝顺都一样。我国农村地区社会养老保障体系不健全，农村养老主要是靠传统的家庭养老模式，但是随着我国农村保障体系的完善，这种情况会有所改善。

上述分析表明，本村育龄妇女的生育意愿已经发生转变，并影响着人口发展状况，从而使该村人口保持较低的增长率和性别比正常状态。

二 H 村生育模式成因分析

H 村已婚育龄妇女的生育意愿明显降低。我们在问卷中设置了专门的问题进行调查分析，主要包括政策因素、育龄妇女受教育程度、家庭收入状况和基层计生工作人员的影响等方面。

1. 国家政策对育龄妇女生育意愿的影响

H 村近 30 年一直实行的是"两晚加间隔"的生育政策。调查资料显示，国家政策对该村育龄妇女生育意愿有如下影响：93.2%（219 人）的人认为国家给独生子女和双女户的奖励可以缓解经济压力；9.4%（22 人）的人认为自身受到政策强制性影响而减少生育数量。由此可见，在 H 村，二孩计划生育模式已经基本能够满足本村居民的生育需求。同时，翼城县还对独生和少生子女有一系列的奖励和优惠政策（如符合二孩生育条件，退回二孩生育指标的农民可得 3000～5000 元奖励），这是国家政策对 H 村妇女生育意愿的另一个重要影响——毕竟，经济压力也是本村大多数育龄妇女减少生育数量的重要因素。

2. 受教育程度对育龄妇女生育意愿的影响

调查资料显示，H 村育龄妇女期望生育独子的有 105 人，占总数的 44.7%；期望生育二孩者有 128 人，占 54.5%。本村育龄妇女受教育程度为：大专及以上文化程度 9 人，占总人数的 3.8%；高中文化程度 78 人，占 33.2%；初中文化程度 121 人，占 51.5%；小学文化程度 27 人，占 11.5%。结果表明，村民受教育程度越高，意愿生育子女数量越少（详见表 13-6）。

表 13-6 H 村妇女生育意愿与文化程度关系

单位：人

教育程度＼期望生育数量	一个	二个	三个及以上	合计
大专及以上	6	3	0	9
高中	34	44	0	78
初中	55	65	1	121
小学	10	16	1	27
合计	105	128	2	235

3. 家庭收入状况对育龄妇女生育意愿的影响

调查表明，H村有68.5%的育龄妇女迫于培养孩子的经济压力而减少生育数量。我们将H村家庭年人均收入情况分为：2万元以上、1.5万~2万元、1万~1.5万元、1万元以下四个层次，与本村村民生育意愿的关系见表13-7。

表13-7　H村村民生育意愿与家庭收入关系

单位：人，元

收入 \ 期望生育数量	一个	二个	三个及以上	合计
2万以上	24	23	0	47
1.5万~2万	45	38	1	84
1万~1.5万	33	60	1	94
1万以下	3	7	0	10
合计	105	128	2	235

根据表13-7的数据，运用SPSS13.0软件进行相关分析，家庭年人均收入与生育数之间的相关系数$r = |-0.018| < 1$，接近于0，二者之间呈负的弱相关。表明H村家庭年人均收入水平对其生育数量的影响不大。

4. 农村社会保障制度对计划生育的影响

H村的村民都参加了新农合，45岁以上的农民大多数参加了养老保险，村里的贫困户享受低保待遇，遇到了天灾人祸还有救助保障，部分地解除了农民的后顾之忧。

5. 基层计生员对育龄妇女的影响

农村基层计生员是我国计划生育政策落实的基本保证，这一点H村尤其明显。该村计生员有着三重身份：受人尊重的村医、有威望的妇女、计生员。这三种身份相辅相成，对计划生育工作有着很大的帮助。在与计生员交谈中得知，作为本村的村医，她与村里的每家每户都有接触，再难的计划生育"钉子户"也敬她三分，村里的女人们也愿意跟她咨询一些女性生殖健康和婴幼儿培育方面的知识，进门入户做计划生育动员和宣传也容易得多；作为专业的计生员，她耐心细致地做村民思想工作，并从身边的亲戚开始抓起，严格而认真地在村内执行国家计划生育政策，公正地对待每一户人家；作为有威望的妇女，村民们信任她。村医＋计生员＋妇女的三重身份对计生员计划生育工作的开展起到重要作用。

从上面的分析中我们可以看出该村已婚育龄妇女对生育数量的期望多保持在国家计划生育政策规定之内，生育性别的期望明显降低。国家政策的影响力依然巨大，但是引导性远超于强制性；文化程度和家庭收入对其影响比较小，但是个人主观因素在生育意愿中的影响力越来越大。这表明，在H村计生员和村民的共同努力下，该村的计划生育模式已逐渐由"治民"向"民治"过渡。

三 H村计生模式的启示

综上所述，H村计划生育工作已经由当初一定程度的强制性转变为引导性。计划生育已经成为村民的自觉行为。计划生育的模式由"治民"向"民治"发展。

从以上分析中，我们得到了如下启示。

第一，计划生育政策制定要合理，贴近人们的生育意愿。生育政策制定得越合理，与人们的生育意愿越接近，群众就越容易接受，基层计划生育工作就越容易开展。二孩生育更能满足农村人现实的生育意愿。

第二，加强农村教育事业发展，提高农村育龄妇女受教育程度。女性文化程度的提高，有助于家庭经济收入的提高，对转变传统生育目的具有重要的意义和作用。同时农村育龄女性文化程度的提高，不仅有助于促进女性对国家计划生育政策的理解和贯彻，而且有助于女性更加关注自身的健康和发展，避免盲目生育，对所生育子女的质量要求也会不断提高。

第三，加强三农建设，发展农村经济。只有社会发展才能切实改善农民的现实生活状况，进而改变其生育观念。发展农村经济，增加农民收入，构建农村社会保障制度，使其从对子女的经济依赖中摆脱出来，传统生育意愿就会渐渐淡化。

第四，培养专业计生服务员。作为一个成功的典型，H村的计划生育工作表明，农村计生员的选择对计划生育工作的落实具有重要的作用，即村医＋计生员＋妇女这三重身份的计生员能更好地落实基层计划生育工作，同时也使得计生员在计划生育工作的开展中更容易被接受。因此有目的、有方向地定向培养专业的计生服务员对于我国农村地区计划生育的开展具有重要作用。

第五，加强新型生育文化的教育和宣读。由于文化所固有的传承性和

第十三章　计划生育由"治民"向"民治"发展的生育模式

惯性,应该深入持久地宣传新型生育文化,以新的生育文化去逐步替代那些经济手段和政策措施不可替代的东西,这是一场长期的硬仗。同时,计生员应该以理服人,并辅之以利益引导,使老年人的传统观念有所改变,中年人的生育观念进一步更新,青年人的新型生育观念得到强化,使新的生育观念逐渐深入人心。应当注意的是,传统生育文化亦有可取之处,今天的计划生育工作不宜强行改变,应当因地制宜地进行。当传统的生育文化与我们现在所倡导的生育规范相冲突时,应以计划生育政策为主、当地的民俗习惯为辅来展开,逐步完成计划生育由"治民"向"民治"的过渡。

第六,建立健全农村社会保障制度是做好计划生育工作的基础。农民病有所医、老有所养,生活和养老无后顾之忧,养儿防老、多子多福的思想就会淡化,计划生育的工作状况就会被农民全面接受,计划生育就会成为农民的自觉行动。

综上所述,H村人的生育观念发生了根本变化,计划生育成了村民的共识;"两晚加间隔"模式已经形成;制度化的计划生育运行机制充分发挥着作用;如果初步社会保障制度构建以后,该村计划生育实现由"治民"向"民治"的条件就完全具备。随着农村社会保障制度的构建,H村的计划生育工作将走向"民治"。

参考文献

中文参考文献

著作

柏拉图：《理想国》，郭斌和，张竹明译，商务印书馆，1986。

蔡昉：《中国人口与劳动报7：人口转变的社会经济后果》，社会科学文献出版社，2006。

畅引婷：《建构的历史与历史的建构——女性主义与妇女史研究文集》，三晋出版社，2009。

费孝通：《乡土中国》，商务印书馆，2011。

费孝通：《江村经济——中国农民的生活》，戴可景译，外语教学与研究出版社，2010。

弗朗索瓦·德·桑格利：《当代家庭社会学》，房萱译，天津人民出版社，2012。

顾宝昌：《人口学、人口态势与人口规律》，上海社会科学院出版社，1996。

顾宝昌、王丰主编《八百万人的实践——来自二孩生育政策地区的调研报告》，社会科学文献出版社，2009。

顾宝昌、李建新：《21世纪中国生育政策论争》，社会科学文献出版社，2010。

国家统计局人口和就业统计司：《中国人口和就业统计年鉴》，中国统计出版社，2013。

国家人口计生委发展规划与信息司、中国人口与发展研究中心：《人口和计划生育常用数据手册》，中国人口出版社，2012。

国家统计局：《国家统计摘要2008》。

郭志刚：《当代中国人口发展与家庭户的变迁》，中国人民大学出版社，1995。

《韩非子·五蠹》。

姜又鸣：《人口学》，河北大学出版社，2012。

金一鸣：《教育社会学》，江苏教育出版社，2003。

李强：《家庭社会学》，华中科技大学出版社，2012。

李银河：《生育与村落文化》，内蒙古大学出版社，2009。

梁建章：《中国人太多了吗？》，社会科学文献出版社，2012。

梁在主编《人口学》，中国人民大学出版社，2012。

梁中堂：《中国人口问题的"热点"——人口理论、发展战略和生育政策》，中国城市经济社会出版社，1988。

《马克思恩格斯全集》（第1卷），人民出版社，1965。

《马克思恩格斯全集》（第2卷），人民出版社，1975。

《马克思恩格斯全集》（第4卷），人民出版社，1965。

《马克思恩格斯全集》（第13卷），人民出版社，1965。

《马克思恩格斯全集》（第23卷），人民出版社，1972。

《马克思恩格斯全集》（第46卷），人民出版社，1965。

《马克思恩格斯全集》（第47卷），人民出版社，1965。

马尔萨斯：《人口原理》，马箕等译，商务印书馆，1964。

马林诺夫斯基：《文化论》，费孝通译，中国民间文艺出版社，1987。

马瀛通：《人口控制实践与思考》，甘肃人民出版社，1993。

马瀛通：《人口统计分析学》，红旗出版社，1989。

马和民：《新编教育学》，华东师范大学出版社，2002。

《配第经济著作选集》，陈冬野等译，商务印书馆，1981。

彭珮云：《中国计划生育全书》，中国人口出版社，1997。

彭松建：《西方人口经济学概论》，中国人民大学出版社，1987。

上野千鹤子：《近代家庭的形成和终结》，吴咏梅译，商务印书馆，2004。

宋宝安：《中国残疾人社会保障与服务体系研究》，中国社会科学出版社，2013。

孙诒让：《墨子闲诂》。

汤兆云：《人口社会学》，华中科技大学出版社，2010。

田雪原、陈胜利：《生育文化研究》，中国财政经济出版社，2006。

田雪原：《中国人口政策60年》，社会科学文献出版社，2009。

佟新：《人口社会学》，北京大学出版社，2005。

王伟：《在"七五"期间把计划生育工作抓得更紧更好》，国家计划生育委员会宣教司、中共中央党校计划生育委员会编《十一届三中全会以来计划生育重要文选选编》，中共中央党校出版社，1989。

邬沧萍等：《转变中的中国人口与发展总报告》，高等教育出版社，1997。

吴填：《残疾人政策法规理论与实践》，南京大学出版社，2013。

吴忠观等编《人口科学辞典》，西南财经大学出版社，1997。

萧爱国：《新时期人口与计划生育工作研究与实践》，人民日报出版社，2003。

肖立建、张俊良：《转变时期中国人口与社会经济发展》，西南财经大学出版社，2005。

谢琼：《国际视角下的残疾人事业》，人民出版社，2013。

亚里士多德：《政治学》，吴寿彭译，商务印书馆，1983。

杨魁孚等：《中国人口与计划生育大事要览》，中国人口出版社，2001。

杨善华：《当代西方社会学理论》，北京大学出版社，2001。

翼城县志委员会：《翼城县志》，山西人民出版社，2007。

易富贤：《大国空巢：反思中国计划生育政策》，中国发展出版社，2012。

于海：《西方社会思想史》，复旦大学出版社，2011。

张纯元、陈胜利编《生育文化学》，中国人口出版社，2004。

赵书文、韩明希、李德辉编《简明人口学词典》，甘肃人民出版社，1988。

邹谠：《二十世纪中国政治：从宏观历史与微观行动角度看》，香港牛津大学出版社，1994。

邹至庄：《中国的人口问题解决了吗？》，山东人民出版社，2009。

《中共中央关于制定国民经济和社会发展第十三个五年规划的建议》（辅导读本），人民出版社，2015。

林富德：《低生育率下的人口发展前景——走向二十一世纪的中国人口、环境与发展》，高等教育出版社，1976。

报刊论文

陈彩霞等：《当代农村女性生育行为和生育意愿的实证研究》，《人口与经济》2003年第5期。

陈友华：《关于生育政策调整的若干问题》，《人口与发展》2008年第1期。

陈卫等：《中国妇女生育意愿与生育行为的差异及其影响因素》，《人口学刊》2011年第2期。

陈鸣：《翼城人口特区：一个县尘封25年的二胎试验》，《南方周末》2010年10月14日。

程恩富、王新建：《先控后减的"新人口策论"》，《中国社会科学内刊》2010年。

丁金宏：《回归温和，温和回归》，《市场与人口分析》2006年第1期。

段文婷、江光荣：《计划行为理论述评》，《心理科学进展》2008年第2期。

范又、蔡菲：《遏制出生人口性别比失衡》，《光明日报》2005年12月21日。

冯国平、郝林娜：《全国28个地方计划生育条例综述》，《人口研究》1992年第4期。

冯立天等：《50年来中国生育政策演变之历史轨迹》，《人口与经济》1999年第2期。

顾宝昌：《二孩生育政策地区的实践及启示》，《人口研究》2008年第4期。

顾宝昌、彭希哲：《伴随生育率下降的人口态势》，《人口学刊》1993年第1期。

桂世勋：《切实解决好我国将面临的几大人口问题》，《地理教学》2006年第3期。

郭志刚：《低生育率下我国家庭模式的发展前景》，《人口研究》（增刊）1995年第4期。

郭志刚：《利用人口普查原始数据对独生子女信息的估计》，《市场与人口分析》2001年第1期。

韩永江：《生育观影响因素的经济分析》，《人口学刊》2005年第2期。

何亚福：《人口红利之是非利弊》，《西部论丛》2009年第6期。

何亚福：《人口究竟是负担还是资源》，《人力资源》2009年第23期。

何亚福：《贫富与人口的多少有关吗》，《人力资源》2010年第6期。

何亚福：《以制度改革应对未来人口结构危机》，《南风窗》2011年第17期。

侯东民：《需要对出生性别比偏高问题及时采取有效对策》，《科技导报》2003年第8期。

侯东民：《新的神话：人口红利说》，《中国图书评论》2007年第9期。

侯东民：《国内外思潮对中国人口红利消失及老龄化危机的误导》，《人口研究》2011 年第 3 期。

君杰、肖子华：《人口国情深刻变革》，《今日中国论坛》2011 年第 6 期。

李建新：《中国人口数量问题的"建构与误导"——中国人口发展战略再思》，《学海》2008 年第 1 期。

兰希：《"二胎"政策，放不放行？》，《决策与信息》2010 年第 5 期。

李建民等：《中国人口与社会发展关系：现状、趋势与问题》，《人口研究》2007 年第 31 期。

李兰永：《城市化进程中的生育政策取向研究——基于山东及部分二孩试点地区的经验分析》，《人口与发展》2009 年第 5 期。

李鹏：《人口特区的"二胎"试验》，《北京科技报》2010 年第 8 期。

刘爽：《山西省翼城县"晚婚晚育加间隔"二孩生育政策试点实践的启示》，《人口研究》2008 年第 8 期。

梁中堂、谭克俭：《山西省翼城县"晚婚晚育加间隔"生育政策实施效果的人口学分析》，《中国人口科学》1997 年第 5 期。

梁中堂、梅岭：《我国人口政策的历史和发展》，《社会科学论坛》2010 年第 9 期。

梁中堂：《翼城县计划生育试点报告》，《南方人口》1994 年第 2 期。

马瀛通等：《递进人口发展模型的提出与总和递进指标体系的确立》，《人口与经济》1986 年第 1 期。

茅倬彦等：《符合二胎政策妇女的生育意愿和生育行为差异——基于计划行为理论的实证研究》，《人口研究》2013 年第 1 期。

茅倬彦：《生育意愿与生育行为差异的实证分析》，《人口与经济》2009 年第 2 期。

莫丽霞：《当前我国农民的生育意愿与性别偏好研究》，《人口研究》2005 年第 2 期。

莫丽霞：《村落视角的性别偏好研究》，《社会学视野》2007 年第 3 期。

穆光宗：《独生子女家庭本质上是风险家庭》，《人口研究》2004 年第 1 期。

穆光宗、侯东民：《挑战与成长：人口控制理论基础的思考》，《人口学刊》1993 年第 3 期。

宁可：《试论中国封建社会的人口问题》，《中国史研究》1980 年第 1 期。

祁潞：《梁中堂与控制人口的"二胎"化实验》，《百年潮》2010年第9期。

乔晓春、任强：《中国未来生育政策的选择》，《市场与人口分析》2006年第3期。

人民日报社论：《党中央号召党团员带头只生一个孩子》，《人民日报》1980年9月。

宋健：《"四二一"结构：形成及其发展趋势》，《中国人口科学》2000年第2期。

汤夺先等：《农村残疾人发展困境浅析》，《残疾人研究》2012年第1期。

王建科：《"人口特区"二十六年》，《山西日报》2011年9月23日。

王羚：《"人口特区"翼城试验》，《西部大开发》2012年第6期。

王羚：《看看这组数据，放开二孩还值得担忧吗》，《第一财经日报》2015年9月22日。

韦艳等：《"'发展型'或'政策型'生育率下降？——基于翼城'农村二孩'试点的分析"》，《人口研究》2012年第11期。

吴艳文：《"翼城县'晚婚晚育加间隔'二孩试验效果分析"》，《人口学刊》2014年第4期。

颜双波：《我国教育与经济发展耦合协调度研究》，《教育评论》2015年第1期。

杨菊华：《意愿与行为的悖离：发达国家生育意愿与生育行为研究述评及对中国的启示》，《学海》2008年第1期。

杨玉华：《低生育水平下我国生育政策的"逆向选择"及其政策思考》，《宏观经济研究》2007年第7期。

叶文振：《论计划生育文化发展与家庭变革》，《东南学术》2002年第4期。

原新：《对低生育率水平与人口安全的思考》，《人口学》2011年第1期。

乐章、陈璇、风笑天：《城市独生子女家庭养老问题》，《青年研究》2000年第3期。

曾毅：《以晚育为杠杆，平稳向二孩政策过渡》，《人口与经济》2005年第2期。

曾毅：《试论二孩晚育政策软着陆的必要性与可行性》，《中国社会科学》2006年第2期。

曾向荣、陈般若：《计生国策30年，是时候改变了》，《决策探索》（上半月）2011年第10期。

翟振武：《人口和计划生育利益导向政策"有利少导"现象例析》，《人口学刊》2008 年第 3 期。

张纯元：《完善生育政策的曙光——对山西省翼城县试行两孩生育政策的若干思考》，《人口与经济》2000 年第 3 期。

张二力、陈建利：《现行生育政策下的模拟终身生育水平》，《中国人口科学》1999 年第 5 期。

赵燕潮：《中国残联发布我国最新残疾人口数据》，《残疾人研究》2012 年第 1 期。

张勇：《中国现行生育政策的形成及对其未来调整方向的思考》，《宜春学院学报》2006 年第 3 期。

郑功成：《中国残疾人社会保障的宏观思考》，《河南师范大学学报》（哲学社会科学版）2007 年第 11 期。

郑真真：《中国育龄妇女的生育意愿研究》，《中国人口科学》2004 年第 5 期。

周长洪、徐长醒：《农民生育意愿与动机及其成因的调查分析》，《人口与经济》1998 年第 6 期。

周福林：《生育意愿及其度量指标研究》，《统计教育》2005 年第 10 期。

周孝正：《人口素质逆淘汰》，《社会学研究》1991 年。

朱楚珠、李树茁：《生育文化的传播、转型、替代》，《人口与计划生育》1999 年第 4 期。

会议论文

刘爽：《农村地区"晚婚晚育加间隔"二孩试点生育政策研究——山西省翼城县调研报告》，中国人民大学人口与发展研究中心"二孩地区人口态势"课题研讨会论文，2007 年 9 月。

吕红平、贾志科：《论我国人口生育意愿的变化》，保定：第二届中国人口学家前沿论坛，2006。

彭希哲：《人口问题还是社会问题——对人口态势的价值判断》，复旦大学"中国生育政策座谈会"论文，2008 年 5 月 23~24 日。

学位论文

申玲：《人口老龄化对东北三省发展的影响及应对措施》，东北财经大学硕士学位论文，2006。

武晓庆：《二胎生育政策研究》，山西大学硕士学位论文，2012。

王学义：《人口现代化研究》，西南财经大学博士论文，2014。

薛佳：《唐山地区农村人口生育行为和生育意愿研究》，河北大学硕士学位论文，2011。

叶雯：《我国城市 80 后独生子女生育意愿和生育数量的实证研究——以 Q 市为例》，中南大学硕士学位论文，2010。

其他

国家统计局：《2012 年农村居民人均纯收入比上年增长 17.9%》，http://www.cnstock.com/index/gdxw/201201/1805379.htm#，2012-1。

国家统计局：《全国 1% 人口抽样调查数据》，http://www.stats.gov.cn/tjsj/ndsj/renkou/2005/renkou.htm，2010-9-12。

《党中央国务院关于认真提倡计划生育的指示》，中发〔62〕698 号（1962 年 12 月 18 日）。

山西省计划生育委员会：《关于在翼城县进行晚婚晚育加间隔试点的请示报告》，山西，1985。

山西省计划生育委员会：《翼城县计划生育试行规定》，山西，1985。

翼城县史志办公室编《翼城县年鉴 2011~2012》，2013。

中华人民共和国国家人口和计划生育委员会：《2009 年全国人口和计划生育事业发展公报》，http://www.Chinapop.gov.cn/t jgb/201005/t20100526_204024.html，2012-5-16。

《中共中央对卫生部党组关于节制生育问题的报告的批示》，中发〔55〕45 号（1955 年 3 月 1 日）。

英文参考文献

著作

Becker, Gary, Kevin M. Murphy and Robert Tamura, "Human Capital, Fertility, and Economic Growth", *The Journal of Politician Economy*, 1990.

Coale, Ansley and Susan Watkins, "The Decline of Fertility in Europe: The Revised Proceedings of a Conference on the Princeton European Fertility Project",

Princeton N. J.: Princeton University Press, 1986.

Davis, Kingsley, "The Theory of Change and Response in Modern Demographic History", *Population Index*, 1963.

Lesthaeghe, Ron, "The Second Demographic Transition in Western Countries: An Interpretation", In Karen O. Mason and A. M. Jensen (eds.), *Gender and Family Change in Industrial Countries*, 17 - 62. Oxford: Clarendon Press, 1995.

Notestein, Fran, "Population: The Long View", In T. Schultz (ed.), *Food for the World*, Chicago: Chicago University Press, 1945.

期刊论文

Bongaarts, J., "Fertility and Reproductive Preferences in Post - transitional Societies", in R. A. Bulatao and J. B. Casterline, eds., *Global Fertility Transition* (New York, Population Council, 2001).

Caldwell, John C., "Toward a Restatement of Demographic Transition Theory", *Population and Development Review*, 1976 (2).

Caldwell, John C. and Thomas Schindlmayr., "Reply to the Discussion of Our Paper Explanations of the Fertility Crisis in Modern Societies: A Search for Commonalities", *Population Studies*, 2004 (58).

Caldwell, John C. and Tomas Schindlmayr., "Explanations of the Fertility Crisis in Modern Societies: A Search for Commonalities", *Population Studies*, 2003 (57).

Caldwell, John C., "Routes to Low Mortality in Poor Countries", *Population and Development Review*, 1986 (58).

Easterlin, Richard A., "The Conflict between Aspirations and Resources", *Population and Development Review*, 1976 (2).

Notestein, Fran, "Frank Notestein on Population Growth and Economic Development", *Population and Development Review*, 1983 (9).

Ron J. Lesthaghe and Lisa Neidert, "The Second Demographic Transition in the United States: Exception or Textbook Example", *Population and Development Review*, 2006 (32).

Thompson, Warren S., "Population", *The American Journal of Sociology*, 1929 (34).

Van da Kaa, Dirk. , "Anchored Narratives: The Story and Findings of Half a Century of Research into the Determinants of Fertility", *Population Studies*, 1996 (50).

Van da Kaa, Dirk, "Postmodern Fertility Preferences: From Changing Value Orientation to New Behavior", *Population and Development Review*, 2001 (27).

Van de Kaa, Dirk J. , " Europe's Second Demographic Transition", *Population Bulletin*, 1987 (42).

Watkins, Susan Cotts, "From Local to National Communities: The Transformation of Demographic Regimes in Western Europe1870 - 1960", *Population and Development Review*, 1990 (16).

John Bongaarts and Susan Greenhalgh, "An Alternative to the One-child Policy in China", *Population and Development Review*, 1985 (4).

Yong Cai, "China's Below-replacement Fertility : Gvernment Policy or Socioeconomic Development", *Population and Development Review*, 2010 (3).

会议论文

Coale, Ansley, " The Demographic Transition", IUSSP liege International Population Conference. Liege: IUSSP. Volume 1. 1973.

Yan Wei, Li Zhang, "Re-examination of the Yicheng Two-child Program The China Journal ", 2014.

后 记

本书为国家科技部项目"中国人口与经济社会发展前瞻性研究"（编号：2013GXS4D105）、山西省软科学项目"翼城县人口计生试点研究"（编号：2014041064-3）的成果。

经过几十年计划生育工作的努力，中国人口数量过快增长的势头得到遏制。随着中国现代化的发展和社会转型的加速，中国人口生育也处在转型的"十字路口"。党的十八届五中全会在《中共中央关于制定国民经济和社会发展第十三个五年规划的建议》中指出：全面实施一对夫妻可生育两个孩子的政策。全面放开二孩生育之后，中国计划生育工作的重点和难点仍然在农村。翼城县放开农村二孩生育试点的经验仍有一定的借鉴意义。

本书的资料一是源于翼城县的县志、年鉴、统计报表和全国各类统计年鉴。二是学习和引用梁中堂、顾宝昌二位先生有关翼城县二孩生育试点的研究成果，还参阅和引用了一批人口学和社会学专家的相关成果，在此对他们深表谢意。三是入户问卷调查的统计资料和访谈资料。2008年我们就开始研究这一问题，2013年，我的20多名社会学硕士生多次深入翼城县进行问卷调查和访谈。我们学校距翼城县20多公里，对翼城县人口研究可谓"近水楼台先得月"，特别是我们有3个硕士生是翼城人，他们"生于此、长于此"，对当地特别是本村的情况了如指掌。可见，本书内容具有客观性和可信性。

本书有幸得到中国社会科学院副院长李培林的墨宝，感谢他为本书作序，提升了本书的价值。社会科学文献出版社的谢寿光社长和谢蕊芬编辑给予了支持和帮助，中国人民大学杨菊华老师对本书写作给予指导，特此表示谢意；山西师范大学卫建国校长和许小红处长给予了支持和帮助，在此深表谢意。山西政法干部管理学院张鹏参与了本书的撰写。

后 记

霍韩琦、荆乐、郑娇、张亚云、续亚彤、李雪、胡忠魁等社会学硕士生参加了研究活动,在此表示谢意。

由于我们的水平所限,书中难免有瑕疵和疏漏,敬请各位专家和学者批评指正。

吕世辰于古城平阳

2015 年 9 月

图书在版编目(CIP)数据

农村二孩生育试点三十年：以全国持续放开农村二孩生育试点的翼城县为例 / 吕世辰等著. -- 北京：社会科学文献出版社，2016.6
 ISBN 978-7-5097-8941-4

Ⅰ.①农… Ⅱ.①吕… Ⅲ.①计划生育-人口政策-研究-翼城县 Ⅳ.①C924.21

中国版本图书馆 CIP 数据核字（2016）第 063429 号

农村二孩生育试点三十年
——以全国持续放开农村二孩生育试点的翼城县为例

著　　者 / 吕世辰　等

出 版 人 / 谢寿光
项目统筹 / 谢蕊芬
责任编辑 / 黄　丹　谢蕊芬

出　　版 / 社会科学文献出版社·社会学编辑部（010）59367159
　　　　　　地址：北京市北三环中路甲29号院华龙大厦　邮编：100029
　　　　　　网址：www.ssap.com.cn
发　　行 / 市场营销中心（010）59367081　59367018
印　　装 / 三河市东方印刷有限公司

规　　格 / 开　本：787mm × 1092mm　1/16
　　　　　　印　张：18.75　字　数：316千字
版　　次 / 2016年6月第1版　2016年6月第1次印刷
书　　号 / ISBN 978-7-5097-8941-4
定　　价 / 89.00元

本书如有印装质量问题，请与读者服务中心（010-59367028）联系

▲ 版权所有 翻印必究